オルター・ポリティクス

批判的人類学とラディカルな想像力

Alter-Politics:
Critical Anthropology
and the Radical Imagination

［著］ガッサン・ハージ
Ghassan Hage

［監訳］塩原良和
川端浩平

［訳］前川真裕子
稲津秀樹
高橋進之介

［解説］齋藤 剛

明石書店

ALTER-POLITICS
by Ghassan Hage

Japanese translation published by arangement with
Melbourne University Publishing Ltd.
through The English Agency (Japan) Ltd.

装幀　北尾崇（HON DESIGN）

別のあり方を模索する政治（オルター・ポリティカル）の姿を
その人生においてつねに体現している、
キャロラインに

あらゆることの、もうひとつ(オルター)の植民地化のために

この『オルター・ポリティクス』の日本語版が実現できて嬉しい。とりわけ、私の友人で同僚の塩原良和が中心になって進めてくれたことが。これまで彼は『希望の分配メカニズム』（御茶の水書房、二〇〇八年）、その前には、いまは亡き保苅実とともに『ホワイト・ネイション』（平凡社、二〇〇三年）を翻訳している。私の仕事、私が書いたり考えたりするやり方に馴染みがある人が日本にいるとすれば、それは彼だろう。翻訳と信頼は関係するがゆえに、これは重要なことなのだ。『オルター・ポリティクス』はフランス語にも翻訳され、マリア・テディムとエマニュエル・ティボーは素晴らしい仕事をしてくれたが、私はふたりのことを同じように信頼する必要はなかった。私はフランス語に堪能で、翻訳が原典に忠実かどうか自分で確認することができるからだ。友人のヤースィーン・ハージ・サーレフが本書の一部をアラビア語に翻訳したときにも、同じことがいえた。私は日本語を学んで堪能になれたらと空想することもしばしばだが、あいにくそれは実現にはほど

遠い。どれだけ的確に概念や文章、段落を翻訳してくれたか知るすべがないから、私は翻訳者のみなさんに全面的に頼るほかはない。これが、信頼という問題がこの場合重要な理由である。

こうした以前の翻訳を通じて、『オルター・ポリティクス』が容易に翻訳できる本ではないことを知っているので、これはなおさら重要である。地理的な興味関心(インタレスト)に関していえば、本書はとても広い範囲を網羅している。オーストラリア、グローバルな政治潮流、中東政治、そしてとりわけパレスチナ政治を扱っている。主題に関していえば、植民地主義と反(アンチ)植民地主義を、ナショナリズムと帰属の問題を、レイシズムと反(アンチ)レイシズムを、危機の性質を、エコロジーをめぐる問いを、そしてユートピア的政治を扱っている。その理論的射程は、人類学理論、ブルデューの理論、情動の理論、そしてポストコロニアル理論に及んでいる。そして、これらすべてを踏まえて、新たな理論を生み出している。

本書にもっとも通底する主張は、権力の社会学において、批判的分析はもっぱら知的かつ情動的に行われてきたというものだ。こうした社会学は、世界における不平等や不正義の背後にある支配の構造を探求する。それが生み出してきた批判的著作それ自体は、こうした既存の構造に反対しそれと闘う一助になることに専心してきた。すなわち、私が抵抗の政治(アンチ・ポリティクス)と呼んだものである。こうした著作は、ありうべき(オルタナティブ)別の社会的世界をうちたてるための闘争に動員しうる、台頭する根源的(ラディカリー)に異なる現実(リアリティーズ)の分析には、あまり留意してこなかった。私が、別のあり方を模索する政治(オルター・ポリティクス)と呼んだものである。本書は、そうした別のあり方を模索する政治に寄与する著作の分析的地平を規定するのに役立つものである。

二〇〇九年にオーストラリア人類学会特別連続講演の冒頭で話をしたときに、こうした議論の概要を構想した。当時、私にはすでに、ありうべき別のあり方を模索する政治的（オルター・ポリティカル）想像界が世界中で衰退していることがわかっていた。というのも、最初の著作である『ホワイト・ネイション』で私が行った、白人の多文化主義へのあらゆる批判は、多文化政策の内部により良い社会への願望が存在することを自明視していた。私の批判は、白人のリベラルな「寛容を広めようとする」傾向に矛先を向けることで、多文化政策がもつありうべき別のあり方を模索する政治（オルター・ポリティカル）としての最低限の側面の強化を後押しするものだったといえる。二〇〇九年までには、多文化主義は実際のところ、かつては有していたありうべき別のあり方を模索する政治としての側面を、すっかり失ってしまったのだとわかった。それは、純然たる防御的な手段になっていた。より良い多文化社会を築こうとする願望の、いかなる兆候も消え失せてしまっていた。残されたのは「人々にどのように自文化を維持してもらうか」といった常套句（サウンド・バイト）で示された、縮減された特殊主義的なイメージでしかなかった。同じく、非-レイシズム的な社会への願望もどこかに行ってしまっていた。残されたのは、追い詰められて防衛的な何かにすぎない。どのようにしたら人々をレイシズムから守れるのだろうか、といったような。

　多文化主義についていいえたことは、国家によって推進されるリベラルな政策の多くについてもいえた。それらはすべて、ゆっくりと、しかし確実に、より良い社会へのいかなる展望も骨抜きにされ、傷んだ社会を手当てする絆創膏に成り下がっていた。環境危機の衝撃を受けた私たちに、この惑星との関係性を根本的に（ラディカリー）変革するようにいざなうべきであったはずの環境政策でさえ、「それで、とりあえずここで最低限、何をしたらいいの?・」といった、魔法から覚めた幻滅へとゆっくり変質していた。

私はこの序文をCOVID-19の流行下で書いているが、それはこうしたあらゆる傾向を加速させた。いったんパンデミックから抜け出したら、必要なのは社会を再生することだと求める声はあるが、その主たる推進力は生存主義者(サバイバリスト)のそれであった。本書第二章で述べられているように、支配的なのは生存主義者のエートス、すなわち、私たちは奈落の瀬戸際にいるのだから、いまは新しい理想を掲げるべきときではない、というものだ。まず、生き延びよう。これまでのところ、より良い未来の自分や社会への新たな夢と空想(ファンタジー)が奪われたということが、私たちの時代の主たる特徴のひとつだといえる。そのような夢が、文学や芸術の世界に存在するかどうかという話ではない。そこには、ちゃんと存在している。それは若者たちのあいだにも、はるかに明白なかたちで存在している。しかし、そうした場所で夢を見ることは、いまそうであるように、制度化された政治から決して切り離されてはいなかった。「より良い未来の自分や社会」という理想は、私たちは自分自身や社会を前進させるため、それらを変えていくようにいつでも行動できるのだという信念を前提としていた。この信念は、ほぼ消え失せている。世界はもはや、より良い未来への空想と展望によって動かされることはない。これは左派の空想と同様に右派の空想にも、当てはまることである。

「世界中に民主主義を広める」という米国の帝国主義的な幻想(ファンタジー)について、少し述べておく。これはつねに、植民地化された人々への破壊的な帰結を伴う幻想であった。イラクやアフガニスタンへの侵攻とともに、この幻想はいまだ健在であると考えたがる人もいるかもしれない。それは間違いだろう。確かに、文言としてはまだそれは使われているが、その文言に込められた信念は目に見えて衰退した。一九五〇年代には、そのような幻想には正真正銘の駆動力があった。それは確かに、帝国主義を正当化するために用いられていた。だが侵略者の多くはこのイデオロギー的正当化を信じ、理想化さえしていた。今日では、それが「民主主義を広める」ことだと本気で信じている米国人は、きわめて少数派である。文言としては同じだが、それがもつ情動的な力は、同じではない。今日、「民主主義を広める」は虚ろに響く。それは非常に薄っぺらで、しばしば冷笑的な征服の正当化以上のものは何ももたらさず、その征服に加担している人々にさえまったく響かないし、破壊的な征服の対象とされた人々にとっては言うまでもない。

より良い世界への空想(ファンタジー)、展望、希望、そして夢は、それらを信じる人々に元気を与えることで、活き活きとしたものになる。それらを信じる人々を、未来へと駆り立てていく。夢や展望によって駆り立てられるということは、それらが希望をあなたにもたらし、あなたの内側からあなたを後押ししていくようなあり方で、それらと関わるということだ。それが駆動力というものの、まさに意味するところなのである。今日の世界政治のほとんどで、そうした駆動力となる空想が奪われてしまっている。

今日、制度化された政治の近くにあるかそこに巣食っている、もっとも有力な幻想(ファンタジー)は、完全に反動的なものだとさえいえる。イスラーム原理主義、右派ナショナリズム、そしてトランプ主義の幻想は、すべてがきわめて回顧的(ノスタルジック)であり、実際には決して存在さえしていなかったような過去、すなわち、来るべき過去(a past-to-come)に、人々が「再び」「戻っていく」ことを望んでいる[1]。そのような幻想（ファンタジー）は、大幅に消費期限が過ぎた死せる幻想だといえる。腐敗しているのである。そして、それらを信じ続けている人々によって、まだ生かされ続けている。それらはゾンビの幻想へと、変質しているのだ。[(2)] フランク・ザッパに言わせれば「やつらはまだ完全に死んじゃいない。おかしな臭いがするだけさ」である。

いまは亡きローレン・バーラントの「残酷な楽観主義」という概念は、私たちの時代の支配的な幻想（ファンタジー）をいまでも明確に表している。彼女は、「残酷な楽観主義は、あなたが望む何かが実はあなたが躍進するうえでの障害であるときに、現れる」と論じる。[(3)] だが、おそらく今日の幻想は、残酷であることさえ超えている。それは、私たちが考えているよりもずっと、ゾンビなのである。生ける屍だというだけではなく、古典的な人喰い種でもある。それを信じるまさにその人々の骨の髄まで貪り尽くすまで、その人々を生かしておくのである。トランプ支持者のデモ行進が、有名な日本のゾンビ映画『カメラを止めるな!』のシーンに似ていることが多いのは、偶然ではないのだ。

このような時代では、抑圧的な現実（リアリティーズ）にいかにして反対するかだけに留まらないことが、研究者にとってとりわけ大切である。ありうべき別の（オルタナティブ）未来を示そうとする勢力とつながり続けるという課題が、ますます喫緊のものとなっている。私はこれを、再-植民地化（re-colonisation）の企てであると考えることがしばしばある。かつてニーチェは、「搾取」に反対することは、生きることに反対するようなものだと警句を発した。問題なのは、搾取があるかどうかではなく、いかなる種類の搾取がはびこっているかなのだ。植民地化についても、同じことがいえる。もっとも一般的にいえば、植民地化することとは、特定の空間に移り住み、占拠し、住まうことである。植民地化をこのように広義に理解することは重要であり、なぜならそれにより、植民地化にはそれに代わる別のもの（オルタナティブ）など存在しないという事実を、私たちは突きつけられるからである。地上に存在したければ、私たちは移り住み、占拠し、住まわなければならないのだ。その環境を誰が植民地化しそこに移り住むのか、どのように占拠し住まうのか、という問いに向き合うときこそが、根源的（ラディカル）な再-植民地化、もうひとつ（オルター）の植民地化の可能性が開けるときなのだ。ある民族主義的ナショナリスト植民地化勢力が、別の民族主義的ナショナリスト植民地化勢力に置き換わるのをどのように防ぐのか。この惑星に対する破壊的な居住のあり方が、他の破壊的な居住のあり方に置き換わるのをどのようにして止めるのか。こうしたもうひとつ（オルター）の植民の政治こそが、本書が少しでも知的に貢献したいと願っているものなのである。

二〇二一年九月

ガッサン・ハージ

謝辞

本書を構成するすべての章は、すでに別の場所で発表していたものにあらためて手を加えたものである。かなりの修正を加えたものもある。第一章のもともとの原稿は二〇〇五年の『アリーナ・マガジン（*Arena Magazine*）』に掲載された。第二章は私の編著『待つということ（*Waiting*）』（メルボルン大学出版会、二〇〇九年）に収録された論考をもとにしている。この原稿にさらなる推敲を加えたものを、モントリオールで開かれたフランス語圏社会学・人類学会の基調講演として、フランス語で発表した。第三章は二〇一二年に『人類学批評（*Critique of Anthropology*）』誌に掲載されたものである。第四章は二〇一三年三月にベイルートで開かれた、アラブ社会科学協会設立大会の基調講演がもとになっている。第五章は二〇〇九年に『人類学理論（*Anthropological Theory*）』誌に掲載されたものので、第六章は『理論・文化・社会（*Theory, Culture and Society*）』誌に二〇一〇年に掲載された。第七章はレイモンド・ガイタが企画したセミナーの公開講演として報告したもので、のちに『ガザ――モラリティ・法・政治（*Gaza: Morality, Law, and Politics*）』（西オーストラリア大学出版会、二〇一〇年）に収録されている。第七章への追記は、私のフェイスブックに載せたところ拡散したもので、その後、自分でも覚えていられないほど多くの言語に翻訳された。これは二〇一一年に『アイルランド人類学雑誌（*Irish Journal of Anthropology*）』に掲載された。第八章は、パレスチナのビルゼイト大学にあるイブラヒム・アブー＝ルゴド国際学研究所が二〇一三年に主催したシンポジウムの基調講演として発表したものである。第九章は二〇一四年に南アフリカのギンズバーグにあるスティーヴ・ビコ・センターで行った講演である。第九章への補論は二〇一三年八月にバークベック・カレッジのウェブサイトにある「批判的法学の思考」というブログに投稿したものだ。第一〇章は二〇一一年に『伝統的住居と定住評論（*Traditional Dwelling and Settlement Review*）』誌に掲載されたものである。最後に、第一一章の短縮版は、ロバート・マンとクリス・フィーク編『オーストラリアをつくった言葉（*The Words that Made Australia*）』（ペンギン・ブックス、二〇一二年）をはじめ、さまざまなところに掲載されている。

私はこれまで、多くの研究者たちとの実り豊かな交友関係に恵まれ、それは本書に直接的・間接的に影響を与えたが、とりわけサミル・ハラーフとマイケル・ジャクソンには、私の仕事や発想を、友人としても同僚としても、いつも批判的に受け入れてくれたことに感謝する。また、もうひとりの友人・同僚であるスティーブン・ミュークにも感謝したい。ラトゥール的人類学への旅を彼と共に歩んだことは、私にとってとても大切だった。フェイスブック友達に謝辞を述べるのが一般的かどうかわからないが、私のフェイスブック友達にはとても感謝している。周知のことだが、書くというのは孤独な作業である。フェイスブックページを開けて書くこと、これほどまでに多様な友達と交流することは、孤独を和らげ、元気の源になった。

いつものように私のパートナーであるキャロライン・アルコッソは、私の書いたものをすべて読んでくれ、批判的な助言をくれた。それは本書のすべての章が最終的なかたちになるうえで決定的に重要なものだった。とくにお礼を言いたいのはジェフリー・ミードだ。内容の吟味、校正、重複の削除、引用文献探しなど、惜しみなく手助けしてくれた。原稿整理作業をしてくれたアリソン・ストランバーガーと、最終的な修正をしてくれたキャサリン・ゲームにも感謝したい。

すべての論考は直接的・間接的に、私が長年にわたり採択されてきたオーストラリア学術協会（ARC）の助成金の成果である。助成してくれたオーストラリア学術協会に感謝したい。これらの助成金は、私が調査し、その調査について考えるうえで必須だった。

最後に、そしてとりわけ、本書〔英語版原書および本邦訳書〕の表紙を飾る作品を提供してくれたマイッサ・アラメッディンに感謝したい。表紙の模様を構成しているアラビア文字は、高名なパレスチナの詩人であるマフムード・ダルウィーシュの作品から転載した詩の一節である。

おお、流れては消える言葉のあいだをゆく者たちよ
その名を胸に抱き、そしてゆくがいい
われらの時からおまえの刻（とき）を取り出して、そしてゆくがいい

二〇一四年一〇月

ガッサン・ハージ

オルター・ポリティクス
——批判的人類学とラディカルな想像力

† 目次

Part IV

凡例

- 本書は Ghassan Hage, *Alter-Politics: Critical Anthropology and the Radical Imagination*, Carlton, Victoria: Melbourne University press, 2015 の全訳である。
- 原注は本文に注番号（1）、（2）…を付し、巻末に掲載した。
- 本文中の［ ］は原著者による補足である。
- 訳注は本文に注番号＊1、＊2…を付し、傍注とした。
- 本文中の〔 〕は、訳者による補足である。
- 原文における強調のイタリックは傍点で表した。
- 原文における内容にかかわらない明らかな誤記、誤植については特に明示せず訂正した。
- 引用文において訳書のあるものは適宜参照した。ただし、訳文は必ずしもそれに拠らない。
- 訳文中の原語表記については、原書の記載に倣った。本来はフランス語、ラテン語のものが英訳で表記されている場合もある。

序章

Introduction

資本主義と植民地主義に飼いならされ、支配されてきた世界秩序を批判しようと試みてきた著作の長い歴史に、本書は連なっている。これまでの著作と同様に、本書も、人間や人間でないものを取り巻く環境が過剰なまでに道具化され、搾取され、貶められて、ますます破壊的な様相を呈しているという、グローバルな秩序をつぶさに観察しなおすことから生まれた。この秩序は、とうてい受け入れられない不平等、不正義、周縁化に満ちているが、実は、それらは避けられるのだ。本書は、抵抗しようとすること（アンチ・ポリティクス）と、ありうべき別のあり方を模索すること（オルター・ポリティクス）を、どのように結び合わせていけるのか、ということに関心を向ける。探求すべき別のあり方とは、ありうべき別の経済、地球に暮らし、関わりあう別のあり方、そして他者（アザーネス）について、いまとは異なったやり方で思考したり経験したりすることである。本書が、ありうべき別のあり方を模索する政治（オルター・ポリティクス）を、対抗的政治より重視しているとしたら、それは「別のあり方を模索する（オルター）」契機が「抵抗の（アンチ）」契機より重要だからではない。これから論じるように、それは批判的人類学の思考が、別のあり方を模索する（オルター）契機ととくに親和的だからなのだ。また、ありうべき別のあり方を模索する政治に陽の目があたっていない状況を憂慮し、強く思い入れているからなのだ。

世界中の反（アンチ）資本主義、反（アンチ）レイシズム、反（アンチ）植民地主義の闘争を特徴づける対抗的な精神と政治は、根本的な弱みを抱えているのではないか。一九六〇年代以降、根源的（ラディカル）で批判的な思想のなかで、そのような実感が次第に生まれてきた。それが「抵抗（アンチ）」している政治秩序を覆せたことがあったとしても、自らが覆した現実（リアリティーズ）の別のあり方（オルタナティブ）を、抵抗の政治は自らにうまく構造的に組み込むことができなかった。「真のコミュニズムの実現」だろうが、反（アンチ）植民地闘争を経て実現した社会であろうが、そのような経験のなかで、既存の秩序を丸ごと覆そうとする「抵抗の政治（アンチ・ポリティクス）」は、同じように活気に満ちて情熱的な「別のあり方を模索する政治への（オルター・ポリティカル）」思考によって補われなければならず、そこから新たな存在のあり方の基盤が築かれる可能性が生じることが、次第に実感されてきたのである。

「政治的な情熱」という問いは、別のあり方を模索する政治のあり方ということの概念にとってきわめて重要である。本書を構成するいくつかの文章では、抵抗の政治が別のあり方を模索する政治よりも歴史的に優勢だった理由のひとつは、ラディカルな政治的情熱がもっぱら前者に注がれてきたことだと論じている。だからといって、別のあり方を模索する政治にも等しく政治的情熱を傾けなければならない、という単純な話ではない。この情熱そのものが、以前そうであったのとは根本的(ラディカル)に異なった政治的情熱でなければならないのだ。この「別のあり方を模索する政治(オルター・ポリティカル)への情熱」こそ、私が自分の仕事を通じて存在する余地をつくり出そうと奮闘しているものなのだ。あらためていおう。問われているのは、抵抗の政治(アンチ・ポリティカル)への情熱と別のあり方を模索する政治(オルター・ポリティカル)への情熱を対立させることではなく、両者が共存する場を生み出すことなのだ。本書は、そのような別のあり方を模索する政治への情熱がどのようなものであるべきかについてよりも――これについても第Ⅲ部で取り上げるが――、抵抗の政治(アンチ・ポリティカル)への情熱と別のあり方を模索する政治(オルター・ポリティカル)への情熱を批判的関心へと組み合わせていくあり方を例示した文章を、世に問うことを意図している。これはとくに、第Ⅳ部で行われる。

おそらく人文系の研究者よりも社会科学の研究者に当てはまることだが、政治的な情熱がどれだけ生産的なものかということは、容易に忘れられたり無視されてしまう。そんなふうに括弧で囲んで放り出してしまうことを、社会科学はやってしまいがちだが、それは政治的情熱をその人自身やその人の感情を抜きにして語ることができないからなのだ。この問題については、フェミニズムが他のどの批判的思想より成功していることも、そのせいかもしれない。フェミニスト批評は、情熱を別のあり方を模索する政治へと、まっさきに節合した。[1]「個人的なことは政治的なこと(ポリティカル)である」とはいつでも、「個人的なことは抵抗のための政治(アンチ・ポリティカル)である」ぶんだけ「個人的なことは別のあり方を模索する政治(オルター・ポリティカル)である」ことを、つねに意味していたのだ。

少し前、私は『テーゼ一一』という学術雑誌の創刊一〇〇号への祝辞を書くように頼まれた。[2]もちろんこの学術雑誌の名前は、カール・マルクスの有名な、フォイエルバッハに関する第一一テーゼに因んでいる。この第一一テーゼでは「哲学者はこれまで世界を翻訳するだけだったが、肝心なのは、世界を変えることなのだ」と明快に宣言されている。

寄稿依頼を受けてほどなくして、私は驚いた。というのも、私とこの雑誌の創刊号との出会いを思い出したからだ。それは一九八一年のことで、私はシドニーにあるマッコーリー大学でオナーズ課程[*1]に在籍し、一九七〇年代ヨーロッパの左翼テロリズムの潮流（主にイタリアの赤い旅団とドイツのバーダー・マインホフ・グルッペ〔ドイツ赤軍〕）についての論文を書いていた。自分のことを「ハードコアなマルクス主義者」だと信じていた頃だ。なんでまたそんなことになってしまっていたのかは、読者の想像にお任せしよう。

私がその論文で論じたのは、すでに理論的に言明されていたように、ヨーロッパのテロリズムが一九六〇年代ヨーロッパの左翼ボランタリズムの流れの申し子であるということだった。私はサルトルやマルクーゼからの多くの引用を、マルクス、レーニン、トロツキーらの言葉を引用して批判しつつ、そう主張した。私は以下のように論じた。「左翼」──いったい誰のこと念頭において「左翼」といっていたのかは、いまとなっては定かではない──は、マルクスの史的唯物論を我がものにすることができなかった。のみならず、それを絵空事のままにとどめてしまい、私たちを生の現実の歴史的潮流に基礎づけ、私たちが理論や政治について考えて定式化するまさにそのあり方を規定する、当時の私が述べたところの「真の史的唯物論者の意識」へと、それを変革していくのにも失敗してしまった。もしこの変革に成功したならば、すべての問題は解決し、真の革命運動も台頭するだろう、と私は考えていた。あらゆる人民は、私と私のオナーズ論文に感謝するはずだ、と。

くどくどとこんなことを書いたのは、マルクスのフォイエルバッハに関する第一一テーゼが、私にとって日々の常識の一部になっていたといいたいからだ。自惚れた自意識はご愛敬だとしても、当時の私が、自分自身や自分の書いたものが、世界を形づくっていると思えた現実の政治過程とつねにつながっているのだと想像していたことについては、自分で自分をめいっぱい褒めてやりたい。知的なるものと政治的なるものの融合は、私や私の周囲の多くの人々にとって、言うまでもないことであった。どの知的な立場に立つのかということが、世界の運命に重大な影響を及ぼすものだと思われていた。当時、マルクス主義の思想的影響下に知的形成してきた人に対して、生産関係が優先すると君が信じているか、それとも生産力が優先すると信じているか次第で、君と友達になれるかどうかは決まってくるよ、と私が言ったとしても、誰も驚きはしなかっただろう。とにかく私に関していえば、私は書くことで、革命を起こしていたのだ。私がただオナーズ論文を書いているだけだという事実は、自分の論文を何百万もの人々が読むに違いなく、私の論文が出現した後では、世界は変革されているだろう、という私の夢想を決して止めることはなかった。

月日が経つにつれて、私は他の人々と同じように、学問的思考のナイーブで過剰な政治化だと思うようになったものから、次第に距離を置くようになった。私は、ブルデュー主義者やヴェーバー

＊1　オーストラリアの大学では、学部課程で優秀な成績を収めた学生はさらに一年間、オナーズ（Honours）課程に在籍することができる。オナーズ課程を修了してさらに研究を進めたい場合は、大学院修士課程に進学することになる。

主義者的にいえば、「無産者化」していったのだ。[3] ブルデューならばいうだろうが、政治に遍在している「友／敵」の論理は、学術研究の論理とたやすく取り換え可能なものではない。ブルデューはこうもいう。「良い政治は、必ずしも良い社会学を生み出すものではない」。

最近、私はあらためて、一九八〇年代初めのマルクス主義哲学の根本的な展開をもたらした、ある有名な小論を読み返した。ルシオ・コレッティの「マルクス主義――科学か、それとも革命か？」である。[4] この論考は、いかにしてマルクス主義が社会についての科学であると同時に革命理論でもありうるか、そして実際にそうであるかを、とても鮮やかに論じた。私が初めてこれを読んだとき、コレッティの議論が一篇の詩であるかのように響いたものだ。いま読んでみると、なんというか……とてもタチの悪い詩のように思える。それは、マルクスがイデオロギーの果たす働きのひとつとして定義したような、まさにそんな働きをしている。それは、実践のうえではめったに両立しがたいようなことを、思想のうえで両立させてしまっているのである。

学問と政治が問題なく融合できると考えるのは、幼稚な学問的全能感のようなものだと、年とともに私は思うようになった。人間の思想がそんな力をもつなんて、ひどく独りよがりな思い違いでもなければ、とても信じられない。それに、世界を変えるのは哲学者たち次第だなどと信じるのは、学問的にもなんと尊大極まりないことであろうか。世界をうまく解釈できるだけで、上出来ではないか。だがそうはいいつつも、私にとって政治的なものはもう魅力がなく、惹きつけられもせず、自分の著作に魂を吹き込むものではなくなったか、といわれれば、それは嘘である。そして大学生についても、若者が政治的になることなしに教養科目に興味をもつことなど、実際のところないのではないかと、依然として感じている。少数の人々を除いて、政治的なものへの想いは人文・社会科学への情熱の、まさに土台であり続けている、といえるだろう。

こうしたことから、社会理論における政治的なものについて考えるためにはおそらく、フロイトがセクシュアリティについて考察したようにしなければならないと私は考える。よく知られているように、フロイトによれば、セクシュアリティはあらゆるところにある。私たちは、セクシュアリティに乏しいから大人らしく行動できるのではなく、私たちが大人らしくいられるかどうかは、セクシュアリティをどれだけ繊細にそして強く抑圧し、表現し、飼いならせるか、そして私たちの主体に内在するセクシュアリティの存在とどのように折り合いをつけるかによって左右されるのだ。同じように、人文学と社会科学において、政治的なものは情熱と願望に満ちており、セクシュアリティがそうであるように、批判的社会思想に浸透しているように思える。それは、社会生活に私たちが学問的に関わることへのリビドーのようなものなのだ。したがって、書くことの目的も、この情熱なしにはありえない。それを抑圧したり、不可視化すること――「感情がない」というある種の感情――は、実際には、科学的な（scientific）社会科学ではなく、保守的で「科学者的な（scientistic）」社会科学に特有のものなのだ。政治的なものへの情熱は、抑えなければならないときもあるかもしれないが、つねに抑えなければならないものでも、いついかなるときでも抑えるように求められるわけでもない。政治的な情熱に対処するというのは、それを表現し、それと交信し、それを自分の著述に織り込んでいく、生産的な方法を見つけ出す技芸なのである。本書で私は、学術的な考察に、より一般に向け／現実への介入のために書いた文章を、補論／追記として織り交ぜている。こういった試みを通して、政治的な情熱を表明し、方向づけ、それと交渉するさまざまなあり方を例示したいと願っている。

本書を構成している文章は、ずっと私を惹きつけてきたふたつの地域と調査地に関するものだ。私はそこに、知的・政治的情熱の多くを傾けてきた。すなわち、それ自身の特殊性と西洋世界全般に通じる一般的傾向の一例としての側面を兼ね備えたオーストラリアと、中東、とりわけイスラエル／パレスチナである。これらの空間を分析することで明らかにしたいテーマは、おおむね共通している。ナショナリズム、植民地主義、異文化間関係、そして帰属のあり方についてである。しかし二〇世紀末以降、このふたつの地域はよく似た社会的プロセスをたどっていることが明白になってもきている。これは別のあり方を模索する政治（オルター・ポリティカル）のあり方への問いや、政治的な情熱との交渉とともに、本書を貫くもうひとつの、より明確な分析の流れであり、一連の問いである。すなわち、オーストラリア、ヨーロッパ、米国、イスラエル／パレスチナなどどこであれ、ある地域のある特定の社会的、文化的、政治的な潮流が、別の地域における潮流と相関しているようにみえることがますます多くなっているのは、いったいなぜなのだろうか。一方の地域に関する考察が他方の地域にもほとんど苦も無く適用できるくらいの、このふたつの地域の構造的な類似性とは、いったい何なのだろうか。こういった問いに答えるために、私は今日、人々の抵抗（アンチ）のための、そして別のあり方を模索する（オルター）ための政治的情熱が向けられるべきものが何なのかについても、定義を試みたい。これに対するもっとも明確な答えは、本書の第I部で示される。私はそれを、後期入植者状況（late colonial settler condition）のグローバル化と呼んでいる。

この概念をはっきりと意識しだしたのは二〇〇六年初め、私がレバノン系オーストラリア人のマルワーンという男性にインタビューをしているときだった。それは二〇〇五年一二月中旬に起きた、あの悪名高いクラヌーラの暴動が起こってしばらく経った頃だった。[*2] 人種差別的な白人の群衆が、孤立した第三世界風、つまりレバノン風の容姿をした人たちを取り囲んでいるイメージは、私とマルワーンの記憶に鮮明に残っており、まるで戦場の風景を見せられているかのような激しい感情が込み上げてきたのだった。私たちは「仕返し」について話していた。マルワーンはレバノン系の友人たちとともに、クラヌーラの暴動への報復行動に参加したのだ。その行動が、どんなふうにメディアで報道されたのかについても私たちは話しあった。やがて、ポピュリストの右派ジャーナリストたちが、ムスリムとレバノン人に対する反感を社会に広めるのに一役買っていることに話が及んだ。とりわけアラン・ジョーンズ（ラジオの司会者であり、その過激な発言ぶりでオーストラリアでは名の知れた存在）と、ピアース・アッカーマン（シドニーの大衆紙『デイリー・テレグラフ』のコメンテーターにしてコラムニスト）が話題になった。シオニストの陰謀についてマルワーンが話しはじめたのは、そのときだった。

私は真面目な表情を保ち、彼のこんな言葉にうなずいた。「なあ、アラン・ジョーンズはシオニ

＊2　二〇〇五年一二月に、シドニー郊外のクラヌーラ（Cronulla）（クロナラと表記されることもある）のビーチで起こった事件。白人住民とアラブ系住民の諍いをきっかけに、携帯電話のテクストメッセージ等を通じて呼びかけられた多数の白人が、アラブ系に見える人々を襲撃した。

ストだ。アッカーマンもそうだ……あいつらはふたりとも、イスラエルを特別に訪問しているんだ。イスラエル人たちがあいつらをもてなして、あいつらはそのお礼に、俺たちがみんなに嫌われるようなことを一生懸命言いふらしているのさ……」。だが、彼が続けてこう言ったとき、笑いをこらえることができなかった。「シオニストが人々を反アラブにしてしまうチャンスを見逃すというのは甘い考えだね。だから俺に言わせるなら、クラヌーラの群衆は全員がシオニストに影響を受けていたか、シオニストそのものだったんだよ……」。

オーストラリアのビーチでサーフィンを楽しむ若者たちが、みなシオニストだなどというのは、私にとってはお笑い草でしかなかった。なんとか笑いをこらえようと努めたが、あからさまに彼を見下したような笑みを浮かべてしまった。私はプロらしからぬことをしてしまった。そしてマルワーンは明らかに気分を害した。彼は自分が情報通であり、熱心な読書家だと自負している。そして自分の揺るぎない信念を、誰かや何かに脅かされることもない。おまけに、彼は私の体格の二倍はあろうかという、ガタイのよいレンガ職人だったのだ。「ああ、笑いたければ笑えよ、教授先生。あんたもほかのやつらと同じ、くだらない馬鹿野郎さ」と、彼は私の目をまっすぐに見つめて言った。

私はひとりの人類学者として、自分の調査協力者にもっと敬意を示すべきだった。私は罪悪感を覚えた。おそらくこの罪悪感が、その後の展開のひとつの引き金になったのだと思うが、彼と会った――そして彼に尊大な態度をとってしまった――後、クラヌーラの事件とシオニズムの関係という考えは私の頭の中に残っていて、考えれば考えるほど、それは西洋のナショナリズム、多文化主義、レイシズムについての私の問題関心と、イスラエル－パレスチナ問題についての私の問題関心（インタレスト）を、より明確に関連づけて考えるための思いがけない糸口なのではないかと思うようになっていったのである。西洋諸国のイスラエルへの支持が、西洋諸国に移住したムスリムの人々の移住先の国への帰属感覚の分断に明らかに影響を与えているということを、西洋諸国はあからさまに隠さないまでも、無視しようと尋常ではない努力をしてきたのではなかったか。こうしてクラヌーラ事件は、私がこうした関係性の特質についての考察を結実させていくうえでの結節点となったのだった。

言うまでもないことだが、私はマルワーンが言う「クラヌーラにおけるシオニストの陰謀」をまともに（シリアスリー）信じたわけではない。私は、両者にいくつか共通した特徴あるいは構造があるという点に着目したのだ。と言っただけでは、巷のシオニスト陰謀説と大差ないくらい、ばかばかしく聞こえるだろう。では、クラヌーラの暴徒たちとシオニズムの共通点は何だといえるのか。後者はヨーロッパのユダヤ人ナショナリスト運動であり、現在では中東の、それを掲げた入植者国家によって具現化されているものだ。クラヌーラ〔の騒動〕はオーストラリアのあるビーチで起きた一時的な出来事であり、基本的には白人アングロ・ケルト系の群衆たちが、ある固有の政治的状況の下で起こした騒ぎで、すぐに沈静化されたものだ。

おそらく私の頭の中で最初に引っかかった考えは、私自身の主観的想像界の次元における、漠然とした類似性だ。イスラエル国家によるパレスチナの人々への「包囲」と「攻撃」についての私の考え方と、クラヌーラの群衆が孤立したレバノン系の男性を取り囲み危害を加えるというイメージが、似ているということだ。これでは、社会科学的な根拠があまりにも薄弱である。しかし先述したように、これはきちんとした分析課題にならないまま、私の頭の片隅にあった。次第に、次のような考えが頭の中で具体的な分析になっていった。イスラエル建国以後のシオニストの政治とクラヌーラの群衆は、確かに根本的に異なっているが、どちらも強烈な単一文化主義を宣言していたし、いまも宣言している。西洋における強烈な白人の植民地主義あるいはポストコロニアルな政治は、しばしの沈黙を経て二〇世紀末に、西洋で再び台頭しているが、シオニズムは長いあいだ、単一文化主義であり続けてきた。興味深いことに、イスラエルは、その国内のユダヤ人の肌の色や文化的出自でいえば、オーストラリア、カナダ、英国と同じくらい、多文化社会である。しかしイスラエルは、私が『ホワイト・ネイション』で白人による植民地主義の幻想の支配という意味で白人性という言葉を用いた、そのような意味において、白人社会でもあり、それは第三世界風の姿をした他者に対峙している、ある空間の中で力を与えられた近代の第一世界的自己を含意している。[5] シオニズムは依然として、この幻想に非常に大きく依拠している。それは、イスラエル内外に住むすべてのユダヤ人に、白人入植者の優位性という幻想を共有させ、パレスチナ人という「第三世界風の姿をした他者」と対峙させるように仕向けるのだ。実はユダヤ人自身が、「多文化的」であるのにもかかわらず。

特筆すべきは、一九七〇、八〇年代におけるリベラル多文化主義の隆盛期、あらゆる西洋諸国がさまざまなかたちで文化多元主義を導入していた時期にあって、イスラエルはつねに例外的な国家であると許容されていたことだ。当時、英国が自分たちをアングロ・サクソンあるいはアングロ・ケルト、または白人ヨーロッパ国家だと認識したり、フランスが自分たちをカトリック国家だなどとみなすというのは、考えられないことであっただろう。両国のうちどちらかがそのように認識していたとしても、コスモポリタンで文化多元主義をめざす後期近代においては受け入れられなかったはずだ。イスラエルの「ユダヤ人国家」という自己認識は、同じようには扱われなかった。それは旧時代の遺物でも、受け入れがたいものでもなかったし、いまもそうなのだ。

しかし、二〇世紀末、白人のパラノイア・ナショナリズムの新たな波がグローバルに拡大するとともに[6]、何らかの根本的な変化が起こった。反（アンチ）多文化主義の潮流が始まり、「アメリカ的」「オーストラリア的」「ヨーロッパ的」な価値観の再確認を要請する、白人の復権をめざす政治が台頭した。イスラエルは、単なる例外ではなくなった。西洋の特定の支配的勢力から、少なくとも潜在意識のうえでは、イスラエルは称賛すべきお手本であるかのようにみなされだしたのである。包囲された白人入植者の社会というイスラエルのエートス——「私たちをやっつけようとする野蛮人に包囲されているのだから、私たちは政治的・軍事的・文化的に自己主張する必要がある」——は、西洋の自己規定として一般化され、真剣（シリアス）に受け止められはじめたのである。白人入植者状況がグローバル化したといえるのは、このような意味においてである。先住民族という他者を殺戮したうえで入植地社会として発展してきた、オーストラリア、カナダ、米国についていっているのではないことに留意されたい。入植者状況のグローバル化は、互いに交差し影響を与えあいながらも、なお独自性を保つ、異なる入植者編成を伴っている。それは、いまやよく知られている、グローバルな規模で生み出された「ムスリム」という他者性と対峙することで構築されている。実際、9・11、バリ島、マドリード、ロンドンと続いた爆弾テロ以降、イスラエルと他の西洋は次第に、共通の敵を抱えているとされるようになった。自分たちの故郷を取り返そうとするパレスチナ人「ムスリム」、世界貿易センタービルを破壊し住民を殺害した「ムスリム」、そしてクラヌーラのビーチでやんちゃをするレバノン系「ムスリム」の若者たちのあいだに、何かしら共通したものがあるということに、グローバルな西洋の想像力のなかでは、突然なってしまったのである。

本書の第I部では、こうした入植者状況のグローバル化の特徴に迫っていく。第一章では、この社会編成に通底する被害妄想的で権威主義的な構造についてさらに掘り下げる。それはネオリベラルな潮流のさまざまな側面と結びついているが、第二章ではそのような環境において、危機の経験がどのように変容しているのかに注目する。すなわち、社会変動の可能性を高らかに宣言することから、そのまさに反対の閉塞状況、つまり恒常的な袋小路の状態への変化である。第三章では、そのような状況によって、対抗的政治を活性化させる、日常における「ヘーゲル的精神」が失われていること、そして対抗的思考のなかに別のあり方を模索する政治（オルター・ポリティクス）を組み込んでいくことが喫緊の課題であると論じる。

第II部は批判的思考のあり方、とくに批判的人類学が、別のあり方を模索する政治（オルター・ポリティクス）への契機の模索にどのように貢献できるのかを考察していく。第三章では、根源的（ラディカル）で批判的な別のあり方を模索する政治に向けたエートスに再び注目しつつ、それが当初から学問的伝統の一部であった人類学における「存在論的転回」の重要性について考察する。それは、私たちは、私たちがいまそうであるものではない、何かになることができる、という定式化に集約される。第四章では批判的な社会科学の再編、とくにアラブ世界における社会の激変という文脈に照らし合わせながら、この人類学的なエートスをマルクス主義的およびネオ・マルクス主義的な抵抗の伝統に組み込んでいく必要性を論じる。

先述したように、第Ⅲ部では別のあり方を模索する政治への契機を構想していくうえで、政治的な感情と情熱について問うことの重要性に注目する。第五章では、人類学者が自身の政治的な情熱をどのように扱うかを考察することを通じて、政治的情熱についての人類学が伴う複雑性を示す。第六章はファノンの政治を別のあり方を模索する政治への戦略の一例と位置づけた、ネグリとハートの議論についての批評である。この章では、政治的な情熱が対抗的政治という幻想（ファンタジー）のうちに依然として深くとらわれている一方で、別のあり方を模索する政治が知的なものとして論じられているという状況を、ファノンの事例が浮き彫りにしていることが論じられる。

第Ⅳ部には、別のあり方を模索する政治なるものが、批判的理論においていかにして言及されうるのかを例示した一連の論稿が収録されている。第七、八章では、イスラエルの植民地主義に対抗するために「もうひとつの関係性（another relationality）」の可能性を保っていくことの難しさを論じる。第九章でも、「他の関係性（other relationalities）」――これまでとは異なる存在のあり方――を模索していく重要性に、レイシズム批判に言及しながら焦点を当てる。第一〇章では、「現実主義的なユートピア」という概念を、エコロジーの政治と絡めつつ、存在論的転回に影響を受けた人類学的視点を用いながら論じる。第一一章では結論として、まず私自身の、中東とオーストラリアへの帰属に折り合いをつけてきた経験から始める。そこから、一般的な帰属のあり方をめぐる別の（オルター・）あり方（ポリティクス）を模索する政治を、今日の世界を席巻している、領域主義（territorialism）の有害な入植者的形態に対して投げかけたい。

Part I

Alter-Politics

第1章 後期入植者状況のグローバル化

The globalisation of the late colonial settler condition

近代(モダニティ)においては第一世界が第三世界にとっての未来のイメージを示していたのだとすれば、ポストモダニティではその逆のことが起こっている。そんな見方をしていたのはジグムント・バウマンだったと思う。彼の省察がしばしば頭をよぎるのは、オーストラリアのみならず西洋のいたるところで台頭している新しい社会・文化・政治現象が、レバノン内戦（一九七五-九一年）の前後から次第に発展してきたレバノン社会のあり方を思い起こさせることに、私自身が次第に気づいてきたからだ。

内戦前の資本主義国家レバノンのマルクス主義者の大半が、この国の経済は商業、金融、サービス業、観光といった「第三次産業」に比べて製造業が脆弱だから、歪んでいて未発達なのだと主張していたのを思い出してみるとよい。今日、大半の西洋諸国は徹底した脱工業化の過程を経験し、その経済はまさに、このようなアンバランスさによって特徴づけられているのだ。ただし私は、この類推に過剰にこだわりたくはない(たとえば、オーストラリア経済における鉱業部門には、これが当てはらまないのは明らかだ)。このような見方がとても限定的であり、皮相なものでさえありうることもわかっている。しかし同時に、そのような類推の基盤は現実(リアル)にあるものであり、いくつかの重要な類似性を説明できるとも考える。

オーストラリアで過去三〇年ほどのあいだに見られるようになった、けばけばしい消費や富の誇示のあり方を考えてみよう。これは一九七〇年代半ばに私が初めてオーストラリアにやってきた頃は、むしろレバノンの土着のブルジョアにより顕著に見られた特徴だった。しかし、いまはまったく違う。自己顕示欲の強いブルジョワ文化は、歴史的には産業資本主義よりも商業的・投機的資本主義と結びついてきたという事実は、このことを説明する道筋を示している。まず、商人、銀行家、投機家は、事業に利益を再投資する必要が産業資本家ほどないから、個人消費のための金(「余剰利潤」)をより多くもっているのがふつうである。さらに、自宅、オフィス、自動車をもち、自分自身を「けばけばしい」見てくれにすることは、商人、銀行家、投機家にとってはビジネスの一部である。そうした人々の外見は彼・彼女らの資産の一部である。すなわちブルデュー的な言い方をすれば、文化資本に対するそうした人々の投資は、彼・彼女らの経済資本を最大化する過程の一環なのである。産業資本家では、そのような傾向はより控えめである。

少なくともオーストラリアに関していえば、もうひとつ、似てきたことがある。商人、銀行家、土地開発業者などが自分たち自身か、自分たちの直接的な代弁者(しばしば弁護士)を議会で当選させ、自分たちに関わる法律の制定をコントロールしようと――産業資本家がそうする以上に――しがちであるということが、商業的／投機的資本主義社会で確立された特徴である。より一般的には、立法府としての国家は、異なる資本家の利害の仲裁者ではなく、投機家たちが管理しようと競い合う「生産手段」の一部だと、みなされるようになっていく。これが、汚職がますますはびこる議会文化をもたらす。そして、この領域でもやはり同じように、一九六〇年代のレバノン議会は、オーストラリア国家とその連邦議会の将来の姿を示していたといえよう。

この点についても、ほかにも多くのことが比較できるかもしれない。しかしながら、私がとくに重要だと考えており、本章で検討してみたい、ひとつの広範囲に及ぶ類似がある。それは、二〇世紀のレバノンにおける、レバノン人キリスト教徒の「ムスリムたち」への態度や、その後の「ムスリムたち」との戦争の際に見られたその支配的政治文化が、今日の西洋の内部に広まっている支配的な政治文化のイメージを提供する、そのあり方である。両者の文化の類似性に思い当たったのは、二〇〇四年の初め頃だった。当時、私はアメリカン大学ベイルート校に研究休暇で滞在し、博士論文の一部を出版するために書きなおしていた。私は一九八七年に博士論文を書き終えた。その内容は、一八世紀のレバノン資本主義の興隆から初期レバノン内戦が始まる前後までのあいだ、レバノン人キリスト教徒がいかにして戦時共同体（warring community）を発展させていったのかを論じたものだった。興味深いことに、キリスト教的戦時文化についての私の分析の一部は実際のところ、ナショナルに「憂慮する」（national 'worrying'）西洋文化の変容という、私が『希望の分配メカニズム』[1]で考察しはじめたことを理解するために役立つということに気づきはじめた。

博士論文では、レバノン人キリスト教徒、アパルトヘイト時代の南アフリカの白人、そしてイスラエルのシオニストの、戦時のエートスの類似性を指摘した。これらすべてに、自分たちは第三世界における西洋文明の、ある種の前哨部隊であるという認識が共有されていたと私は論じた。彼・彼女らはすべて、ある種の文明化の使命の感覚によって活気づけられ、そして自分たちをつき動かしてきた（イデオロギー的もしくは領土的な）遠心的／拡張主義的／植民地主義的な推進力が停滞していると感じていた。この失速した拡張主義的な力の感覚こそが、後期入植者的社会編成として特徴づけられるものである。こうした人々は、防衛という文化的エートスによって活気づけられている。自分たちが未開人の大群に囲まれていて、それに「対処」しなければならないときの最善なやり方は、暴力的で「非文明的」なものとなりがちである、と彼・彼女らは感じていた。だがそのような所業に及ぶときですら、「西洋文明」の優越的な価値だと彼・彼女らが考えているものによって、彼・彼女らは自分たちがある種のノブレス・オブリージュに導かれていると考えていた。キリスト教徒は、ムスリムがレバノンにおける西洋的な（ここではキリスト教的／民主主義的な）文明を破壊しようと躍起になっていると信じていた。南アフリカの白人も、黒人（ここでは西洋文明は白人文明として認識されていた）について同じように感じていた。イスラエル人は、アラブ人／パレスチナ人について同じように考えていたし、いまでもそう考えている（ここでの西洋文明はユダヤ－キリスト教文明の、宗教的そして世俗的な表現だとみなされている）。興味深いことに、私が博士論文を執筆していた頃、この三つの集団にはそれぞれイデオローグがいて、真に価値あることのために闘うすべをもはや忘れてしまい、難しい局面を生き延びるためにはいかにして「やらねばならぬことをやらねばならない」か、という感覚をもはや失ってしまった西洋に、自分たちは見捨てられてしまったのだ、と論じていたのだった。

この比較分析を読み返しているときに、私の頭にバウマンの議論が再び浮かんできたのだった。私はシオニストのイスラエル、白人の南アフリカ、そしてキリスト教徒のレバノンの「包囲されている文明化された文化」としての特殊性を構成するまさにこれらの特徴こそが、今日のあらゆる西洋文化を規定するものの一部に、ますますなってきていると感じた。二〇世紀のこうしたナショナリストの戦時文化は西洋に対して、いまや現実のものとなった未来のイメージをすでに示していたのだ。実際、「西洋」を想像する今日の支配的なあり方では、それはひとつの巨大でグローバルな後期入植者的編成であり、その拡張主義的な存在様態にもかかわらず、あたかも守りに入っているかのように描き出されることが、ますます多くなっている。「西洋」は圧倒的な力で支配しているのにもかかわらず、脅されている。「西洋」は、テロリストと庇護希望者で埋め尽くされた、非文明的な他者たちのやはりグローバルな荒海に直面しているかのように、自分自身を想像しているからだ。私がここで後期入植者状況のグローバル化について述べたいのは、このような意味においてなのである。

イスラームの脅威のグローバル化

テロリストと庇護希望者がその兆候とされる、世界各地で進むイスラームという他者（Islamic

other）のグローバル化は、こうした入植地状況を一般化する際の重要な構成要素のひとつである。文化のグローバル化のあらゆる過程と同じように、そこには文化の均質化と異化という、矛盾する過程が伴う。(2) すなわち、イスラームはグローバルな脅威をもたらす他者として均質化されていくが、そのイスラームの脅威を体現するカテゴリーは国によって異なる。それは英国ではアジア人（インド人やパキスタン人を意味する）だし、ドイツではトルコ人だし、フランスでは北アフリカ出身者である。オーストラリアでは、レバノン人というカテゴリーが最初にこの脅威を具現化した人々であったが、二一世紀に入って、ムスリムだとみなされるエスニシティがより多様化したことで、南アジア系やアフリカ系コミュニティをも含んで広がっていった。

寛容に扱われるべき他者、という多文化主義の領分の外部にあるものとしての「ムスリム」、という概念化に寄与している要素のひとつは、彼・彼女らのあいだに相当数いて、しかも増加している「信心深い（シリアスリー・レリジャス）」人々の存在である。ここで信心深いというのは、モスクによく通っているとか、強い信仰心をもっているといった単純な意味ではない。熱狂の度合いを示すものでさえ、ない。より重要なのは、ひとりの人間の日常生活のあらゆる側面が、その人にとっての神の法(3)に則って支配されている、とみなされることだ。この種の宗教性こそが——他者の宗教性であるときにはとりわけ——、多文化を受け入れる力という論理を深刻に否定するものなのだ。多文化主義はつねに、（それは実際、ある種の能力として定義されうるのだが）、支配的なナショナルな法の枠内に、他者の法をより主要ではない要素として共存させる余地を見出してきた——ここでは、法をより人類学的な概念、つまり「物事についての他者の秩序」あるいは「他者の生き方」といった意味でとらえており、形式的な意味での法では必ずしもない。この意味で、多文化主義とは何よりまず、こうした包含（encompassment）の関係として定義できるだろう。支配的なナショナルな法は、他者の法がナショナルな法に包含されているかぎりにおいて存在しうるような余地――それを例外状態と呼んでもいいが――を設ける。そこでは、他者の法はさまざまな内容や範囲で存在できるが、支配的な文化が包含する側の文化であり、他者の法は包含される側の文化でなければならない、ということは変えてはならない。

信心深いムスリムが引き起こす問題は、自分たちの法こそが神の法にほかならないと、そうした人々が考えていることなのだ。これらは、たとえば、ある国民的な料理に関する決まりや、結婚や親族関係などについての民族固有の法といった、主要ではない法とは、同列に扱えない。自分の言葉を話せて、自分たちの料理を食べられて、自分たちのやり方で儀礼ができる場所をもてるという考えは――それが、いうなれば支配的な言語や食文化のあり方などによって提供された場所であると理解されているかぎりにおいては――たいした問題にはならない。しかし、ネイションの法のうちに、神の法が共存する余地が与えられているという考えは、冒瀆なのである。実際のところ、宗教に深く帰依している人々にとっては、事態は逆転する。神の法こそがすべての人々を包み込んでいるのであり、移民の移住先の国――あるいは、この点に関していえば他のあらゆる国――のナショナルな法のほうこそが、重要ではないものなのだ。信心深いムスリム移民を移住先の国家に統合していくためには、すべてを包み込む神の法の枠内に、その国の法が存在する余地を探すことが問題になるのだ。多文化主義が土台としている、包含する文化‐包含される文化の関係が、まさにひっくり返される。そして、統治不可能性（ungovernability）という暗黙の脅威が生じる。だが、それで終わるわけではない。ムスリムたちの一部が、自分たちは政治化されたトランスナショナル・コミュニティ、すなわちウンマに帰属していると考えているということが、神の法の下に生きるという、この生き方にさらなる世俗的な意味合いを与え、ある種の形而上学的なトランスナショナリズムへと変えるのである。

イスラームのトランスナショナリズムと節合する国際政治の展開も、こうした宗教性を非‐ムスリムの多くの西洋人たちにとっての脅威にする。こうした展開の出発点であり、いまでもおそらく重要なのは、イランのイスラーム国家化である。それ以来、シーア派でもスンニ派でも、グローバルなイスラーム政治のさまざまなあり方が進展してきた。そこには、イスラームのテロリズムという変種も含まれていた。

とりわけホメイニの下で、イラン革命は法の支配を制度化したが、その法は、ある種の超越的なムスリムの反植民地主義という政治的意志としてあからさまに表現されたものだった。やがてサルマン・ラシュディ事件によって、この政治的意志が国境を越えて作用することが初めて認識された。あたかも、ムスリムが突然、西洋国民国家の法の下でその庇護の対象として生きている人に対して、公然と刑を宣告する立場に立ったかのようだった。西洋のナショナルな意志にとってさらなる脅威だったのは、西洋の人々に恭順していると思われていたおびただしい数のムスリムたちが、この刑を執行せよと要求し、あるいは自ら実行しようとすることで、自分たちがトランスナショナルなムスリムの意志の媒介者であることを示したことだった。

それ以来、ムスリムが反植民地主義と結びつきつつ、西洋の意志とは別のトランスナショナルな意志の主体であることを示した出来事が数多くあった。9・11とロンドンでの自爆攻撃は、とりわけ重大な転機となった。イスラームの意志はただ「他者」の意志であるだけではなく、敵の意志でもあるとみなされるようになったのだ。西洋に住む、ムスリムの出自をもつ国民たちに現在向けられている、ISISと関係しているのではないかとか、ISISそのものなのではないか、といった懸念は、自分たちが敵対的でトランスナショナルなイスラームの他者によって危機に瀕しているという、非-ムスリムの西洋人にありがちな考えによって増長させられているのである。これこそが、西洋のネイションを戦時社会として想像しなおすことを正当化し、それをグローバルな後期入植者のエートスを構成する決定的な要素にしている核心的なものなのである。

戦時社会の構造と文化

戦時社会（warring societies）とは何だろうか。まず、それは戦争中の社会体制のことでは必ずしもなく、恒久的な戦争へと向けられている社会のことである。戦争の概念と社会の概念のあいだには、緊張関係があるのがふつうである。社会というものは、まさに安定した社会状況であるのに対して、戦争とはふたつかそれ以上の、より安定した社会状況のはざまの過渡期だとみなされがちだからだ。戦時社会について語るということは、戦争がもはや過渡期ではなく、その恒久的な特徴になっている社会状況について語ることなのだ。経済から文化まで、社会全体が、この恒久的な戦争状態の再生産の一環となっているのだ。

社会を戦争へと恒久的に向けていくうえで、おそらくもっとも重要なのは、社会を構成するうえで鍵となるふたつのメカニズムの関係が転倒することである。あらゆる社会は、善い生を生産し、再分配するメカニズムを有している。どの社会でも、善い生は物質的、感情的もしくは精神的なものとして、文化的に定義される。またあらゆる社会は、その社会にとって「善い」生とみなされるものなら何でも、守らなければならない。こうした固有の善のあり方を守ろうとすることなく、その社会に固有の善のあり方をつくり出すことができるというのは、理想論というものだろう。その結果、あらゆる社会において、その社会内の「善」を守るということには、「悪い」ことをするということが伴うことになる。民主主義を守るために、社会は非民主主義的な活動に関与する。法の支配を守るためには、社会はある特定の局面では法の支配を棚上げせざるをえない。愛すべき社会を守るために、それを蝕もうとする人々を憎まなければならない、といったふうに。こういった状況は、近年ジョルジョ・アガンベンやカール・シュミットにならって「例外状態」として次第に理論化されてきた[4]。

同様に、民主主義がそのような例外状態なしでも繁栄できると考えるのは、理想論というものであろう。ある社会がそうした「悪く」て、「例外的な」防衛活動に関わっているかどうか、という問題ではない。あらゆる社会が、そうしたことをしている。こうした「悪い」行いと、社会がそのようにして守ろうとしている「善い」行いとの関係性が、それぞれの社会で異なっているということなのだ。戦時社会と非-戦時社会を分かつのも、この関係性である。非-戦時社会においては、善い生の享受が「悪い」防衛の営みよりも優先される。このような営みを管理する人々は、そこで守ろうとしている善い生の質が侵害されないようにしようとする。もし、善い生を守ろうとして何か「汚い」ことをしなければならないとしたら、大使館とか、国境線とか、あるいは街の暗がりかどこかで「シークレットサービス」にやらせるとか、とにかく社会の周辺のようなところで、なるべく目立たないように、やろうとするものだ。「悪い」行いは、守ろうとする「善い生」の善さを妨げることがないように、なるべく禁じられる。たとえば、もし拷問が行われるのであれば、それは「闇で」行われるのである。拷問によって、社会の内部の善きものが侵害されるようなことはしない。

戦時文化を定義づけるのは、こうした抑圧され、例外的で「悪い」ことであるはずの防衛のメカニズムや活動が、それが守ろうとしている社会の「善い」ことにおいて表面化しはじめることなのだ。それらは内なる文化の一部として受け入れられ、やがてはそれを穢し、影響を与えていく。その防衛メカニズムは、それらが守っていたはずの善い生の生産と分配のメカニズムを徐々に浸食していき、もはやそれに従属するものではなくなる。それらは、社会の日常的文化の主流に位置づけられる。それが行き着くところまでいけば、善い生を守ることによって、人々は自分たちが守ろうとしていた善い生を忘れてしまい、守ること自体が社会の公共文化を構成する核心的な要素となる。こうして、公共善を守るために拷問をする必要があるかどうかをおおっぴらに論じることが、「正当な」ことになっていく。

ここで、次の点を指摘しておこう。戦時社会と非‐戦時社会の違いは、一方が拷問に関与し、もう一方は関与していない、ということではない。拷問が闇で行われるか、拷問の合法性がおおっぴらに議論されるようになっていくのか、という違いなのである。すなわち、善い社会のあり方を一時停止しようという主張が、社会の裏側に隠されたままになっているのではなく、社会の内側の善い文化それ自体の中に組み込まれていくのだ。それゆえ戦時社会においては、非-戦時社会では例外状態だとみなされていたことが、ゆっくりと制度化されていく。戦争すること――例外的で過渡期であるとされがちな状況――が、自己再生産的で永続的な現実（リアリティ）となり、戦時社会は「恒久的な例外状態」として次第に論じられるようになってきたものの原型となるのである。そうした社会は、自分たちおよび他者にしばしばこのように語りかける。「私たちはいついかなるときも拷問に関与しなければならない。私たちはいついかなるときもジャーナリストや研究者が特定の物事について発言するのを止めなければならない。私たちはいついかなるときも子どもたちを牢獄に入れておかなければならない。それでも、私たちはいついかなるときもそんなことをしているけれども、私たちは善き美徳にあふれた文化を授かっているので、このようなことは通常は／本来は行わないのだ、ということは覚えておいてほしい。ふつうは、私たちは拷問などしないし、人々が思ったことを発言することを止めないし、子どもたちを愛している。これこそ、私たちの本来の姿なのだ」。

　恒久的な例外状態が社会の本来の善と、社会が関与しなければならない偶発的な悪を区別することによって正統化されるのと同様に、戦時社会の市民は偶発的な市民と本来の市民へと、ふたつに分けられることになる。これこそが入植者のエートスの重要な構成要素である。レバノン人キリスト教徒たちは内戦の頃、ムスリムに対する野蛮なふるまいに自分たちが加担していると嘆いていること、非常に恐ろしい宗派的虐殺に加担していてもなお、まさにそのように嘆いていることこそが、自分たちがいかに文明化しているかの証拠となるのだ、と主張していた。

こうした主張の核心になるのは、戦時における他者、すなわち、敵の描写のされ方である。戦時社会はしばしば、こうした重大な「悪い他者」——絶対的な悪を体現し、まさにその悪によって善い社会を悪くして、それ以外の道を選べなくしてしまう者たち——をめぐって構造化される。イスラエルには、パレスチナ人がいるばかりに、そうでなければしたくもない残虐行為に自分たちが加担せざるをえなくなったおかげで、自分たちの文明の感覚がどれだけ脅かされているのか、ということについての、驚くべき国民的決まり文句がある。にもかかわらず、イスラエル人はいつでもすべてを賭けて、文明の名に値するようなふるまいを続けようと英雄的に試みているのだ、とも主張される。

少なくともアブグレイブ刑務所でのイラク人服役者への拷問の顚末を認め、それに対処しているという、まさにその事実が、自分たちが拘留して拷問しているイラク人服役者に比べてアメリカ人がいかに文明化されているかを示しているかのようにブッシュ政権がふるまって以来、こうしたエートスは西洋のエートスとして一般化されていった。実際、西洋諸国は、戦時、とくに中東での戦争時には、劣化ウラン弾や有毒兵器、大量破壊兵器を使用し、無垢の人々を殺戮するといった、最悪な残虐行為に次第に加担するようになっている。だが西洋諸国はいつも後から、こうした残虐行為の「調査」を行う。ガザでの果てしない虐殺に関するイスラエルによる数えきれないほどの調査や、レバノン内戦期のサブラ（Sabra）やシャティーラ（Shatila）での虐殺[*1]に関する調査のように、そうした調査はいつも、首狩りをしているからではなく、事後に調査を実施することもなく首狩りを続けているから最悪である野蛮人どもから、自分たちを「区別／卓越化（distinction）」しようとする感覚に訴えかける。より穏便だが同じ論理で、植民地の大都市におけるムスリムへの不寛容がしばしば正当化される。ムスリムは本当に不寛容な者たちだから、私たちもムスリムに対して不寛容になってしまうのだ、という論理で。

この特徴的な自己の分裂は、「偶発的な悪い社会」から「本質的に善い社会」を守る、という、まさに同じプロセスが、戦時社会における主体自身にも適用されるのを可能にする。それは入植者が、自分自身の人間性や善なる本質が損なわれていると感じることなく、「悪い他者」に対する非人道的な実践を支持することを可能にする。「私は、パレスチナ人への拷問が素晴らしいことではないということは認める。だが、現実的になろうじゃないか。実際そうなんだから」と、イスラエル人は言う。「あなたはわかっていない。なぜなら、こういうやつらとやりあうってことがどんなことなのか、実感したことがないのだから。そうでなければ、私が暴力を支持する悪いやつじゃないんだってことがわかるだろう。私はただ、いまここで、自分がしなきゃならないことをしなきゃいけないだけなんだ」といった具合に。これについても、南アフリカの白人が黒人に対して同じことをしたし、レバノン人キリスト教徒もムスリムに対して同じことをした。そして同じように、今日、われわれ西洋の主体は、自分たちの周囲にいるとされるムスリムの他者に向けられた非人道的な扱いに、自分が共謀していることを正当化するために、こうした入植者的態度をとるようにますますなっている。過去の私たちが受け入れる余地などまったくなかった、庇護希望者や潜在的な「テロリスト」たちに向けられた不愉快な行為を、私たちはいま、受け入れている。

これまで述べたように、そしてアガンベンが私たちに示しているように[5]、法はそれ独自の未決性を定めることができる。しかし、その際に共通するのは、少なくとも不法の空間を包み込み、監視の眼の下に置き続けることだ。政府はシークレットサービスに対して、脱法的に活動することを許可できるが、その活動は政府の監視の下に置かれる。入植者の置かれた状況は、それとは異なる。そこでは、何が起こっているのか法が知らず、知ることさえ望まないような「闇の空間」が生み出されているのがわかる。その場を統べる「安心・安全主義勢力（securitarian forces）」が、正しいことをしているのだと信じられている。入植者社会は、法自体によって無法性が正当化されるというよりは単に法の支配を逃れた、こうした空間で満ちている。そうした空間ではとりわけ、悪とされる他者に対する行いへの免責の文化が生まれる。それは、悪い非人間化された人々と戦っている者は、なんでもやりたい放題できるし、それを止める者もいないはずだ、という感覚を伴う文化である。過去には、この免責の論理が具体的に現れるのは占領地におけるイスラエル軍、ANC（アフリカ民族会議）の容疑者に対する南アフリカ警察など、第三世界の事例に限られていた。いまではこの論理は、アブグレイブからグアンタナモ湾、そしてオーストラリアの悪名高い抑留施設へと、西洋民主主義体制全体にグローバルに広がっている。

悪とされる他者へ向けられたこの暴力が、あらゆる入植者の戦時共同体に典型的なものだとすれば、そこにはこれらの共同体を後期入植者社会として類型づける別の何かがある。それは、それら

＊1　一九八二年にレバノンで起きた、親イスラエル派民兵組織によるパレスチナ難民の大量虐殺。

が他者に対して暴力を行使するあり方に特有の、悪意と残酷さである。それは、他者を傷つける権力を保ちつつも、衰退の感覚を経験している人々に特有の、ある種の暴力なのである。ニーチェの「力の感覚（sense of power）」という概念は、これをとてもうまく伝えている。[6] 客観主義者が権力をある特定の「力量（amount of power）」ととらえるのに反して、「力の感覚」とは、どれほどの量であれ、ある人が有する「力量」とその人との関係性である。この関係性は、ブルデューがのちに「軌道（trajectory）」と呼んだものによって形成される。[7] もし私がXの量の力をもっていて、それが衰えていると感じているとしたら、Xの量の力をもっているが、それが増加していると感じているときとは異なったやり方で自分の力を発揮しようとするだろう。もし、私の力が増大していると感じているなら、度量の広いところを見せることができ、ニーチェが述べたように言うかもしれない。「いったい、俺の所の居候どもが俺にとって何だというのか。勝手に食わせて太らせておけ」[8]。しかし、自分自身の力が衰えていると感じているとすれば、私よりもはるかに弱い者に対してさえ、卑劣に、恨みを込めて、力を発揮しようとする。これこそまさしく、後期入植者社会が、他者に対してとりわけ卑劣で、悪質な特徴をもつ理由である。依然として圧倒的な力を、人種化／植民地化された他者に対して有しているにもかかわらず、実際の力と、それが衰退しているという感覚が組み合わさることで、死を招くほど執念深く、残虐な植民地文化が生み出されるのである。この残虐性は、後期入植者的社会編成においてつねに支配的である、ある特殊な「タフさ（toughness）」の形態が増殖することによって助長される。それは、私たちが男らしいタフさと呼んでいるものにほかならない。

男らしい（masculine）タフさと女らしい（feminine）タフさの差異は、六、七歳の子どもが公園で転ぶという、よくある日常的な出来事にも容易に見て取れる。その女の子は、転んで、ケガをしているようなときでも、気丈で落ち着いているように見える。数時間後、親が迎えに来て女の子と手をつないだら、安心したのか、彼女は「崩れ落ちるように」むせび泣きはじめ、どんなに痛かったかと訴えはじめるのだ。ここでは、タフさのふたつの形式が見られる。ひとつは、公園でのタフさである。それは、自分の内側に閉じこもって本当の感情を表さない。どんなに傷ついていて、傷つきやすいのか（vulnerable）を、他人に知られたくないからだ。これが男らしいタフさである。つまり、自分の傷つきやすさを他者から隠し通して、他者に付け入る隙を与えないというタフさである。このようなタフさが、自分に「付け入る」敵としての他者というヴィジョンをどのように具現化するのかについては、もうおわかりだろう。ふたつめのタフさは、これと正反対である。それは、他者が自分の傷つきやすさに付け入ることを恐れることなく、自分がいかに傷つきやすいかをあからさまにできるくらいタフだ、という能力のことである。これが、女らしいタフさである。

私たちはみな、この両方の種類のタフさを併せもっているのだが、戦時社会は男らしいタフさの形式をより歓迎する。戦時社会は、どんな傷つきやすさも他者に付け込まれてしまう状況なのだと、市民たち自身が思い込むように仕向ける。冷静で打算的なムスリムの庇護希望者が法を逸脱して行動し、私たちの優しさや法の支配を尊重する気持ちに付け込んでいるとか、われわれの社会のなかにいる非寛容で権威主義的なムスリムたちが、私たちの寛容さと言論の自由を利用しているとか、非民主主義的なテロリストたちが私たちの民主主義を食い物にしているだとかいった具合に。こうして市民は、ムスリムという他者と向き合う際に、タフに、非寛容に、非民主主義的に、そして冷酷になるように奨励される。市民たちは、温情的であること、寛容であること、そして民主主義的であることとはどういうことかを忘れ去る境地に至り、そのようにふるまえるようになる。しかしながら、何度もいうように、市民たちは自分たちが実は温情的で、寛容で、民主主義的であるという信念を保つことができるのである。このようにして、民主主義は徐々に骨抜きになり、やがて男根民主主義へと変質していくことになる。

男根民主主義

男根民主主義（phallic democracy）とは、生きられた民主主義ではなく、所有される民主主義である。それは「私たちは民主主義的に生きている」ではなく「俺たちは民主主義を手に入れたぞ」と言っている人々にとっての民主主義である。それは他者に対して「デカいモノを手に入れたぞ」と、見せつけるための民主主義である。男根民主主義者はその隣人に対して「俺の民主主義は、ほんとにデカいんだ！　おまえのちっさい民主主義とは違うんだよ！　俺の寛容さも言論の自由も、やっぱりデカいんだよ――ほれほれ、見てみろよ！」と言い放つのだ。

イスラエル人はいつでも、パレスチナ人にこのようにしている。レバノン人キリスト教徒はいつでも、レバノン人ムスリムにこのようにしていた。南アフリカの白人はいつでも、南アフリカの黒人にこのようにしていた、そしていまや西洋はいつでも、ほんのわずかな民主主義さえ有していないとされる、虐げられたあわれなあらゆるムスリムの他者に対し、このようにしている。精神分析によって的確に示されているように、男根は空虚なシニフィアンである。いかなる固有の重要性も有していないからこそ、それを私たちの生において一番大切なものの象徴に仕立て上げることができる。これが、「俺たちは民主主義をもっている」式の男根言説が増えれば増えるほど、民主主義の現実におけるいかなる実践的な含意がますます空虚化していく理由なのだ。つまり日常生活において民主主義が生きられ、実践されている空間が、実際にはますます縮小していくことになる。

男根民主主義の論理は、「発展した文明」の多くのシンボルと関連づけて複製されがちであり、ホモセクシュアリティやフェミニズムといったものですら、シンボルとして誇示される。そのひとつのバリエーションが、ゲイ・ウォッシングやジェンダー・ウォッシング[*2]と今日呼ばれているものである。私は、かなり多くのレバノン人が、同性愛を嫌悪しているのにもかかわらず、「見ろよ！ベイルートにはゲイバーがあるんだぞ（Look! we've got gay bars in Beirut）」と外国人に対して誇らしげに告げることがあるのを知るようになった。そこでは「ゲイバーがある」ことは、未開の他者には所有できない、文明化の男根的シンボルとして示されている。「俺たちにはゲイバーがある」と主張する人々の多くが、開かれたライフスタイルとしての同性愛を抑圧することを支持しているのは

＊2　国家や企業などが、ブランド戦略などを通じて、観光客や消費者に対して、うわべの部分だけで女性や性的少数者といった社会的なマイノリティなどの多様性を包摂することによって、マイノリティの人々を取り巻く物事の本質が隠ぺいされてしまうことに対する批判的な表現。

興味深い。そのような人々は、自分たちの日々の生活を侵害する同性愛的な生活様式は抜きにして、他人に自慢できる小さくて安全なゲットーを所有することに満足している。男根フェミニズムも同じ論理に基づいていて、西洋ではその潮流が再び台頭している。男根フェミニストはこう言う。「私たちをご覧なさい。あの中世的なムスリムの他者と比べて、私たちの女性はなんと解放されていることでしょう」。中絶や家族のあり方について、きわめて反動的で父権主義的な法を復活させることへの支持が次第に高まっているまさにそのさなかに、このようなことが言われるのだ。

このように、民主主義やその他の社会的なものの特徴が男根化されることは、その現実における実践的な重要性が空虚なものになっていくことと関連している。入植者の社会において、この民主主義の空虚化は、植民地化された人々をほぼ完全に分離された生活圏へと追放したり、その中に隔離したりするなどして、民主主義的なプロセスから徹底的(ラディカル)に排除することに直結する。こうして再び、西洋が支配するグローバルな世界が、入植者的なやり方で、次第に構造化されていくことになる。

アパルトヘイト

国民国家の歴史的特徴のひとつとして、敵意(enmity)を敵対性(adversariality)に変える力がある。敵(enemies)と敵対関係(adversaries)の違いの核心は、後者は、どれだけ対立していたとしても――そして、互いの利害関心(インタレスト)がどれほど隔たっていても――それは依然として社会的なものの再生産に関与しているか、少なくともそのような隔たりや対立が繰りひろげられる空間的環境という共通の土台が維持されていることだ。入植者の戦時エートスを特徴づけるのは、入植者と植民地化された人々とのあいだに、そのような共通の土台への関与、あるいは共通の共同体や社会という感覚がないということである。入植者は植民地化された人々を敵とみなしているのであり、敵対関係にあるとみなしているわけではない。この、ひとつの社会としての関与の欠如は、入植者の世界の中心に生み出された、入植者の現実と植民地化された人々の現実との「分離」の眼目であり、アパルトヘイトという主題の数多くの変種のなかに現れている。

実際、あらゆる入植者社会では、アパルトヘイトのような傾向が生じる。そこでは、ひとつの国民的な世界の内部が分断されているのではなく、ひとつの国民的空間の内部がふたつの異なる世界に分断されている。これらの世界のいずれにも、支配する集団と支配される集団が存在する。しかし、経験的な重要性からいうと、植民者の世界と植民地化された人々の世界との分断の顕著さと比べると、その違いは副次的なものにすぎない。それはひとつの現実の内部での分断ではなく、ふたつの経験的な現実のあいだの分断なのである。

アパルトヘイト下の南アフリカ、また今日のイスラエルでは次第に、階級的・人種的な差異化が混然となった公的・法的隔離と境界画定が進められ、こうしたふたつの隔離された世界がつくられたり、つくられようとしている。さらに、オーストラリアにおける先住民族と非-先住民族の世界の分断のように、異なる複数の世界がより身近なところに存在するようになっている。

二〇世紀のレバノンでは、アンダークラスや労働者階級の未発展の世界を、中流階級や上流階級が生きる世界から分離する、公式の境界線はなかった。都市全体を統治し維持する国家が存在しないなかで、ベイルートは差異化された区画によって構成されていた。中流階級の建物——それは管理人や庭師が懸命に働き、建物やその周辺をできるだけ綺麗に整頓された外見に保っていた——の周囲に、行政も民間も整備保全せず、ごみだらけのアンダークラスの空間があった。ある中流階級の区画から別の中流階級の区画へと動き、そのあいだにある汚らしい低開発の空間については見て見ぬふりをして素通りすることで、中流階級の人々はあたかもこの都市全体を発展したコスモポリタン的空間であるかのように経験していた。それは、自らのアパート、自らの建物、自らの学校や大学、自らの職場、自らのクラブ、自らの映画館といった空間の経験を、全体的空間として経験できる、点描のような空間性のあり方であった。こうしたさまざまな地点のあいだを移動する際には、その人が良い自動車に乗っているかどうかが、この全体性を縫い合わせるうえで重要な役割を果たしていた。

　くどいと思われるかもしれないが、世界のこうした二重性が次第に地球全体の特徴となってきており、入植者のエートスのグローバル化の重要な側面であることを強調したいのだ。とりわけ、上流階級や中流階級のエリートと、人種化されたより下層の労働者階級やアンダークラスの人々が、私たちがグローバル化と呼ぶようになった現象のなかで、それぞれ根本的（ラディカリー）に異なるあり方で生きているということが、実際に起こっている。

　実際、二種類の境界線がグローバルな世界を分断している。異なる国々を分かつ国境線と、もうひとつが、世界についてのふたつの異なったかたちの経験によって分けられ、それぞれがひとつの世界を形成している、階級の境界である。一方に、トランスナショナルな労働者階級とトランスナショナルなアンダークラスが生きる、国境線がきわめて重要で越えることも難しいと感じさせられる世界がある。他方には、世界をまさに我が家となす上流階級たちによってもっぱら謳歌される、開かれてほとんどボーダレスなものとして経験される世界がある。このことは、ウェンディ・ブラウンが『防護国家と主権の衰退（*Walled States, Waning Sovereignty*）』で述べた、空間の解放と融合が進行することと、防御壁が増殖していくことが同時進行するという、二律背反的な経験を説明している。それは、「移動性（mobility）」を研究する人々が明らかにしてきたように、移動する能力が不平等に分配されているということだけではない。同じく重要なのは、人々の移動のあり方の階級による違いなのだ。ある者は地球上を主人のごとく闊歩し、ある者は奴隷のように放浪する。ある者はグローバルな秩序の主体であり、他の者は資本のニーズに綿密に対応するためだけに振り回される客体である。庇護希望者のように、自分たちを「モノ」扱いしようとするグローバル／ナショナルな力と向き合い、ほんのわずかな行為主体性（agency）を勝ち取ろうとする人々もいる。彼・彼女らはグローバル／ナショナルに定められた境界の片隅や隙間をたどりながら、自由になろうとしている逃亡奴隷のようだ。そして彼・彼女らは捕まると檻に入れられて、まさに逃亡奴隷のように扱われるのである。

庇護希望者たちが境界を越えられずに押しとどめられるとき、私たちは、彼・彼女らが単に国境線を越えられないだけだと思う。それは確かにそうだ。しかし同時に、庇護希望者は自分たちが囚われて留まることを強いられた、国境線が支配する世界と、経済的・文化的（芸術的、学術的など）

な上流階級たちの領域であり続けているボーダレスな世界とのあいだにある境界を越えることも止められているのだ。

私は、世界中のレバノン人ディアスポラたちへの聞き取りを行ったフィールドワークの最中に、こうしたグローバル化の不均等な経験にたびたび気づいた。たとえば、少なくとも二〇世紀の大半の時期、オーストラリアのレバノン人はレバノンの地方部や低開発地域からやってきており、経済的にも文化資本においても貧しい人が多いのだが、彼・彼女らはいつも自分たちがオーストラリアに「移民した（migrated）」とか、「移住している（migrating）」のだと話している。一方、ヨーロッパやニューヨーク、あるいはモントリオールの、経済的にも文化資本のうえでも恵まれた中流階級のレバノン人は、「移民／移住（migration）」という単語をめったに用いない。彼・彼女らは「あなたはどこに住んでいるの（Where are you living?）」と尋ねあうことが多い。世界が自分たちの芝生であり、どこでも望むところに「住む」ことができる、という感覚を、彼・彼女らは明確に表現している。これは「グローバル化」という概念が想定している、世界はひとつであるという経験の射程を示しており、そのような経験がせいぜいのところきわめて限定されたものだという事実をうやむやにするものだ。現実には、私たちはグローバルな規模でのアパルトヘイト的な、不均等で分断されている、人種や階級、また家事労働者のトランスナショナルな循環の事例で顕著なようにジェンダーによっても構造化された「交差的な（intersectionally）」グローバル化を経験しているのである。

こうした経験は、奴隷所有者の世界と奴隷の世界、植民地の主人の世界と植民地化された労働者の世界、そして——重要であるにもかかわらずあまり論じられないのだが——入植者が主権をもつ世界と、近代の労働者階級移民によって生み出された、主権の存在しないエスニックな郊外地域・集住地区（エンクレイブ）・ゲットーとに分け隔てられた「ふたつのグローバル秩序」の長い歴史の延長線上にある。この分断においても後期入植者社会が特殊なのはやはり、それぞれの分断のうちの後者の現実（リアリティ）が前者にとって、大きな脅威として経験されることであり、中流階級（ミドルクラス）の人々が自分たちのボーダレスな経験を守るために躍起になって境界を建設しようとすることである。

入植者の空間を特徴づけ、社会的現実をひとつではありえなくしている、この存在論的分裂（ontological split）は今日、ネオリベラル資本主義にとって国民国家は必要ではあっても国民社会は最低限しか必要とされていないように思われるという事実によって、深刻化している。それは国家と社会学的知識の関係を根本的（ラディカリー）に変容させるか、この両者の関係を断絶さえさせてしまった。社会的なるものの構築と再生産は、いまや統治の実践の優先事項ではなくなっているため、国家は社会的知識そのものをますます必要としなくなっている。こうした社会的知識、とりわけ批判的な社会的知識の位置づけの変容について次に述べることで、本章の結びとしたい。

後期入植者社会における批判的思考

今日まで多くの研究者によって議論され、論証されてきたように、国家のこうした側面はかつて、国民社会を形成する社会関係を理解し、強化するように方向づけられていたが（福祉国家）、社会学的知識に関心のあった人々は、徐々に社会的・象徴的な境界線の設定に寄与する人たちに取って代わられつつある（セキュリティ国家とセキュリティ産業複合体）。その境界線は、次第に貧しくなっていく「他者」の空間から生じうる社会問題から、上流階級やミドルクラスの小社会を守るように設定されているのだ。[9] 福祉国家が支配的であった時代、犯罪はそれを犯した個人の動機という文脈で理解されるだけではなく、他の類似した犯罪とのあいだで統計学的に位置づけられもした。そしてデュルケムのいう「社会的事実」――国家によってその全体が扱われる必要のある、広範な社会問題の一部――だとみなされていた。今日、こうした社会的側面を扱う試みが減ってきている（機会の平等を達成するために広範な社会的カテゴリー間の不平等を解決しようとする試みも、同様に減っている）。その代わり、今日、犯罪は純粋に個人主義的な用語とみなされ、その原因は犯罪に与した個人に全面的に押し付けられ、そのような個人への処罰と自由の拘束以外のものは要求されないということになりがちである。

こうして、労働者階級とアンダークラスの世界における社会的危機の兆候が支配階級の世界へと波及しないように、いかにして封じ込め、管理し、制限するか、という技術的な知識が、その社会的危機の原因を分析しようとする知識――ナショナルな社会関係の生産と再生産に関与する福祉国家に、より関連している知識――よりも、はるかに重要になってきた。福祉国家が縮小するにつれて、私たちの国家は徐々に、社会的危機の原因探しではなく、その影響を統制することに関心を向けるようになっていく。社会的影響の統制とは、崩壊した社会関係を放置し、その帰結にのみ対処することである。それに対して社会的危機の原因を探ることは、ナショナルな社会関係を修復・蘇生させる企てに関与し続けることである。アガンベンは近年、こうした「セキュリティ主義的

（securitarian）」転回を、近代のまさに中核として位置づけている。以下は、長文となるが引用する価値のある文章である。

ウェストファリア条約が締結された際、偉大なヨーロッパの絶対主義諸国家は、その政治的言説のなかに、主権者はその臣民のセキュリティに配慮しなければならないという理念を取り入れはじめた。しかし、ケネーは、セキュリティ（sûreté）を統治の理論の中心的な概念として提唱した最初の人物であったが、それは非常に特殊なやり方であった。

当時、政府が対処しなくてはならない主要な問題のひとつは、飢饉の問題であった。ケネー以前によくとられた方法は、公共の穀物庫をつくり、穀物の輸出を禁止することで飢饉を防ごうとすることだった。どちらの方法も生産に対して負の影響をもたらした。ケネーの発想は、それとは真逆だった。彼は飢饉を防ごうとするのではなく、むしろそれが起こるままにしておき、国内外の為替取引を自由化することで、いざ飢饉が起きたときにそれを統制できるようにしようと決めたのだ。

この発想の逆転がもたらす、哲学的な含意を無視するべきではない。これはまさに統治という概念そのものをめぐって、原因と結果のあいだの伝統的な序列関係が覆されるという、画期的な変容を意味していた。原因を統治することは困難で高くつくから、結果を統治しようとするほうがより安全で有益である。ケネーによるこの定理こそが、近代の統治性の原理であると私は提起したい。アンシャン・レジームが原因を支配しようとしたのに対し、近代は結果を統制しているふりをしている。そしてこの原理は経済からエコロジーまで、外交・軍事の政治から国内の治安維持にいたるまで、あらゆる領域に当てはまる[10]。

実際、現在の政府が社会的な問題だけではなく、環境問題に対峙するあり方にも、このような発想が――よりいっそうはっきりと――当てはまることは明白である。ただし私は、こうした結果の統治は、それ自体が近代の統治性を凝縮したものではないといいたい。近代の統治性においてはさらに、ブルデューが国家の右手と左手と呼ぶものの一部である[11]、結果の統治と原因の統治とのあいだで歴史的に続いている闘争があるのだ。社会的なるものへの関与のネオリベラルな欠如に踊らされて、「結果の統治」が主な関心事となるのが、グローバル化された後期入植者状況の出現なのである。

構造的な社会的知識へのこの無関心さは、それをつくり出す個人（研究者）や、組織（大学）に対する実際の攻撃へと変換されている。今日、このような社会学的知識に対する統治者／資本主義者による蔑視は、自然科学への攻撃が激化することにより、増大してきた。実際、資本主義の歴史において初めて、資本家階級の一部と科学的知識を生み出す人々の一部（ここでは人為的な気候変動を憂慮する人々）との利害関心（インタレスト）の相違が、資本主義と科学のあいだに深刻な乖離をもたらし、環境問題に対する反啓蒙主義や否定論に資本主義がカネをつぎ込むといった事態を招いているのだ。非理性主義者による社会科学・自然科学的主張が、西欧の議会において一般的なものになっている。何人かの論者の指摘によれば、こうした主張は、新自由主義全般を特徴づける非理性主義の文化が増殖することによって成り立っている。[12]

こうした態度は、あらゆる戦時社会に見られる、市民権が次第に徴兵制のかたちに移行するという変化によって助長されている。これは先述した、男らしいタフさの帰結である。徴兵制にはひとつの重要な意味がある。そこでは命令に対するいかなる疑問もなく、命令を遂行することだけが求められる——「おまえは俺たちの仲間なのか、それとも敵なのか」というわけだ。徴集兵とは、自分の立場や受けた命令について反省する（reflect）ことが許されていたり、反省したいと思う人々ではない。「僕はなんでこんなことをしているんだろう？」などと言ってはいけない。リベラル資本主義の本質的な構成要素である知的な反省性（reflexivity）の文化が、損なわれているのである。

実際、反省しようとする人たちは、ただ単に「やってしまう」のではなく、「やってしまうことについて考えること」、「独りでじっと考え事をしていること」に時間を費やしているがゆえに、裏切り者だとみなされる。この世界に反省的かつ批判的に関与しようとする者は、「本当の生活（リアル）」と関わりがない、おしゃべり野郎、つまり「学者センセイ」——この場合、この語は劣った存在のあり方を表すのに用いられる——だとみなされる。そういった人々は、事態の緊急性から距離を置こうとするがゆえに、疑う余地なく団結することの必要性を理解しない。喫緊の行動からは距離を置き、ヒマなお喋りに勤しむことは、時間と場所があり、その事態に引きずり込まれる重力を感じていない者だけに許された贅沢だとみなされる。

こうして、批判的知識人とは一般人を見下し、一般人が心配していることを嘲笑するエリート階級だと、保守的な評論家によってますます印象操作されていく。国連や国際司法裁判所といった国際機関でさえ、そのような、物事から距離をとった、反省的な超自我的機能を担うということで、ますます好まれなくなっている。徴兵された者たちは次のように言う。「俺の上を漂って、説教を垂れるな。おまえがいるそんな上のほうからじゃ、何がどうなっているのかもわからないんだ――何が起きているのか知りたければ、ここに、現場に立って、生き残るためにこの戦争を戦え。おまえは好きなだけおしゃべりをしていられるだろうが、おまえはおまえだけの世界にいるんだ。俺は、本当の世界と向き合ってるんだ」。

だが、このタフで男らしい兵士の視座（パースペクティヴ）からみえる「本当の世界（リアル）」からは、それが「何でありうる」のか、という潜在的可能性が次第に失われていく。一般に、これまでさまざまな哲学者がさまざまな仕方で理論化してきたように、現実（リアリティ）はつねに、それが何であったのか（what has been）、何であるのか（what it is）、そして、何でありうるのか（what can be）ということから成り立っている。だが、「何でありうるのか」は、究極的には不確実性やリスクの領域である。それは、私たちを「ますます」包囲しているムスリムという他者によって表象される空間的脅威の、時間的な変種にもなりうる。その結果、徴兵された市民はこうした領域から完全撤退し、「何であるか」と「何であったのか」しかない保守的な領域に生きている。これがしばしば「本当の世界」と呼ばれるものである。その定義からして「何でありうるのか」と結びついている批判的人類学研究は、「非現実的だ（アンリアリスティック）」として退けられる。社会的なものの性質に関わる社会学的な問いに取り組むことが役に立たないとすでに認定されているところに、批判的人類学も加わることになる。この、役立たずで非現実的な世界こそ、本書が探究するものなのだ。

On Stuckedness: The critique of crisis and the critique

第2章 「ドツボにはまる」ことについて
——危機の批評と批評の危機

長いあいだ、危機(crisis)という概念は、社会批評(social critique)の言語の中核をなしていた。一九世紀半ばから一九七〇年代まで——批判的知識人の場はマルクス主義者によって支配されていた——、社会批評と経済・社会・政治現象としての危機という概念は、完全に融合していた。この政治的・知的な枠組みの中で、批評の役割とはまさに、資本主義は自身を無限に再生産できるシステムであるといわれつつ、実は危機を生み出す源なのだ、ということを示すことだった。これは経済の場(資本蓄積の危機)、社会−歴史的領域(生産力の発展と生産関係との緊張関係がもたらす危機)、そしてついには政治の領域(階級間の敵意から生まれる危機)などで、とりわけ厳密に論評された。こうした「危機の考古学」の批判的側面——危機などとは無縁であるかのように見せかけられた環境で、危機の根本を掘り起こさなくてはならないという意味での——は、理論化されたものというよりは、多少なりともほのめかされた概念連関に基づいたものだった。それは危機と、社会変革に向けた希望との連関であった。危機においては、ふたつのことがもたらされるとされた。まず、社会変革を生起しうる、社会的再生産の仕組みの構造的亀裂が明白になること、そして既存の社会構造の再生産にもはや与せず、変革の実践に関与する政治的主体が台頭することである。危機をめぐる批判的思考の機能とは、こうした亀裂や革命的主体の存在を見つけ出すか、明確にすることであった。そのような批評には、その時代の急進的な思考を特徴づける変革に向けた社会的断絶の可能性についての、根源的な信念が反映されていた。ゆえに、それは本来、希望に満ちたものであった。

だが二〇世紀の半ばに始まり、とくに世紀末にかけて一般化された、資本主義の社会・経済・制度として生起した重要な変化は、ひとつの危機から別の危機へと絶え間なく波及していった。ゆっくりと、ファシズムの勃興から始まり、次第に、社会変革の機会の必然性よりも、恒久的に続く危機の状態こそが資本主義の経済と社会の再生産をまさに保証する方法なのだという認識が高まった。同じように、危機の主体は社会変革に関与する政治的主体の出現へとつながるというよりは、どちらかといえば革命的ではなく保守的な主体であるように思われる。このようにして、資本主義の危機への根源的な批評は、そのような批評の危機へと、取って代わられたのだった。

二〇〇八年の世界金融危機への知識人たちの反応ほど、このような状況を映し出しているものはないだろう。この危機は、資本主義の危機に対するマルクスの分析の妥当性を再び称える「マルクス主義の復興」をもたらしたが、このような称揚はたいてい、社会変革の可能性の称揚を伴ってはいなかったし、変革をもたらす力をもった政治的主体の存在を称揚したものでもなかった。希望に満ちた二〇世紀のマルクス主義者たちによる危機への批評は、抑圧された憂鬱な批評に取って代わられ、実際のところ、根源的（ラディカル）な想像力と社会変革への意志が全体的に停滞しているという感覚が再生産されたのだ。オキュパイ運動として結実した社会変革に向けた推進力も、その大半が「危機の批評」の伝統の外部からもたらされたものだった。

このように書きはじめることで、資本主義の危機と批評、そして今日の社会変革へ向けた希望との関係を定式化することが不可能だといいたいわけではない。むしろ、この「批評の危機」を、危機を単に所与のものとしてではなく、ブルデュー的な言語感覚でいうところの政治的な場としてとらえるためのきっかけにしたい。すなわち、危機下において、異なった利害（インタレスト）や賭け金をもったさまざまな勢力が敵対し、ほかでもないある特定の生き方を強要するために、互いにせめぎ合っている空間としてとらえてみたいのである。

危機において相異なる利害が存在することは、その危機が相異なる利害の対立の産物であるということと同じではないと、ここではっきりさせておくべきだろう。強調すべきは、ひとたび危機が訪れると、その様相、強度、持続期間、現れ方をめぐって人々は相異なる利害と賭け金を抱くということである。たとえば、ある工場における危機はおそらく、労働者とその雇用主における相反する階級的利害の産物なのだろう。しかし同時に、この危機を生み出す要因となるこれらの利害は、いったん危機が起きると、その危機自体にそれぞれ異なったあり方で賭けられることになる。ある工場における危機という、このわかりやすい例では、労働組合には危機に際して労働者の組合への動員を進めるという利害関心があるかもしれない。他方、工場主もまた、この同じ危機に際して、異なってはいるものの、ある思惑（インタレスト）があるかもしれない。危機的状況を終わらせたいと願う必然性どころか、工場主は労働者に、この危機は実際よりもずっと悪いものだとほのめかすかもしれない。この工場主は実際には、「危機の激化戦略」とでも呼びうるものを選ぶことによって、労働者が、たとえば賃金引き下げを受け入れさせるように仕向けるかもしれない。この闘争を、危機を「解釈する」ふたつの異なるあり方がただせめぎ合っているのではなく、自分が危機を生きているあり方を強調し、他者のそれに対して卓越化しようとする企てのあいだの闘争なのだと理解することが、肝要である。労働組合は労働者のために闘争し、彼・彼女らのアイデンティティと生活状況を労働者としてのアイデンティティや生活状況として、まとめあげようとする。そして労働者たちに、搾取者であり敵対者だとされる工場主との闘争として、この危機を経験させようとする。工場主は、労働者の集合的な充足（ウェル・ビーイング）の源としての工場に対する労働者の帰属を呼び起こそうと闘争する。それゆえ工場主は労働者たちに、この危機を、「経済不況」に立ち向かうために労働者と工場主とが連帯することを要請するものだと思わせるために、闘争するのである。

これが人々が危機を生きるあり方をめぐる闘争だと強調するのは、それが危機の解釈あるいは構築をめぐる主観的に認識された闘争に還元されるものではないのだと念を押すためである。後者のような理解の仕方は、その危機が、つねに既存のものとして、人々がその危機を生きるあり方とは独立して「現実に（イン・リアリティ）」そこにある、ということを含意する。そのうえで、どのようにそれを解釈するかをめぐって闘争となる。前者のような理解の仕方は、その危機が労働者によって生きられているとき、労働組合と工場主のいずれもが「現実に」つくり出したいものなのである。労働組合と工場主の闘争は、ふたつの現実のあいだのせめぎ合いとなる。それは存在論的な闘争、すなわちブルデューがいうように、社会的世界の生成と解体をめぐる闘争である[1]。もし近年の新自由主義が、恒久的な危機という状況を保守的な統治の技法にすることに成功していると考えるのであれば、危機の現実を、後付けで主観的に解釈されなければならない所与の現実としてではなく、危機を生きる支配的なあり方そのものだと考えることが決定的に重要だと考える。なぜなら、この統治性のあり方を規定するもっとも重要な特徴のひとつが、実践的で情動的なもの（practico-affective）の秩序だからである。この秩序は、この種の政治体制が危機と、社会的危機をしばしば特徴づける感情の激化そしてルーティン化のあいだに創出しうる緊密な関係性とともに成立しなければならない。これが、私が「ドツボにはまること（stuckedness）」と呼ぶ、ある人が自分自身を実存的に「行き詰まっている（stuck）」と経験する感情や状態である。

　見込みのある人生（viable life）が、想像された移動性（imaginary mobility）——その人が「どこかに向かっている」という感覚であり、以前私が「実存的移動性（existential mobility）」と呼んだもの——を前提にしていること、それは私がレバノン人のトランスナショナルな移住についての調査や西洋の白人レイシストについての研究で明確にしたことである。ある意味、移民もレイシストも実存的移動性を追求しており、その反対を避けようとしている。つまり、実存的な移動不可能性（immobility）、すなわち私が本章で「ドツボにはまること」と呼んでいるものを。人々が多種多様なドツボにはまる経験をしているという根拠を、いつでもどこでも見つけることはできるけれど、ここで私が論じるのは、私たちが生きている恒久的な危機という社会・歴史的状況がこのドツボにはまる感覚を増殖させ、強化してきたということである。さらにいうと、ドツボにはまることが日常化しているという感覚が増大しているのだ。それはどんな代償を払ってでも抜け出すべき状況としてではなく、耐え忍ばなければならない、避けられない病的状態として、両義的に経験されることもあるのだ。「危機というドツボにはまること」が、ある種の忍耐力テストに変わっていく過程を、本章では考察していく。後述するように、危機に対峙する際に、変化を求めるのではなく我慢する力が称賛されるというあり方は、待つこと（waiting）の特殊な経験のされ方であるが、より一般的には「耐えて、しのぎ切ること（waiting it out）」といわれるものだ。そう、私が検討していくのはこの、危機を耐えて、しのぎ切ることなのである。

これまでの移住についての研究のなかで私は、幸せ（ウェル・ビーイング）と、「いかがお過ごしでしょうか（how are you going?）」といった日常発話で表現されている移動の感覚は、同じものなのだと真剣（シリアスリー）に論じてきた。これは、他の多くの言語においても見られるものだ。レバノン語の方言で、'Keef el haal?' と言えば、それは字義通りには「あなたがいる状況はどのようなものですか？」という意味になる。それに対する一般的な返答は、'Mehsheh'l haal' であり、これも字義通りに解すならば「私は、歩いている状態である」となる。[2] 私はこれまで、このような動作を表す言葉は単に隠喩にとどまらず、ある人が良いと感じるときに、その人は実際のところ、良い動きをしていると想像し感じているという感覚を伝えているのだと理解し、考察しようとしてきた。実存的移動性とは、このように想像され／感じられる移動のことだ。移住に関していえば、人々が移住と呼ばれる物理的な移動性の形態に関与するのは、実存的移動性を模索しているからだということを示してきた。これはたとえば、観光客の物理的な移動とは異なっている。観光客の物理的な移動性（旅行）は、彼・彼女らが積み重ねてきた実存的移動性の一部である。ある意味、人々は自分の社会的・実存的な自己が動き出すのにふさわしい発射台が置かれている空間を探して移住するともいえる。人々は、どこでもないところではなく、何かしらの場所に向かっていると感じられる空間や人生を探している。もしくは、少なくとも彼・彼女らが立ち去ったところよりも、彼・彼女らにとって「前に進んでいること（going-ness）」の質がより高い空間を探しているのだ。「自発的な」移住とされるものはたいてい、実存的移動性の危機に「耐えて、しのぎ切る」ことができないか、そうしたくないかのいずれかだ、ということになる。

既述したように、こうした比較に基づく実存的移動性は、移民やほかのエスニック・人種的マイノリティに対する憤り（resentment）や妬み（envy）によって特徴づけられる、ある特殊な白人のレイシズムのあり方に関する私の研究における論点にもなった[3]。この種のレイシズムを分析すると、それが単なる階級上の位置によってというより、移動性を比較するという感覚によって、はるかに強く形成されることが明らかになってきた。たとえば、オーストラリアにおけるポーリン・ハンソン[*1]の支持者によるレイシズムは、フランスのル・ペン[*2]の支持者がそうであるように、「労働

＊1　ポーリン・ハンソン（Pauline Hanson）はオーストラリアのポピュリスト政治家であり、一九九〇年代後半に反多文化主義・反移民・反先住民族政策の主張とともに台頭し、ワン・ネイション党を結成した。二〇〇〇年代に一時低迷したが、二〇一〇年代後半に再び影響力を増した。

者階級」のレイシズムのあり方なのだ、という、コスモポリタンで保守ではないリベラル（small-L liberal）のあいだでとりわけ広く信じられている考えがある。これは本当のことではない。ハンソン支持者やル・ペン支持者のレイシズムはなによりもまず、「十分にうまく」動くことができていないと感じている、あらゆる階級の人々がもつ「移動性への妬み（mobility envy）」の感覚から生じていた。これは社会的移動を妬む声として、あからさまに発せられることがあった。白人オーストラリア人が、自分が通う病院にあまりにもたくさんのインド系の医者がいることに腹を立てる、などといったように。だが究極的には、そこで問題にされているのは実存的移動性だったのである。だから、私が行ったインタビューでも、白人のレイシストのなかには、自分たちが人種化している当のマイノリティに比べて彼・彼女ら自身が「より高い」社会・経済的集団に位置づけられている場合でさえ、そうしたマイノリティに対する人種的な憤りを表現する人々がいた。

移動性への妬みは、次のような典型的な物語と似たパターンをたどる。その物語は、良い自動車を所有する「白人の／洗練された」人物の隣の家に「外部」からの移民が引っ越してきて、オートバイを買うところから始まる。しかし、引っ越してしばらく経つと、隣の移民も自動車を購入するが、その洗練された人物はまだ前と同じ自動車を所有している。白人の／洗練された人物の自家用車のほうが、移民が買ったばかりの自動車よりもずっと良いものだったとしても、人種的な憤りがその人物の語りに入り込みはじめていることに気づく。つまり、レイシストが妬んでいるのは、自動車をもっていることそのものについてではない（彼・彼女らのほうが良い自動車をもっているのだから）。そうではなく、自分たちが同じ場所で行き詰まっていると感じているときに、隣人がバイクから自動車に乗り換える（move）、ということが含意する移動性を妬んでいるのだ。想像上の実存的移動性があるように、想像された実存的なドンづまり（stuckedness）がある、というのは、このような意味においてなのだ。こうしたドツボへのはまり方は、社会的移動の欠如を必然的に伴うわけではなく、実存的なものだ。ある人に職があり、仕事を通じて社会的な階段を登っているとしても、そのさなかで行き詰まっているという感覚を覚えることもある。多くの社会的状況において社会的移動性と実存的移動性は一致する傾向があるにしても、両者が同じではないという事実を、この物語は強調している。

これとよく似た行動パターンの考察に基づいて、私はオーストラリアにおける白人のハンソン主義者のレイシストによる先住民族と移民に対するレイシズムと、そうしたレイシストがもつドツボにはまっている感覚が結びついていると論じてきた。その感覚はとりわけ、新自由主義的なグローバリゼーションだけでなく、世界中のどこでも見られる「自分の仕事でドツボにはまっている」感覚を増大させる、正規雇用をめぐる不安によって生み出されていた。[4] 正規雇用の不安定化（プレカリアスネス）によって、人々はつねに失業の心配をせねばならず、まるで誰かにいつも見張られていて、クビにする理由となるミスを犯すのを待ち構えられているかのように感じていた。それで、人々の労働文化はますま

＊2　ジャン＝マリー・ル・ペン（Jean-Marie Le Pen）はフランスの政治家で「国民戦線（Front National）」（現在は国民連合〔Rassemblement National〕）の初代党首。その娘のマリオン・アンヌ・ペリーヌ・ル・ペン（Marion Anne Perrine Le Pen）は二〇一一年に、第二代党首となった。

す閉所恐怖症的なものになっていた。私にとって興味深かったことに、私がハンソン主義を調査したのは、その台頭がオーストラリアではスレドボ（Thredbo）の災害として知られるようになった事件と同時に起こった頃であった。それはオーストラリアでもっとも有名なスキーリゾートで一九九七年七月に起こった土砂崩れで、多くの人が地面と瓦礫と雪に埋もれて亡くなった。ただひとり、コンクリートの壁の下で動けずに（stuck）いたスチュアート・ダイバーという人物が、氷点下のなか、瓦礫から救助された。オーストラリアのあらゆる人々が、彼の忍耐と生還を称えた。しかし、私の関心を引いたのは、この生還の物語に対して、私が調査していた白人の文化的環境において独特の反応が示されたことだった。この反応が、社会的かつ実存的に行き詰まっているという――多くのハンソン主義者たちが表明していた――感覚と、土砂崩れの下で動けずにいた（stuckedness）スチュアート・ダイバーとの、想像された親和性によってもたらされたものであることは明らかに思えた。彼の生還への賛美は「行き詰まっている者の英雄主義」を称賛することだった。このような英雄主義においては、英雄になるのに必要なのは積極的かつ創造的に何かを成し遂げることではなく、我慢し続ける能力、いわば「上手に行き詰まる」能力なのだ。こうした状況において、英雄であることとは、ドツボにはまっていることに十分に耐えるだけのレジリエンスがあること、あるいはこれまでの議論に引きつけるならば、ドツボにはまった状態に耐えて、しのぎ切れることなのである。それは、生還者として脱出し、再び「動きだす」ことができるように、救助を待ち続けることができるということでもある。グローバル化の帰結、ますます不安定になる職場、そして自分が住んでいる文化的世界のかたちを変えてしまった移民の増大などによって、自らの社会的世界が粉々に砕かれていくような、そんなドツボにはまっている感のある人生をただ耐え忍んでいるだけの市井の人々にとっての英雄主義を、社会的な別のあり方(オルタナティブ)を示すこともなくただ称賛していた多くのハンソン主義者たちの心に、こうした英雄的な忍耐は響いたのである。この心理は、自分たちは実存的に動いているのだと思い続けていたい願望と、二律背反的に共存している。

ドツボにはまることに付随する英雄主義については、注意深く論じることが大切だ。一見、行き詰まっているときは行為主体性が欠如していると思われる。実際、行為主体性の欠如こそが、物理的に理解される場合であれ実存的に理解される場合であれ、ドツボにはまることの定義である。つまりドツボにはまることとは定義上、ある人が選択肢や代替案がない状況に置かれること、そしてたとえ選択肢や代替案が存在しても、それらを実行できないという無力さである。では、定義上、自分がたいして何もできない状況に置かれたとき、その人はどうやったら英雄になれるのだろうか。ドツボにはまる英雄主義とは、行為主体性が欠落したまさにそのさなかで、行為主体性をかすめ取る能力のうちにあると思われる。これが、忍耐という概念が含意していることである。すなわち、その人に行為主体性がないという、まさにその事実についてのいくばくかの行為主体性を、屈服することなく、単なる犠牲者にもならず、完全に行為主体性を失った犠牲者にも、自分ではどうすることもできない環境における客体にもならないことにより、主張するということだ。このように、確固たる崇高な精神と「人間としての自由」の追求が、まさに「忍耐」という概念から滲み出し、「ドツボにはまる」状況が含意する人間性の喪失を拒絶するのだ。

スレドボの災害から一〇年以上が経過したが、この「行き詰まっている者の英雄主義」がオーストラリアだけでなく世界中に普及した一般的な文化様態になったことに注目すべきである。あらゆる地震、洪水その他の自然災害や戦争がもたらした惨事で、建物の瓦礫の下に生き埋めになった人たちの生還が祝われるのである。まるで、瓦礫の下に二日、三日、四日、五日間と生き埋めになって動けないでいる人々を救う競争をしているかのようである。

大きく報道されたヒマラヤで起きた事故に対する人々の反応にも、こうした英雄主義の再定義がもたらした感覚の変容が見出せる。順調に山頂をめざしていたある登山家が、別の登山家が困難な状況に陥りほとんど「行き詰まっている」ところに出くわした。それは「登はん者」つまり「達成者」としての英雄と、「行き詰まっている」者としての英雄との出会いであった。人々の共感が行き詰まっていた人に圧倒的に向けられたことには、「犠牲者」や「負け犬」に対するよくある同情を超えた何かが反映されていた。そこには、英雄主義の集合的観念の周囲に構築された感情の構造とレイモンド・ウィリアムズであれば呼んだであろう、ある変化が反映されていた[5]。しかしそれはまた、危機を「耐えて、しのぎ切る」人々のあいだの共同性の感覚がそこにあることも意味している。成功した白人が自動車を購入した移民と対峙した際に経験する、移動性をめぐるある種の妬みの経験については、白人レイシストの憤りの典型例としてすでに述べた。だが、憤りが経験される、より共同体的な感覚もまた別にある。移動できた移民が「プチブル」の成り上がりのような者だとされるのだ。そのような移民は、「共同体」の中で悪目立ちしている。行き詰まっている共同体の一員になりたくはない、と表明しているとされる。その移民の民族的な差異は、「その他大勢の私たちのように」危機を耐えてしのぎ切るつもりがないことをまさに表しているとされる、社会／文化的な差異となる。

ドツボにはまることへの誘惑は、ポピュラー・カルチャーにますます浸透している。たとえば注目に値するものとして、ニューヨークのツインタワーを襲った9・11のテロ攻撃についてのひとつの可能な見解として、この事件を題材にしたオリバー・ストーン監督による映画は、その大半が、タワーの瓦礫の中で身動きがとれないまま（stuck）救出を待ち続ける人々の英雄主義で占められていることだ。[6] 耐え忍ぶという、この人間の精神を賛美することには、確かに時を超えた普遍的な何かがある。その賛美のされ方には、事件が起こった場所特有の文化的な様式もあるにせよ、そこには普遍性がある。しかしながら、私は本章では、この行き詰まっている者の英雄主義の普遍的な側面にも、文化的に固有な側面にも、関心がない。むしろ考察したいのは、今日それが重要になっているという特殊な歴史的状況である。とりわけ、行き詰まっている者の英雄主義が、待つということのひとつのあり方、あるいはより厳密にいえば「耐えて、しのぎ切ること」すなわち、自己が実存的移動不可能性を経験している危機的状況を切り抜けることへの称賛と結びつけられているという、特殊な歴史的状況なのである。「耐えて、しのぎ切ること」とは、何かを待ちわびることではなく、寒い天気が続くとか歓迎されざる客とか、すでに来てしまっている望ましくないものが、終わるか過ぎ去ってしまうのを待つという、待つことの特殊なあり方である。待つことは受動的でも能動的でもありうるが、「耐えて、しのぎ切ること」はいつだって受動的である。だが、その受動性は、すでに指摘したように、両義的である。それはある要因や特定の社会的状況に左右されると同時に、そうした状況に対して勇敢であろうとするからだ。先述した英雄的なあり方を可能にしているのは、この両義性である。そしてこれから論じるように、この両義性こそが、「耐えて、しのぎ切ること」を危機の際に自己管理や自己統治といった自制のあり方を推奨する、統治の道具にしているのである。

ジャン＝ポール・サルトルが『弁証法的理性批判』で、革命階級すなわち大衆というマルクス主義的概念の、「実存的」な再定義を試みていることはよく知られている。サルトルは、即自的階級と対自的階級という周知のマルクスの分類を、彼のいう「集列（série）」と「溶融集団（fused group）」の違いから再考している。集列とは、外からしか見えない集合である。それは実際、サルトルが「孤立の多元性（plurality of isolations）」と名づけるものである。興味深いことに、サルトルは集列の例として、バス停で列をなして待っている人々を挙げている。[7]集列は結びついていると同時に分かれてもいる。待っている人々の孤立の度合いは（一緒にいるにもかかわらず）、サルトルが見事に名づけた「大衆化の程度（degree of massification）」を反映している。サルトルは、これが既存の社会組織の大半を統治する法だとする。ここに、フーコーがのちに個人化の技術、そして自己統治の様式の内面化という意味において「統治性」と呼ぶことになる、自己規律化の兆候が見出せる。秩序だったやり方で待っているように自分自身を統治している人々の行列は、そうした「集列的統治性（serial governmentality）」の一形態である。

しかしながら、サルトルはこの集列的な統治性に固有の疎外についての分析には、たいした関心を抱かなかった――それは、すでにルソーやヘーゲルはじめ多くの人々によって論じ尽くされてきた、古い問題意識の焼き直しでしかなかったから。むしろ、サルトルが以上のことから詳細に検討したかったのは、人々がこのように個人化された受け身の状態から、歴史の能動的な行為主体になるように導かれる過程であった。すなわち、いかに「集列」が「溶融集団」へと変容するのかである。興味深いことに、アラン・バディウがこの箇所について言及しながら、溶融集団が立ち現れるのは、秩序正しく待たれている行列の乱れとともにであると描写している[8]。

私たちが一緒に待っていたバスが来なかったら、どうなるか考えてみよう。そう彼は私たちをいざなう。人々は動揺を覚えはじめる。人々は、ふだん待っているあいだに暇つぶしで話しているような平凡なことではなく、自分たちを取り巻く、この耐えがたい非人道的な状況について話しはじめる。そして唐突に、彼・彼女らも私と同じように、待つことに我慢できないのだという共通の土台に基づいて、私たちのあいだにコミュニケーションが成立する。「他者はその人自身にとっての他者であるという点において、私たちはみな同じ他者である」という公理から、「私はもはや私にとっての他者ではないので、他者は私と同じなのだ」という公理へと、私たちは移行する。バディウが付け加えたように、「集列において他者はいたるところにいる。溶融集団においては同じ者がいたるところにいる[9]」。

列をつくることについて研究した多くの社会学者と同じように、バディウにとって（そしてサルトルにとって）、行列は社会秩序を象徴するものである。しかしサルトルが想起させるのは、その行列が自己統治を奨励しているのは、その列が動いているかぎりにおいて、それが資源へのアクセスを統制するひとつの様式として作動しているかぎりにおいてなのだ、ということだ。ひとたびそれが滞れば、バディウはそこに、社会的危機と統治性の危機の双方を見出すのである。本章での視座(パースペクティヴ)から、このサルトル／バディウ的な事例を検討してみよう。バスに乗るために列をつくることには、移動性の秩序の日常的なあり方としての側面がある。バスが到着し続け、列が動いているかぎりは、人々は自分たちが物理的にも実存的にも動いていると感じる。バスが来ないとき、「危機」が始まる。バスの運行と並んでいる人々の流れを混乱させる社会的危機だけでなく、並んでいる個々人によって感じられる感覚という意味での危機でもある。列が止まっていて、並んでいる人々が動かないという経験をするとき、彼・彼女らはもはやどこにも向かっておらず、いまや列の中で「行き詰まっている」のである。この意味において、私たちの観点からサルトルとバディウを再解釈すると、このドツボにはまった状態こそが、既存の社会的な取り決めに対して疑問を抱く引き金となり、集列を溶融集団に変容(transform)させる社会的な動乱をもたらすのだ。ここに、公理における革命的楽観主義が見出せる。サルトルの時代、そしてバディウにも受け継がれた特徴的な楽観主義である。つまり、危機とは動乱を招き社会秩序(すなわち、待っている様相)の再考をもたらす、非日常的な状況であり、革命的な力の編成である(もう待てない!)ということである。ここで、ヘルベルト・マルクーゼが一九七〇年代初めに、学生に呼びかけた言葉を思い出す人もいるかもしれない。「私たちは待つべきではない。私たちは待てないし、何より、待つ必要はないのだ」。

こうしたサルトル／バディウ的な議論において認識されているあり方とは異なる、危機と秩序についての今日的展望を、本章で行ってきたドツボにはまることについての考察は強調しているのだといいたい。今日、危機はもはや、市民に既存の秩序に対して疑問を抱かせる非日常的な状態だとは思われていない。むしろそれは、平常の状態、あるいは、やや使い古された感のある概念を用いるとすれば、恒久的な例外状態だとみなされることが多いのだ。この意味で、危機を耐え忍ぶことは、良き市民であることの正常なあり方となる。だから危機を耐え忍ぶ能力があればあるほど、その人は良い市民なのである。御多分にもれず、これには人種的、文明的かつ階級的側面が伴う。待ち方を知らない者は、「下層階級」であり、非文明的な者であり、人種化された他者なのである。文明的で、おそらく英雄のイメージに近いのは、かっこよく行き詰まる人たちなのだ。彼・彼女らは、耐えて忍ぶ方法を知っているというわけだ。

ここでは、行き詰まっている者の英雄主義はより深化した統治性の様式を示しているように思われる。それは、危機の時代においてさえ、再生産される統治性である。バスがやってこないときですら、人々が動かない列で行き詰まっていると感じているときでさえ、彼・彼女らは英雄的に列に並び続ける。そして、この統治性は自らを再生産する。待てば待つほど、待つことに注力すればするほど、待つことをやめることが憚られるようになる。

それゆえ、いま私たちが直面しているのは、危機の時代における自己統制を促し、まさに価値あるものとする、新たな統治性の形態なのである。今日、飛行機に乗れば、「危機」に陥る可能性はつねにあるのだから、そんな喫緊の危機的事態になっても自分のことは自分でできるように備えてくださいと言われる——酸素マスクや出口の場所を確認しておく、といったことだ。死の可能性に直面したときでさえ、秩序だってふるまうことを学ぶべきなのだ。ここでも、列に並ぶことは、惨事の只中でさえ、やらなければならないことだとされている。そして危機に直面した際に「動かない」ことや非革命的でいること、「耐えて、しのぎ切る」ことは、臆病どころか、誇るべきことだとみなされている。それは、文明化の過程が深化している証なのだ。危機を耐え忍び、秩序だって、自己統治的かつ抑制的にふるまえるようになるのが、文明化することなのだ。危機に直面したときに、暴動を起こすと想像されているのは、非文明的な「第三世界風の大衆」なのだ。このような人種化された文明という名の分断のふたつの側面は、二〇〇五年のハリケーン・カトリーナによる災害の際に見られた。のちにオーストラリアでも、難民を、自分の順番を待てない「列に横入りする人々（queue jumper）」だとする中傷が見られた。同様に、郊外で暴動を起こしたパリの少年たちも革命の先導者とはみなされていない。フランス大統領のニコラ・サルコジが内務大臣当時に発言して有名になったように、少年たちは「クズ」だとみなされている。[10]少年たちは、ちっぽけな存在なのだ。なぜなら、この人種化された文明の言説の内部では、彼らを取り巻く社会状況ではなく、彼ら自身が問題だとみなされるからである。実際、彼らを誹謗中傷する人々の多くは、彼らが特別に困難な状況を生きているとは考えていない。そうした人々にいわせれば、みんなが特別に困難な状況を生きているのである。そんな人たちにとって、少年たちが浮き彫りにしたのは危機的な社会状況ではなく、少年たちが「ほかのみんなと同じように」危機をしのぎ切り、耐え忍ぶすべを知らないという事実なのだ。

おそらくこれが、かつての根源的（ラディカル）な想像界が直面しなければならない、より重要な諸問題のひとつである。というのも、実存的移動性への欲望が、こうした英雄的な停滞の賛美と両義的に併存しているからだ。古いマルクス主義者やサルトル主義者の感覚では革命的だったことが「俗悪」で「拙速」で、非文明的で「適切に待つ」ことができないことだとされる時代に、「革命的であること」をどのように再想像できるのだろうか。

これまで論じてきたことから、社会変革の可能性に焦点を当てて批判的に危機を分析することは、もはや不可能なのだと結論づけるべきなのだろうか。この問いについて簡潔に考察することで、本章の結びとしたい。数年前、アメリカン大学ベイルート校の学生たちが、キャンパスの真ん中にテントを張り、「ここは危機とは無縁な空間です(クライシスフリー)」という看板を掲げた。もうひとつの看板には「あなたの立ち入りを歓迎します。ここには危機はありません」とあった。このような学生運動のあり方がレバノンにおいて有意義だということは理解できる。なぜなら、この国は、これまで論じてきたような恒久的な危機的状況の極端な事例なのだから。そのうえ、この危機的状況はあまりにも極端すぎて、レバノンは危機的状況にあるというより、恒久的な危篤状態(critical condition)にあるのだと、本当にいえてしまうのだ。ここでいう危篤状態の政治的な波及効果をうまく把握するためには、この言葉を医学的な意味で理解しなければならない。

患者が生死の境にあるとみなされるとき、その人は危篤状態であるとされる。私たちはそんな患者の脇に座って、その患者と一緒に将来、何かをしたいと望んだりはしない。至極単純なことに、私たちの希望は、患者が翌日もまだ生きているのが見たいということに限定される。実はこれこそがまさに、恒久的な危篤状態としてのレバノン政治が経験されるあり方である。それは、絶望の淵を見つめてきた人々の政治なのである。そうした状況では、危篤患者には、政治的に「大きなことを考える」余裕はない。ただひとつ望むのは、この国が一日、また一日と、生き延びることである。そして実際、大半のレバノン人が毎朝目覚めて考えることは「奇跡だ！ この国はまだ完全には崩壊していないぞ！」なのだ。だからレバノンの事例は極端かもしれないが、それでも、そのような強烈な恒久的な危機的状況に投げ込まれた人々が、政治的想像力を萎縮させ、危機に打ち勝つ社会的な別のあり方（オルタナティブ）を構想する力を失ってしまうことを示す事例としては、示唆に富む。実際、ありうべき別の（オルタナティブ）政治的経路がないということこそが、これまで検討してきた行き詰まりの状態を定義するうえで、まさに欠かせないものだ。これが、先述の「危機とは無縁の」テントが、危機に対峙する批判的知識人の政治が構成するものについて、違ったやり方で考えるようにいざなう理由でもある。ヘーゲル的系譜の枠内で、弁証法的な止揚にいたる危機における内的対立として政治を考えるのではなく、危機の及ぶ外部、とりわけ危機が私たちを社会‐感情的に圧殺してしまう範囲の外部に身を置くことで、危機から逃れるという思考のメタファーを、あのテントはもたらしてくれる——ただ危機に「反対する（アンチ）」のではなく、危機とは「別の道を探る（オルター）」という思考を。

Part II

Alter-Politics

Critical anthropological thought and the radical political imaginary today

第3章 批判的人類学の思考とラディカルな政治的想像界の現在

今日、いったいどのような想像界がラディカルな政治を呼び起こすのだろうか。そして、その想像界を構成する際、批判的人類学の思考はいったいどのような役割を果たしうるのか。つい数年前なら、この問いはきわめて「一九六〇年代」的なものを想起させ、時代遅れだと思われたかもしれない。今日、それは次第に時宜を得たものになりつつあるようだ。これは、近年の世界的な出来事を特徴づけている、ラディカルな政治の活性化によるものであり、そこにはさまざまなかたちの反グローバリゼーション運動や環境破壊への抗議運動、スペインでの「怒れる者たち（indignados）」やアラブ世界での一連の蜂起、そして最近の例として、国際的に増殖しているオキュパイ運動などが含まれる。しかし後述するように、これは前世紀の終わり頃から次第に見られるようになった、批判的人類学の伝統の再認識にも起因している(1)。

ハートとネグリ(2)は、著書『コモンウェルス』において、もうひとつの近代と彼らが呼ぶもののための闘争を構想するためのひとつの方法として、人類学者エドゥアルド・ヴィヴェイロス・デ・カストロの著作を参照している。このラディカルな政治理論家とヴィヴェイロス・デ・カストロの人類学の接近は、たまたま起こったことではない、と強く主張したい。むしろ、ラディカルな政治的想像界が批判的人類学の伝統がもたらしたものへと、より明確に開かれたことを意味している。無論、ヴィヴェイロス・デ・カストロの人類学だけが、この批判的伝統の唯一の体現のされ方であるわけではない。にもかかわらず、批判的であることと根源的(ラディカル)であることを積極的に結びつけたという点で、彼の思想を、批判的人類学の思考がラディカルな政治をめぐる新たな問題系を創り出すあり方の前衛的な理念型だととらえたい。

後述するように、これまで批判的人類学の思考は、ラディカルな政治という概念において、それほど中心的な役割を担っていたわけではなかった。近代から一九七〇年代にいたるまで、ラディカルな政治を後押しした想像界は、批判的人類学の伝統というより、批判的社会学の伝統に依拠して論点や問いを提起してきた。しかし、のちほど論じるように、批判的社会学の思考とラディカルな政治の疑似的な共生関係を支えてきた歴史的状況は次第に衰退してきている。批判的社会学の思考はあらゆるラディカルな政治のよりどころとして依然として重要かつ必要であるものの、ラディカルな政治が直面する新しい重要な論点のいくつかが、批判的人類学の思考と親和性を強めてきているという変化を、私たちは目撃している。

まず、ここでいう「批判的思考」とは何を意味するのか、そして「批判的人類学の伝統」がその他の批判的な知の伝統とどのように異なるのかということから説明したい。そして、近年のラディカルな政治的想像界の変化を特徴づけるいくつかの重要な特徴と、それらと批判的な知の生産との関係について考察する。そのうえで、ヴィヴェイロス・デ・カストロの著作に代表される批判的人類学の伝統の諸要素と、それがラディカルな想像界とどのように節合してきたのかを分析する。最後に、現在進行中のラディカルな政治的想像界の転換に批判的人類学が関与する際に、どのような他の方法がありうるのかを考察したい。

批判的人類学の伝統の特質について

今日の大学において、人文・社会科学のどんな研究分野でも、学生はその分野がいかに独特なのかを示す数多くの知的領域を学んでいく。それは、その研究分野独自の歴史であったり、その専門分野の固有性を定義しようとする主張、その分野において蓄積されてきた実証的な知見、そして、その分野特有の調査方法論や理論であったりする。

もちろん、異なる専門分野の特定の領域が、別の分野や領域と重なり合っていることを学生が発見するかもしれないし、実際、複合領域（multidisciplinary）として設置されている科目もある。ある特定の社会や文化のあり方に対する、社会学、歴史学、政治学、そして人類学的なアプローチの違いがどこにあるのかを理解することすら、難しいという場合もあるかもしれない。本当に、こうしたことは増えているし——誤解を避けるためにいうと——私はこの複合領域性、さらには脱領域性

（trans-disciplinarity）は避けられないし、望ましくもあると考えている。にもかかわらず、ひとつの学問分野が発展する歴史のなかで生じる問題系や固有性も確かに存在する。そしてここで興味深いのは、それぞれの専門分野がそのように独自に発展させた、ある特殊な領域、すなわち批判的思考という領域である。

「批判的思考」を定義する方法はたくさんあるものの、最初に明確にしなければならないのは、批判的（クリティカル）思考と「急進派の（ラディカル）」思考は違うということだ。「批判的」であることは、たとえラディカルな政治とのあいだに明らかな親和性があったとしても、思考の知的資産であり、政治的な資産ではない。社会学者や人類学者は、自分たちを政治的な意味において明確に位置づけるかもしれないし、そうしないかもしれない。同様に、自分たちの政治的志向に基づいて研究を方向づけるかもしれないし、そうしないかもしれない。しかし批判的思考に関与するときには、既存の社会秩序におけるルーティン化されたしがらみを打破する政治に関わらざるをえない。それにもかかわらず、批判的であること本来の知的性質を強調することは、依然として重要である。

批判的思考はたいていの場合、私たちが自身の外部へと反省的に動けるようになる方法と関連している。自分自身を、自文化を、あるいは自分の社会を、それまではできなかったやり方でみられるようになるということだ。この意味において、各研究分野には批判的であることのそれぞれ独自なあり方がある。すなわち、私たちを自分自身の外部へと連れていってくれる固有の方法があるのだ。たとえば、歴史学的知識の批判的側面のひとつは、時間という点で私たちを私たちの外部へと連れ出してくれることである。どのような歴史学的伝統に基づいているかにもよるが、歴史学的な批判的思考によって、私たちの歴史が私たちをどのように形づくってきたのか、そのあり方を反省することができることで、あるいは、私たち自身と、私たちがそうでありえたかもしれない私たちの過去の姿との比較が可能になることで、私たち自身を違ったやり方でみることができるようになる。フーコーの「現在性の歴史」は、批判的歴史研究のよく知られた一例である。同じように、批判的社会学も私たちを私たち自身の外部へと連れていってくれる。それによって、(「社会的事実」という、古典的なデュルケム主義者の発想のように) 創発 (*sui generis*) の現実(リアリティ)、それ自体が「私たちの外部」に存在している社会関係や構造、力を理解できるようになるだけではなく、こうした社会構造や社会的諸力の気まぐれな力を検証し、その力がいかにして、私たちをいまそうであるような私たちにしていったのかを確認することができる。もっとも重要なことに、批判的社会学はこうした関係性を、ある特定の既存の物事の秩序を再生産する権力と支配の関係とみなし、そのこと自体によって、そのような物事の支配的な秩序に抵抗したり、それを弱めたりする可能性について私たちに考えさせようとするのである。

批判的社会学は、ブルデューがいうところの脱自然化と脱運命化の過程を生み出す[3]。つまり、私たち自身や私たちが生きる社会空間を「社会的構築物」そして／または「闘争の対象」としてみることができるようになることで、自分たちの人生は当初そう思われたほど自明なものでも、変わらないものでもないのだと、私たちは考えられるようになる。そうすることで、批判的社会学は社会変革の可能性という希望をもたらすのである。同じように、精神分析もある種の批判的心理学だといえる。それは、私たちを私たちの自我が住まう場所の外部に連れていってくれる。そうすることで、私たちは自分の自我が、自我それ自身が安心して自己規定しがちな、「自分という家の主人」のようなものではないのだ、と考えられるようになる。[4] 批判的思考のひとつとしての精神分析は、主体のひとつのあり方としての私たちは何者であり、そして私たちはどのようにして、いま私たちがあるような私たちになったのか、ということに関する、非常に複雑で動的なイメージを与えてくれる。これらは明らかにとても大雑把な例であり、私たちを私たちの外部に連れていってくれるさまざまな思考のあり方についてのより広範な研究を行ったら、興味深いことだろう。人類学的伝統が歴史上に出現する過程で、それもまたさまざまな批判的思考の様態をもたらしてきた。そのなかには社会学ととてもよく似ているものもあり、あらゆる人類学は必然的に社会学を含むものではあるが、人類学的伝統のなかから生まれた、とても独特で特有の批判的役割もあるのだ。

ひとつの企図（プロジェクト）としての人類学が、私たちの資本主義的近代の動態の外部に位置する人間文化に関する研究として始まったことは、よく知られている。資本主義の動態自体が、逆説的にも、近代的な人々と非-近代的な人々の人類学的遭遇の可能性のまさにその背後にあったのだとしても、そのことに変わりはなかった。そして、まさにそうした遭遇が、近代の外部にあるものを近代へと取り込む過程の一部であったとしても。その意味で、多くの人々が論じてきたように、初期の人類学は、近代の内部となるまさにその過程にある、近代の外部であるものをとらえている。人類学自体が、そうした把握の仕方の組み合わせ（アセンブラージュ）なのだ。にもかかわらず、把握することは飼いならすことではないし、飼いならすこと自体、つねに完全なものではありえない。

初期の人類学者が調査した近代の外部の人々には、生活様式や技術水準のみならず、周辺環境への住まい方や関わり方に加えて宇宙観、認識枠組み、現実感覚といった点でも、少なくとも部分的には、私たちと根本的に異なる側面が残っていた。これが、ときには自己批判的な意味合いも含めて、「サベージ・スロット（savage slot）」と呼ばれるようになったものである[5]。それは、根本的な文化的他者性（alterity）すなわち、私たちとはあまりにも異なるために、私たちの社会や歴史によって規定された想像力をもってしては、単純にいって考えたり理解したりすることができないような差異のあり方の研究である。最初、そのような差異に私たちは混乱するが、差異に入り込みそれと関わりあう過程で、人類学は私たちにとっての、社会的・文化的に可能なことの幅を広げてくれる。こうした人類学は、「プリミティヴィズム人類学」「前文字世界に生きる人々の人類学」「前国家段階を生きる人々（の人類学）」など、多様な名で呼ばれた。こうした人類学に今日でも取り組もうとすれば、その人に知的な洗練度と「政治的に正しい」動機があるかが問われることになる。しかしいずれにせよ、こうした人類学的企図は、次のような想定に依拠していた。(1)根本的な文化的他者性というものが存在し、(2)にもかかわらず、それを近代のさまざまな段階にある私たちが知ることができ、そして(3)そうした根本的に異なる文化を知るということには、ある特定の作業（民族誌）が伴う。というのも先述の通り、「把握されることは飼いならされることではない」ということは、近代性によって把握されるからといって、それをたやすく理解できるようになるわけでは必ずしもない、ということを意味するからである。

　クロード・レヴィ＝ストロースは、「近代世界の諸問題に直面した人類学」と題した日本での講演の結びとして、彼のそれまでの業績すべてに通底するエートスを簡潔に要約して、次のように述べている。

人類学者は、私たちの生き方、私たちが信じているもろもろの価値観がすべてではないということ、私たちのものとは異なった生活様式、異なった価値体系によって幸福を実現した共同体がかつて存在し、またいまも存在するということを明らかにしています。人類学はこうして私たちに、虚栄心を控え、異なった生き方に敬意を払うように示唆します。そしてまた、私たちを驚かせ、動転させ、嫌悪さえおぼえさせる異なった慣習を知ることによって、自分自身を疑問に付すようよういざなっているのです。[6]

このような企図のなかにこそ、批判的人類学の思考――人類学が私たちを私たちの外部へと連れていってくれる、特有なあり方――の原型となる契機を見出せる。批判的人類学の思考は、私たちが何者であれ、個人そして社会として、いかなるときでも、いま私たちが住まうのとはまったく異なるあり方でこの世界に住むことができることを私たちに伝えることで、私たちを私たちの外部へと連れていってくれるのだ。それゆえ、このような批判的人類学の思考は、私たちとは異なるあり方で生きている人々がいることを私たちに伝えるだけでなく、そうした人々が私たちと関わりをもっていると伝えることで、私たちに問いを投げかけるのである。他者は、性的関係、親族関係、植物・動物・風景との関わり、ケガや病気などについて、私たちとは異なる認識をもっているが、私たちもそうした認識をもつことはできるのだ。だからそれは、非常に単純であるが逆説的でもある、力強い定式化によって要約できる。すなわち、私たちは、いま自分がそうであるものとは根本的（ラディカリー）に別の、何かになれるのだ。それがなぜ逆説的かというと、私たちがいまそうであるものとは別の「何かになれる」という考えそれ自体の中に、自分自身以外の何かに「私たちはすでになっている」という考えが潜んでいるからである。私たちの他者性（アザーネス）はいつも、私たちの中にある。いうなれば、自分で思うよりもつねに、私たちの中には他者性があるのだ。

　こうした批判的人類学の知識が、他の学問分野における批判的思考とどのように異なるか、すぐに気がつかなければならない。ただ単に、時間的、社会的、心理的にではなく文化的に、私たちの外部に連れていってくれるという事実だけではない。それに加えて、批判的人類学の思考が連れていく私たちの外部にある空間と、私たちがいま住まう空間との関係を提示するあり方が、他と異なっているのである。

　私が強調したい決定的な違いがこれである。すなわち、批判的歴史学、批判的社会学、批判的心理学では通常、私たちは自己の外部（あるいは、精神分析の場合には自我の外部）に連れていかれることで、自分がいまそうであるようになるうえで因果的な役割を果たしているとされる領域へと導かれる。私たちが組み込まれている私たちの歴史や社会構造、統治プロセス、そして無意識はすべて、自分自身の内部と外部にある力である。それらは、私たちがいまそうであるようであることの原因になっている。しかし批判的人類学の場合、そのような外部との直接的な因果的結びつきがなくとも、私たちは外部へといざなわれるのだ。オーストラリア先住民アレンテの人々の宇宙観を学ぶことで、私たち近代人とは根本的（ラディカル）に異なる、私たちを取り巻く宇宙や生きとし生けるものとの関わり方があるのだと、知るかもしれない。だがアレンテの人々の宇宙観と私たち自身の成り立ちとのあいだに、何らかの因果関係があるとは決して考えようとしない。だがそれでも、アレンテの生き方が私たち自身の人生に影響を及ぼし、その意味で、私たちがアレンテになる何らかの余地はつねにあると、考えることはできる。

したがって、批判的社会学・歴史学・精神分析は、私たちの外部にあるが、私たちがいまそうであることの原因であり、引き続き私たちをそのようなものにしている力（社会構造や過去、無意識）に接近することを通じて批判をするといえる。一方、人類学は、私たちがいまそうであるものではない、別のものでありうる可能性を絶え間なく投げかける、比較という営みを通じて批判をする。人類学は、私たちの生の内部に、他者でありうる可能性をもたらし、その可能性がひとつの力として働くのだ。批判的社会学は、理解を促す反省的な分析の営みを促し、着手させる。そして、私たちの社会的世界がどのように構成されているのか、それが私たちによってどのように解体され、つくりなおされているのかがわかるようにする。批判的人類学は、それが十分に行われたときには、霊を憑依させるシャーマンの営みにより近い。それはまさに、私たちが自分の生活のあらゆる瞬間において、私たちがいまそうではないが、そうでもある／かもしれないものに、つきまとわれているように感じさせるのだ。この意味で、批判的社会学は、私たちが気づいているかどうかにかかわらず、私たちにすでに因果的な影響を及ぼしていると考えられる社会的な力や社会関係（階級関係、ジェンダー関係など）を明らかにするが、批判的人類学は、私たちが自身の中に眠っている、ある種の社会的な力や潜在能力に気づき、覚醒させるように促す。それにより、因果的ではなかった関係を、因果的にするように仕向けるのだ。この批判的な推進力は、マリノフスキーの著作のような初期の政治的には保守的な業績においてさえ、あまり目立たないとはいえ、見出される。だが人類学という学問分野が発展し、スタンリー・ダイアモンドの「未開を求めて」に見られるマルクス主義的傾向から、マーカスとフィッシャーの「文化批判としての人類学」を経て、エリザベス・ポヴィネッリの「他のあり方についての人類学」へといたるなか、さまざまなかたちをとるなかで、それは次第に明確になってきている(7)。

ここまでで明らかにしたように、私が「批判的人類学の思考」と呼んでいるのは「人類学という学問分野で台頭してきた、こうした批判的なあり方」のことである。同様に、「批判的社会学の思考」は「社会学という学問分野で台頭してきた、ああいった批判的なあり方」のことである。これらは社会学者や社会学者や人類学者が必然的に行うことではなく、歴史的に起こってきたことを指している。人類学者や社会学者やその他の人々は、そのつもりさえあればどこでも、批判的人類学の思考と批判的社会学の思考の両方またはいずれかに携わることができる。しかし、歴史的にいえば、どの専門分野であっても、ラディカルな思想家の想像界を占めてきたのは批判的社会学の思考である。人類学の批判的側面を強調する人類学者が二〇世紀を通じて皆無だったわけではないのだが、にもかかわらず、急進的(ラディカル)な人類学は、主にマルクス主義のパラダイムに基づいた社会学的な問いにもっぱら関心をもっていた。それは植民地支配の関係を暴き、レイシストのイデオロギーと闘いそれを脱構築し、本質主義的な文化観に抗する、といったことである。そういう傾向があったのは、一九世紀と二〇世紀のラディカルな政治それ自体において、批判的人類学の問いよりもこうした批判的社会学の問いを政治的に追求することが中心的な位置を占めていたからだ。

ラディカルな政治的想像界について

資本主義的近代を通じて、制度的な既存の政治実践は、そのような政治を支持する人々の根底にある特定の社会問題に対処できない、と主張する政治があった。こうした問題は、既存の政治が中心的な役割を果たしているとされる、まさにその社会の性質によって生み出されているともみなされている。貧困、不平等、搾取、植民地主義／帝国主義、レイシズム、セクシズム、疎外、むきだしの物質主義と個人主義、社会的紐帯の劣化、そして最近ではエコロジーの危機などのあらゆる問題が、既存の社会的・経済的・政治的枠組みではそれらが解決できないとする、ラディカルな政治を生み出した。それに代わり、社会の全面的な変革が答えだとされた。ここで私がラディカルな政治的想像界（radical political imaginary）と呼ぶものは、根本的（ラディカル）な変化を求める政治のさまざまな特徴の実証的で詳細な記述というよりは、そうしたさまざまな特徴への戦略的で感情的な備給に基づいてそれらを描き出し、調整する、ある一般的な認識と情動の構造のことである。

たとえば、ラディカルな政治的想像界には、国家、資本家、「アメリカ」、メディアなど、敵とみなされるもののイメージがつねに含まれていた。そうした敵のどれであれ、ある特定のラディカルな想像界のなかでそれが帯びる重要性に、そうした敵の重要性に関する何かしらの実証的な評価が伴っている必要は必ずしもない。つまり、その国家がきわめて強力で全面的に侵略的な「実体」なのかどうか、「アメリカ」は無敵で、あらゆる場所のあらゆる人々の自由への意志を挫こうとしているのかどうか、あるいはメディアを私たちすべての意識をとらえて形成できる広範なネットワークとみなすかどうか——つまり知的な面でより凡庸な急進派(ラディカルズ)の人々ならそういうだろうが、人々を「洗脳」しているかどうか——といったことは、単なる事実の観察以上のことである。こうした敵たちは、ラディカルな主体が自らを賭してそれらと闘ってきた、社会病理の元凶についてのある特定の政治‐情動的な観念があるがゆえに、特別に重要なものになる。それゆえ、ある特定のラディカルな想像界は、ある特定のラディカルなイルーシオ(illusio)[*1]とブルデューならば呼んだであろうものの産物である。それは単に世界を把握する観念なのではなく、そこに自らを賭す観念なのである[(8)]。

同じことは、ラディカルな想像界における他の想像された構成要素にも当てはまる。それは、変化をもたらすことに関心(インタレスト)をもつとされる勢力(大衆、労働者階級、被植民者、貧しい者、マルチチュード)、あるいは急進的(ラディカル)な蜂起を主導できると想像された勢力(政党、知識人、近隣組織)などである。そしてもちろん、革命後の社会がどのようなものであるべきかという空想がなければ、いかなるラディカルな想像界も完結しない。すなわち、あふれる自由、より進んだ平等、奔放なセックス、といったものである。

少なくともいくつかの中心的な特徴は、多少なりとも集合的で共有されたものだが、ラディカル

＊1 本書第五章(一六六頁)を参照。

な政治的想像界はひとりの個人に特有なものでもありうる。同様に、重要で根本的（ラディカル）な変化が必要だとされた人生の諸側面は、個人の選択の反映でもありうる。だがそれはまた、より広範な歴史的変化を反映してもいる。後者の明白な例は、エコロジーをめぐる問いが、一九世紀当時よりも、ラディカルな政治的想像界のいっそう重要な特徴となったそのあり方である。同様に、「個人的なことは政治的なことである」というフェミニストの宣言が急進的（ラディカル）な人々の想像力をとらえたときにも、ラディカルな政治的想像界に新たな次元が加わった。

どの構成要素がラディカルな政治的想像界の構造を形成しているのか、そしてこうした構成要素の一つひとつがどれだけ重要なものとされているのかは絶えず変わりうるし、ラディカルな政治の内部で続いている闘争とも関わってくる。国家と革命党の必要性という問いをめぐるマルクス主義者とアナーキストの論争は、革命という変化が広がっていくのだという想像界の観念のなかでの、急進的（ラディカル）な政治組織の位置づけをめぐるより一般的な闘争を反映したものだった。同様に、マルクス主義的共産主義者と、そうした人々が「理想主義者」や「空想的共産主義者」と呼んだフーリエやサン゠シモンのような思想の支持者たちとの論争は、革命的変化に向けて共産主義という空想（ファンタジー）を突き詰め、生き抜くことをめぐるラディカルな政治的想像界において、何が相対的に重要であるべきかをめぐる闘争であった。

マルクス主義者は明らかに、もうひとつの（オルター）資本主義としての共産主義という幻想（ファンタジー）につき動かされてきた。しかしそうした人々の政治は、共産主義社会がもたらすであろう帰結を構想する想像上の営みについての反（アンチ）資本主義的な分析の契機に注目した政治的想像界によって導かれていた。既存の社会経済的動向や資本主義の発展における矛盾の分析、そして反資本主義的プロレタリア勢力の政治組織が、つねに優先すると想定されていた。よく知られているように、マルクス主義者は自分たちが社会科学と革命を融合させようと懸命に努めていると想像していたが、これがそのやり方だったのである。

そのことに関連して、より一般的には、ラディカルな政治的想像界の構造はいかなるときでも、「抵抗（アンチ）」の政治と「別のあり方の模索（オルター）」の政治との一定のバランスによって特徴づけられているといえる。すなわち、既存の秩序に抗い、それを打ち破ることをめざす対抗的政治と、その政治秩序とは別のあり方（オルタナティブ）を提案することをめざす政治である。ここに、ラディカルな政治的想像界のこのふたつの側面における、批判的社会学・歴史学の思考と批判的人類学の思考の親和性の違いが見出される。批判的社会学・歴史学の思考はしばしば、対抗的な「抵抗（アンチ）」の政治という側面と結びついて動員されてきた。なぜなら、それはつねに急進的（ラディカル）な実践の社会的・歴史的条件に関わっているからである。対抗的政治がそれ自身の外、既存の社会秩序の外部に出て、その秩序を理解するとともに、その秩序への対抗的な打撃を最大限に与えられる場をその秩序の内部に見つけ出せるようにするのが、批判的社会学なのだ。一方、政治の「別のあり方の模索（オルター）」という側面においては、先述したように、私たちが私たち自身にとっての他者であるという実際の可能性を絶えず思い起こさせるというまさにそのために、私たちを私たちの外部に連れ出そうとする批判的人類学の思考のうちに、より有益な材料が見出される。

別のあり方の模索（オルター）／抵抗（アンチ）、というこの二項対立は、もちろん絶対的なものではなく、どちらか一方を選べという話でも決してない。だが、ラディカルな想像界の歴史的変容のさまざまな局面において、一方がもう一方より優先されていたのは確かである。同じく明らかなのは、「アナーキスト」や「空想的社会主義者」に代わりマルクス主義が台頭・隆盛し、そして一九世紀後半から二〇世紀後半にかけてのラディカルな政治的想像界におけるヘゲモニーを握ったことが、ラディカルな政治において「抵抗（アンチ）」の側が優勢であったという社会歴史的状況に反映され、それを確固たるものにしてきたことである。「変化の可能性の社会的・歴史的条件とは何か」「既存の社会編成の内部において、社会的従属はどのような形態をとるのか」「権力と支配の関係をどのように批判するのか」「変化を生み出せる社会的勢力は何か」といった問いはすべて、「抵抗（アンチ）」の政治の根本的な優勢――それは必要なことでもあったことを想起されたい――から生じたのである。この要請こそ、ラディカルな政治的想像界の内部における批判的社会学の思考の支配的地位を説明する。なぜならそれは、まさにこうした重大な問いに答えようとするものだったからだ。

しかし、今日、ラディカルな政治を観察してきた人々の大半にとって、私たちが次の時代へと次第に進んでいることは明らかである。その時代とは、ラディカルな想像界において、対抗するのと同時に「別のあり方（オルタナティブ）」でもある問題群――「抵抗（アンチ）」でもあると同時に「別のあり方の模索（オルタ）」でもある問題群――が、優勢になりはじめている時代である。このような動きが、より有効な変化のための政治の豊かな基盤となるのかどうかは、今後みていく余地があろう。にもかかわらず確実なのは、それがラディカルな政治に質的な違いを与えたことである。それはスペインの「怒れる者たち」、エジプトやチュニジアの民衆蜂起、そして地球上のさまざまな場所で起こった「オキュパイ」のような運動のなかに、容易に見て取れる。中心的な空間を占拠（オキュパイ）するにせよ、住まう（dwelling）にせよ（過去の「通り過ぎる」デモ行進とは対照的に）、あるいはそうした空間を統治する多元的な内部政治にせよ、はたまた当局側との平和的対峙を強調するにせよ、私たちが目撃していることは、手段と目的のあいだの緊密な関係への自覚の高まりである。そこでは、過去の急進派（ラディカル）の政治で見られたように、手段が安易に目的の犠牲になることがない。批判的人類学の思考の重要性を相対的に高める道を切り開いてきた、もうひとつの現実（オルタナティブ・リアリティーズ）への土台を築くことこそ、有効な対抗的政治に向けた批判的社会学の思索を補うもの――それの代替ではないことははっきりさせておきたい――として、強調されるべきことなのである。

新たなるラディカルな想像界

ソビエト連邦の興隆から二〇世紀のさまざまな反植民地主義革命を経て、イラン革命にいたるまで、「反（アンチ）資本主義」と「反（アンチ）植民地主義」革命の歴史は、革命的なところはほとんどなく、それが打倒した社会とあまりにも似通い過ぎてしまった社会を生み出したにすぎなかった。そのことが、対抗的な時期が過ぎた後にどうするのかということを考慮しないままに「抵抗（アンチ）」というエートスに依拠する政治への評価を下げることになった。

さらに、「労働者階級」中心の政治が次第に衰退していった結果、二〇世紀末から二一世紀初頭のラディカルな政治の主要な原動力となった新しい社会運動のラディカルな想像界を占めたのは、前衛党を探すことではなく、よりアナーキスト的な一九六八年の精神だった。ミシェル・フーコーは、台頭してきた司牧的統治性とその歴史的派生物への抵抗に関する、ある特定の理論化の形式によって、この政治のおそらくもっとも重要な理論的な理解をもたらした(9)。彼は、このような対抗的政治は必然的に断片的であるとした。それはもはや、主権権力を領有したり破壊することを目的とせず、つねに「生」をとらえ、統制し、生‐政治化しようとする権力のメカニズムそのものを、その「生」によって絶え間なく不安定にしていくことをめざしている。これはドゥルーズの思想から生まれ、ネグリとハートによってさらに発展した「マルチチュード」という概念に基づく権力と抵抗についての理解に似ている。

　重要なことに、エコロジーの危機によって必然的に、「緑（グリーン）」という政治的想像界が左派‐右派という政治的スペクトルの上位に次第に位置づけられるようになった。たとえば産業社会での政治においては、急進的（ラディカル）な緑の政治は単に資本家に対抗する労働者の政治に与するにとどまらず、労働者と資本家の利害（インタレスト）のいずれとも容易に一致しないであろう、経済成長への反対（アンチ）を求めた。それは、工業生産の一般的なあり方そのものに疑問を投げかけ、より根本的には、人類の自然との関わりをどう想像し、どう生きるのかというあり方を問う政治への転換を求めた。同じように、反（アンチ）グローバリゼーションの運動も、「抵抗（アンチ）」を名乗ってはいるものの、グローバリゼーションへの対抗から「もうひとつの（オルター）グローバリゼーション」の模索に関わるものへと、次第に再定義されるようになっている。今日のラディカルな想像界は、社会的要請と政治的要請の産物であるといえるだろう――前者は既存の統治性とわかりやすさという秩序の外部に台頭する社会的空間であり、それらとは異なったあり方を考えることを可能にする想像力の政治を要求する。後者は終わりなき膠着に陥った既存の闘争が、従来の政治的可能性が存在する空間の外部からやってくる、新たな政治を次第に要求するようになっている。

この社会的要請は、過去何世紀にもわたって地球上に広がり、統治し、そして植民地化してきた資本主義的近代の編成（アセンブラージュ）が縮小しはじめたときに現れはじめた、新しい現実（リアリティーズ）を示唆している。私たちが占有し、住まう社会空間は明白な同質性と内的一貫性を失いつつあり、既存の統治性や近代において支配的な道具的／理性の論理の外部に位置し、さらには既存の象徴システムの外部にもある、新しいもうひとつの（オルター）近代の空間が生成されつつある。こうした空間は、ニューエイジの信仰体系や代替（オルタナティブ）医療のように、資本主義的な合理性に再び組み込まれてしまうこともある。しかし、今日の統治の諸編成にいかなる意味でも統合することが、はるかに難しい空間でもありうる。

ベス・ポヴィネッリが適切にも「ポップな存在論[*2]（popontology）[10]」と呼んだようなかたちで資本主義の過程にとらえられたときですら、こうしたスピリチュアリティと非合理主義のあり方が近代の論理に亀裂を入れていることは明らかだ。しかし重要なことに、ポップな存在論はそうしたもうひとつの（オルター）空間における生を考える、唯一のあり方ではない。ディープ・エコロジー[*3]は確かに

＊2　スピリチュアルな存在と人間との邂逅を題材とした、一般の人気を博した小説、映画そのほかの文化的商品のこと。

＊3　西洋近代の人間中心主義的な人間観・自然観を根本的に問いなおし、全体論的な世界観をもとに人間と自然の関わり方の変革と人間の内面的変容をめざす環境思想。

ポップなアニミズムをもたらしたが、それだけをもたらしたわけではない。私自身の著作、とくにイスラームの背景をもつ移民への西洋の統治が陥った袋小路についての著作でも、この遭遇が多文化主義あるいは同化の論理のいずれによっても容易に理解されたり統治されたりしない「統治されざる(ungovernable)」空間を創り出していると主張してきた。それは異文化間関係を考える際に、既存の統治の指標の外部で考えるように促している(11)。

統治されざるものは、まさにその性質上、いかなる既存の政治的編成(アセンブラージュ)によってもとらえられることができず、そうした編成の内部におけるまさに政治そのもののあり方を、根本的(ラディカル)に再考するように求める。統治されざるものは、統治性のある特定の形式の一部である従来の政治的想像力を疲弊させ、いわば出所不明のラディカルな政治を要求する。それは単なる可能性ではなくひとつの要請として、別のあり方を模索する政治(オルター・ポリティクス)を探究せしめる。そのような要請は、解決策が求められる差し迫ったグローバルな諸問題と関連して、もっとも広範に台頭している。たとえば地球温暖化などであるが、こうした要請は、パレスチナ／イスラエルの紛争によってもたらされた、終わりなき残忍な政治的袋小路といった特殊な状況に直面した際にも生じうる(12)。

そのような自己永続的な敵対は、矛盾を「より高次」な解決に向けた単なる段階としてのみとらえる「弁証法的な」想像界に風穴を開けた。その代わりに、第二章で述べたように、紛争や戦争といった状況が何かほかのものへの移行段階としてではなく、それ自体の状態として次第に認識されるようになるという、危機という概念のルーティン化が起こる。それ自体が、既存の非生産的かつ終わりなき対立の外部にある空間から出現する、別のあり方を模索する政治(オルター・ポリティクス)を必然的なものにする。

先に定義した批判的人類学の伝統と、それと結びついた批判的人類学のエートスが切り開いてきた、これまで述べたようなことすべてが、ラディカルな政治にとっての刷新された意義なのである。たとえば反グローバリゼーションの政治の領域でいえば、シアトルでの闘いでの「もうひとつの世界は可能だ」という掛け声は、批判的人類学の思考の背後にある一般的な原動力となる「私たちは、いま自分がそうであるものとは根本的（ラディカリー）に異なる、何かになることができる」という理念と、なんと近いことだろう。また、人間と自然との関係のありうべき別（オルタナティブ）のあり方を模索するラディカル・エコロジーにとっての重要な思索の源になってきたのが、そのような関係が生きられてきたあり方の多元性（plurality）をとらえてきた人類学の研究だったことも特筆される。そしておそらく、最近のもっとも明白な例として、デヴィッド・グレーバーによるマダガスカルの人類学が「ウォール街を占拠せよ」運動に見られた政治的組織化の形態に及ぼした影響については、国際的なメディアで報道された[13]。

これらすべてを鑑み、ラディカルな社会理論研究が批判的人類学の思考を次第に取り入れようとしているのも驚くにあたらない。それはドゥルーズとガタリの業績に始まり、フィリップ・ピニャールとイザベル・スタンジェールによる、より近年の業績『資本主義的邪術——呪文を断つ実践（*La Sorcellerie Capitaliste: Pratiques de Désenvoûtement*）』にいたる[14]。著作の主題である邪術や呪文、あるいは「もうひとつの世界は可能だ」というシアトルでの政治的掛け声といったテーマについて議論する際にだけではなく、私たちの内部に根本的（ラディカル）な他者性（アザーネス）の空間を切り開く方法の模索に大きく紙幅が割かれている点においても、この著作には批判的人類学への接近が見られる。

社会理論と批判的人類学の邂逅というこうした構図のなかでこそ、ハートとネグリが「もうひとつの（オルター）近代」への闘争と呼ぶものを概念化するための取り組みを理解することができる。彼らが説明するように――そして本書でこれまで論じてきた内容にまさに合致して――彼らはこの概念を、「近代性とそれを規定する権力関係からの決定的な切断を指し示すために用いている。というのも、私たちが考える別の（オルター）近代性は、反（アンチ）近代性の伝統から出てくるものであると同時に、対立と抵抗を超えた広がりをもつという点で、反近代性の通常の経路からはずれるものでもあるからだ(15)」。

ここまで論じてきたことは、ネグリとハートによるような、もうひとつの（オルタナティブ）近代の理論化に、批判的人類学の伝統を引きつけて説明する際に役立つであろう。しかし、もしラディカルな思想が批判的人類学へと開かれていくのであれば、批判的人類学自体にその動きが返ってくるときに、その出会いがもっとも明瞭になるのも確かである。ネグリとハートの著作が批判的人類学のなかでも、ほかならぬエドゥアルド・ヴィヴェイロス・デ・カストロの業績と結びついているという事実は、ヴィヴェイロス・デ・カストロの業績ほどこの邂逅の本質に迫ったものはないからなのである。

ヴィヴェイロス・デ・カストロの研究は、ラディカルな思考との節合を次第にめざすようになってきた。彼の批判的人類学の思考には、ラディカルな政治的想像界の内部でのその位置づけに関する明確な感覚があり、それは批判的でも根源的（ラディカル）でもある。それは明らかに、私たちを自らの外部に連れ出し、私たちが自分自身と根本的に（ラディカリー）異なる何かでありうることを示してくれる。そして、それを根源的（ラディカル）で別のあり方を模索する政治（オルター・ポリティクス）へと節合する。その政治ではつねに、物事の所与の秩序の外部にある、異なった生の可能性が探し求められている。

エドゥアルド・ヴィヴェイロス・デ・カストロの根源的(ラディカル)で批判的な人類学

ヴィヴェイロス・デ・カストロの根源的(ラディカル)／政治的な志向は、彼の著作をみればきわめて明白だ。彼の思考は絶えず、そして私にいわせれば次第に、既存の物事の秩序の根本的(ラディカル)かつ政治的な拒否と結びついた、批判的人類学の一部としての概念を発展させてきた。「私たちは、好色なピューリタニズム、罪深い偽善、そして知の機能不全が収斂し、私たち自身の地獄のような文化状況への別のあり方(オルタナティブ)を（単なる空想を超えて）真剣(シリアスリー)に想像するどころか、その状況を認識する可能性さえもあらかじめ排除してしまうような時代に生きている[16]」。

彼は自身の研究を、とりわけクロード・レヴィ＝ストロース、ピエール・クラストル、ロイ・ワグナー、マーシャル・サーリンズ、マリリン・ストラザーンといった人類学の系譜に位置づける。また、ブリュノ・ラトゥールとイザベル・スタンジェールの業績との対話も続けている[17]。もっとも重要なのはおそらく、彼の研究がとりわけドゥルーズやその継承者たちの伝統に基づいていることである。ヴィヴェイロス・デ・カストロのラディカルな政治思想への志向に注目するうえで、ドゥルーズは単に哲学的な親和性という点だけではなく、ヴィヴェイロス・デ・カストロが「ひとつの学問分野としての人類学が、それまででもっとも刺激的で狼狽させられる哲学と人類学との対話が含まれる『資本主義と精神分裂』のふたつの巻に直面したときの、当惑したばつの悪い沈黙」だとするものに直面した際の、彼からの応答のあり方を理解するうえでも重要である。[18]

この根本的(ラディカル)な他者性(オルタリティ)の人類学における政治的な投企への志向は、東部アマゾンに暮らすトゥピ・グアラニー系のアラウェテに関する民族誌である彼の博士論文をもとにした『敵の視点から――アマゾン社会における人間性と神性（*From the Enemy's Point of View: Humanity and Divinity in an Amazonian Society*）』においてすでに見られる。[19] この研究の中心となるのは、「自分自身と同一」であり続けるためのひとつの社会関係のネットワークとして、結果的に差異を「組み込んで飼いなら」そうとする、私たちの文化のなかであたりまえのものとなった、社会という概念をまさに問いなおすことであり、それと同時に、社会についてのこの理念型を、「内部、外部、中心、周縁、境界、領域といった、社会学ではおなじみの空間のメタファーを解体する動き」を伴った、絶えず他者に対して開かれた社会としてのアラウェテの社会と対比させることである。[20]

先述のように、批判的人類学は根本的(ラディカル)な他者性(オルタリティ)の探求を通じて行われるだけではない。この根本的(ラディカル)な他者性(オルタリティ)とは、まったく同じ（sameness）だということはできないが、私たちに語りかけ、つきまとうことができる他者である程度には同じである、ということでなければならない。ヴィヴェイロス・デ・カストロが生み出そうとしているのは、この、つきまとうことであり、それには先述した他者の社会という概念だけではなく、ドゥルーズ的な言い回しでいえば、私たちにとって根本的(ラディカリー)に他者であるにもかかわらず、私たちに語りかけてくるように思える人間性という概念も伴うのである。「トゥピ・グアラニーは、つねにその形態を変形させながら、人間をつくりあげる。そこでは自我と敵が、生者と死者が、人間と神が、表象やメタファーによる置き換え、補完的な対立が起こる前後ですべて編み合わされている。私たちは『なること（Becoming）』が『であること（Being）』より前にあり、それに従属することがない地平に、進んでいるのである[21]」。

ヴィヴェイロス・デ・カストロにとって、批判的人類学とは、他者性が根本的に他者でありつつも、私たちに伝えるべきことをもつという空間に位置づけられることによってこそ本領を発揮するものである。この領域では、人類学者がなすべき仕事を説明するのにふたつのメタファーが用いられる。ひとつは「翻訳」のメタファーである。よく知られた言い回しだが、マイケル・ハーツフェルトによる「人類学者とネイティブの人々は直接比較可能な知的作業に従事している」という指摘[22]、そしてタラル・アサドの、人類学では比較は翻訳に奉仕するものであり、その逆ではないという見解に拠ることで、この概念には劇的な鋭さが加わっている。結局、翻訳とは翻訳されるもとの言語ではなく、それを翻訳していくほうの言語を裏切ることである、というヴァルター・ベンヤミンの考えを翻案しつつ、翻訳という概念は受け継がれている。したがってヴィヴェイロス・デ・カストロにとって、人類学的翻訳は「翻訳する側の概念の道具箱を異邦人からの概念によって変形させ、転覆させようとすることであり、そうすることで、もとの言語が意図していたことが新しい言語で表現可能になる[23]」。結局私たちは、私たちがもともとそうであったものから、多かれ少なかれ、変わっていく。まさに、以前そうであったものとはあまり同じではなくなり、以前そうであったものとは別の何かになる。この意味で、人類学は私たちに、考えるのをやめて、現実に留まり、同じままでいることを許さない実践なのである。ヴィヴェイロス・デ・カストロが近著『食人の形而上学』で述べるように、人類学とは「思考の永続的な脱植民地化の理論-実践」なのである[24]。

同様の考え方が、第二のメタファーにも現れている。それは、反射しない鏡というものである。クラストルによる『暴力の考古学』に寄せた序論で、ヴィヴェイロス・デ・カストロは次のように述べている。

クラストルにとって、人類学とは、最大限の強度をもった他者性（a maximum intensive alterity）、つまりその限界が先験的には確定できない内的な分散として定義づけられる人間の営みについての思考を具現化するものである。「鏡が私たち自身がどのようなものであるかを映してくれない［とき］、何も気づくべきことがないというのを証明することもできない」と［クラストルは］「コペルニクスと野蛮性」で述べる。この彼らしい、そっけない物言いは、パトリス・マニグリエが近年行った定式化、つまり人類学の「もっとも優先される約束」とこの哲学者が呼ぶものについての関心と共鳴しているといえる。すなわち、それは「私たちに、私たち自身の姿を認めることがないような（私たち自身についての）イメージを投げかえす」という思考である。この思考の目的、この約束の真意はそれゆえ、他者性（オルタリティ）を縮減することではない。なぜなら、逆に他者のイメージが増殖していくことで、充溢した人間性がつくられていくからである。他者性（オルタリティ）と複数性（multiplicity）の両方が、人類学がどのようなかたちで成り立っているのかを規定している。「未開社会」はクラストルが研究対象に与えた名前であるが、それは複数性と彼自身との遭遇のことなのである。[25]

そして批判的であることと根源的であることを混合させるという彼の流儀の典型的なやり方で、ヴィヴェイロス・デ・カストロは次のように続ける。

そしてドゥルーズとガタリがクラストルについて鋭いコメントを寄せているように、もし国家がつねに存在してきたのなら、未開社会もまた、つねに存在し続けるだろう。国家の内在的な外部として、生産力に絶えずつきまとう反-生産の力として、そして惑星ほどの巨大な装置によっても内在化できないほどの複数性として。ようするに、「未開社会」とは、もうひとつの世界は可能だという命題の、ひとつの概念的具現化なのだ。国家の外に社会があるように、資本主義を超えた生がある。それはつねにそこにあった——そして、私たちはそのために闘い——それはこれからもそこにあり続けるのだ[26]。

この、国家の外部、資本主義の外部、近代の外部の社会のための闘いこそが、アメリカ先住民のパースペクティヴ主義と、ブリュノ・ラトゥールと共通する「多自然主義（multinaturalism）」という概念の、ヴィヴェイロス・デ・カストロによる翻訳／鏡への投影（mirroring）において賭けられているものなのである[27]。

多自然主義

ヴィヴェイロス・デ・カストロの著作では、多自然主義はアメリカ先住民のパースペクティヴ主義という概念を論理的に補完するものとして登場する。後者は私たちが「現実に対して（on reality）」抱いている視座（パースペクティヴ）のさまざまなあり方だけではなく、自然という現実（リアリティ）に対する主観的／文化的なまなざしとしての視座（パースペクティヴ）という、私たちが抱いているまさにそうした考え自体を問うている。統一された「自然（ネイチャー）」を文化的に理解するあり方の複数性という視座（パースペクティヴ）の発想は、自然（ネイチャーズ）あるいは現実（リアリティーズ）の複数性を生み出す、単一の統一された主体性を措定するアメリカ先住民のパースペクティヴ主義によって転倒させられる。人類学の定番の決まり文句でいうところの「住民（ネイティブ）の視点から」現実（リアリティ）を理解しようとする前に、ネイティブの人々が考える「視点（ポイント・オブ・ビュー）」とは何なのかということについて、まず考えないといけない。いわば、彼・彼女らが視点ということについてどのような視点をもっているのかを、考えなければならないのだ。

　レヴィ＝ストロースを頂点とするアメリカ先住民の民族誌と人類学の長い伝統に基づき、ヴィヴェイロス・デ・カストロは動物と人間が同じ魂を共有する世界を提示する。これはカント的なある種の前社会的、前パースペクティヴ的な主体性である。したがってそうした世界では、人間と動物は異なる視座（パースペクティヴ）を備えていながらも、その違いとは第一義的には動物と人間のあいだの魂／精神の違いではない。なぜなら、人間と動物はそれらを共有しているのだから。そうではなく、環境との異なる関わり方、異なる居住の仕方、異なる組み込まれ方によって構成されている異なる身体から、異なる視点が生まれるのである。一般的にいって、仮にシャーマニズムが人間、動物、事物のそれぞれの視座（パースペクティヴ）のあいだを移動する力を伴うのであれば、アメリカ先住民のシャーマニズムは、そのような移動が異なった主観的関心のあいだのものではなく、「ある特定の個人が、種のあいだにある身体的な障壁を横断する能力として定義することができる」という事実を浮き彫りにする[28]。したがって、アメリカ先住民のパースペクティヴ主義について、ヴィヴェイロス・デ・カストロは次のように述べる。「ひとつの視座（パースペクティヴ）とは、ひとつの表象なのではない。というのも、表象とは精神の特性であり、それに対して視点（ポイント・オブ・ビュー）は身体のなかにあるからだ[29]」。だから、パースペクティヴ主義を相対主義と混同してはならない。「相対主義が精神的な本質主義であるのに対し、パースペクティヴ主義は身体的なマニエリスム（mannerism）なのである[30]」。

ここでヴィヴェイロス・デ・カストロは、身体とは単なる肉体や社会化された身体ではなく、「情動を備えた身体」だと強調する。これは、スピノザ的な意味でいう情動である。つまり、身体の「他者の身体に影響したりされたりする能力」のことである[31]。キャサリン・スワンカットが説明するように、「ヴィヴェイロス・デ・カストロによれば、身体的な影響とは、ふるまい、マニエリスム、好みといった、所与の主観だとされがちな肉体的な特徴だけではなく、『力』『エネルギー』『才能』といった、時間をかけて教わり、獲得し、洗練されていくものでもある[32]」。

力とエネルギーの複数性が宿る場において、それぞれの身体の周囲との身体的な関わり方も複数的となる。この身体的な関わり方の複数性が転じて、多自然主義という概念が言及する、現実（リアリティーズ）あるいは「自然（ネイチャーズ）」の複数性を生み出すのである。この概念は、ひとつの自然あるいは「客観的な現実（リアリティ）」と、文化／主観性の複数性を想定する多文化主義の言説の対極にある。この区別を強調することは重要であるが、私は「多自然主義」とそれが含意する複数的な自然（ネイチャーズ）よりも、複数的な現実（リアリティーズ）について議論したい。なぜなら、まさに「自然（ネイチャー）」という発想自体が、私たち人間が「自然（ネイチャー）」の世界を描写するように迫られているという、非常に特殊な現実（リアリティ）のなかから生じたものであるからだ。それゆえ、自然という言葉を、それに対応するものがない他の現実（リアリティーズ）の複数性にわざわざ導入しないほうがよい。結局、自然／文化を切り離すことが考えられない現実（リアリティーズ）があるという発想や、——私たちの概念世界が二項対立に囚われていることからくる——この思考不可能性を経験し、概念化しようとする取り組みこそが、まさにヴィヴェイロス・デ・カストロとラトゥールの主張の核心なのである。

複数的現実の批判的・政治的波及効果

明らかに、多自然主義という議論は批判的人類学の議論である。つまり「アマゾンの人々には彼・彼女たちの現実（リアリティ）があり、私たちには私たちの現実（リアリティ）がある」という以上の議論である。確かに、私たちには私たちの現実（リアリティ）があるが、同時に彼・彼女らの現実（リアリティ）が私たちの現実（リアリティ）に関与してくるということでもある。そこには、私たちもまた同じように、複数的な現実（リアリティーズ）を生きているという可能性がつきまとうのだ。ヴィヴェイロス・デ・カストロのパースペクティヴ主義は、人間の身体、ジャガーの身体といった、身体と身体的視座（パースペクティヴ）の複数性の周囲に構築された自然（ネイチャーズ）の複数性という、アマゾンの人々の感覚に注目する。しかし、その複数性が私たちに関わってくるとき、それは誰のどの身体の内部にもある複数性にも注目する――つまりこれを、あれかこれかどちらかの一方で、という発想で考えないことが肝要である。もし、ある現実（リアリティ）が、身体の情動的、体位的（postural）、リビドー的そして肉体的な潜在的可能性と、現実界（the Real）の潜在的可能性との遭遇であるのなら、私たち自身を現実（リアリティーズ）の複数性の中に住んでいる存在だと考えることは、人間の身体の潜在的可能性の複数性を認識することである。つまりそれは、身体が環境に絡めとられているあり方の複数性を、認識することでもあるのだ。おそらく、「自然／文化」という二項対立や道具的理性の支配以上に、西洋近代のもっとも偉大な「達成」は、私たちを単一現実主義者（mono-realists）にしたこと、私たちがその中に存在している現実（リアリティーズ）の複数性についての私たちの自覚を、極小にしたことである。しかし、極小にすることは、消し去ることではない。だから、そのような他の現実（リアリティーズ）が私たちの近代世界に、その存在の兆候――あるいは兆候以上のもの――を現しながら、絶えず侵入してくるのだと主張するのは容易である。それゆえ、西洋思想の傍流が、そのような複数性とつねに通じていたのは驚くにあたらない。

　ピーター・オットーは近年の著作『複数化する世界（*Multiplying World*）』で、この現実的なるもの（リアル）の複数性という概念の表現のされ方のひとつは、ロマン主義的な想像力と親和的であり、それがのちにアンリ・ベルグソンとジル・ドゥルーズの思想形成に影響を与えたと論じた。ヴィヴェイロス・デ・カストロは『食人の形而上学』において、アメリカ先住民のパースペクティヴ主義と多自然主義という概念は、現代におけるいくつかの「『可能世界』の理論をめぐって発展してきた哲学的構想」だけではなく、「思弁的実在論」や「超越論的経験論」とも呼応しているという。これらはすべて、「いまいましい近代の二項対立」から離れることを直接的に意図した思想だといえる[33]。ブリュノ・ラトゥールも、それをウィリアム・ジェイムズの「多元的宇宙（pluriverse）」という概念と結びつけた[34]。ラトゥール自身は、フランスの哲学者エチエンヌ・スーリオとジルベール・シモンドンの著作によって「存在の様態[35]」という概念について触発され、それはのちに彼が多自然主義の概念を洗練させていく際の核心となっていった。エチエンヌ・スーリオの『存在の異なる諸様態（*Les Différents Modes d'Existence*）』の新版には、ラトゥールとイザベル・スタンジェールによる序文が寄せられている。

多自然主義についてのほとんどの研究は、それが想定する「ポスト・ヒューマニズム」と、これが投げかける存在論的な問いの上に成り立っているが、現実（リアリティーズ）の複数性のなかに絶えず共在する人間、という概念は、「私たちは、いまそうであるものではない何か別のものになれる」という批判的人類学のエートスを、メタ民族誌的に整理してくれる点で重要である。私たちの内なる、そして私たちと共にある「他者の存在（アザーネス）」――他の文化形態の存在、他の存在様態の存在――に関わるというのは、いったいどういうことなのだろうか。おそらく、これは人類学がその数多くの批判的実践者の業績を通じて生み出した、もっとも生産的な問題設定のひとつである。この他者性（アザーネス）は、社会的現実（リアリティ）の内部に仮想的または潜在的な状態で存在するのだろうか。そして人類学者たちは、彼・彼女らが調査しているシャーマンのように、その仮想性を実体化することで、それが私たちの世界で支配的な世界に住まうあり方をかく乱させ、つきまとうようにするのであろうか。それともこの他者性（アザーネス）は、「人間の単一性」という想定に結びつきうる心理的性向や精神構造のかたちで、存在しているのだろうか。

だから、エドゥアルド・ヴィヴェイロス・デ・カストロとブリュノ・ラトゥールによる多自然主義と根源的（ラディカル）なパースペクティヴ主義は、この問いを通じて考察された最初の人類学的業績とはいえない。それが独創的なのは、私たちの内なる他者性（アザーネス）について、それまでとは違ったやり方で考える方向性を切り開いていることである。これまでしばしば考えられてきたように、人間の単一性を基盤として他者性を理解するのではなく、他者性を現実界と人間の身体との絡みつきの複数性のうちに位置づけるように促すのである。すなわち、この複数性のうち少なくとも一部は、どこでも同じものなのだという事実、そしてそのことが、よく似た一群の現実（リアリティーズ）をどこにでもつくり出すのだという事実である。それゆえ、仮想的な現実ではなく、より支配的な現実（リアリティーズ）の陰に隠れている傍流の現実だとしても、確かにずっと存在している実際の現実（リアリティーズ）へと節合させることで、私たちは私たちの内なる他者について考えることができるようになる。それは、次のようにである。もしあらゆる人間が現実（リアリティーズ）の複数性を共有したとして、そしてもし、私たち自身の社会と文化がたどってきた社会歴史的経緯が、私たちを他の現実（リアリティーズ）ではない、あるひとつの現実（リアリティ）に押し込めてきたのであれば、それは私たちがこうした他の現実（リアリティーズ）、他の文化をもった人間がより明確に生きている他の現実（リアリティーズ）のなかで生きることを単にやめたということを意味しない。そのこと自体が、私たちがそこで生きていることに十分に気づいてはいないが、漠然とした感覚ではあるもののその存在についての感覚をしばしば感じさせられる現実（リアリティーズ）が、ずっと隠されてしまっているということなのである。批判的人類学が批判的な政治へと変貌するのは、ここにおいてである。「私たちがいまそうであるものではないものであること」は、ただ概念として可能であるだけではない。それは物質的にも可能なのである。なぜなら、その人はすでに、まさにその他者性（アザーネス）のなかで、生きているのだから。

こうした、存在すること（being）、住まうこと／生きること（dwelling）、考えることのあり方の複数性という概念は、レヴィ＝ブリュルによる、論理的心性（メンタリティ）と神秘的心性の区別についての初期の理論化に含まれている。フレデリック・ケックの近年の解説によれば、レヴィ＝ブリュルにとって、『原始的心性』[*4]と『文明的心性』の違いは、進化論的な歴史哲学が前提としたであろう歴史的・地理的に分割されたふたつの思考様式——レヴィ＝ブリュルがずっと批判していたものだ——だということではなく、あらゆる社会とあらゆる個人における、人間の精神を方向づけるふたつの論理的な観念という違いだった[(36)]。

レヴィ＝ブリュル自身が指摘しているように、「神秘的心性は、私たちの社会より『未開な』社会において、より容易に識別されるがゆえにより容易に観察できる。だがそれは、あらゆる人間精神のなかに出現する[(37)]」。それゆえレヴィ＝ブリュルにとって、どの心性が支配的になるのかということは、一部の粗野な論者が依然として彼の著作から読み取りたがるような、未開人がもともと私たちより神秘的である、といった信念とはまったく関連がない。そうではなく、とりわけ彼の後期の著作では「心性」について言及されることが少なくなり、経験について論じられるようになっていったように、どのような経験、あるいは先述したように、どのような現実界との絡みつきの様相が、その他のものに対して優越しているのか、ということから、違いが生じているのである。つまり複数的な現実（リアリティーズ）という言い方をするならば、神秘的心性がその一部をなす現実（リアリティ）とは、未開人に特有なものではない。同じように、論理的心性も私たちに特有なものではない。私たちとレヴィ＝ブリュルのいう未開人は、現実（リアリティーズ）の複数性に身体的に絡めとられているのであり、その中に先述した双方の現実（リアリティーズ）が存在するのである。どの現実（リアリティ）が支配的になるのかはおそらく、分析的な問いというかたちで、社会学的・歴史的に後づけで分析することができよう。他の思考のあり方よりも道具的理性が注目されるような現実（リアリティ）を、私たちが過剰に生きるようになったのは、どのような歴史的条件によってなのか、というように。ここで重要なのは、支配的になったひとつの現実（リアリティ）に絡めとられて生きているからといって、他の現実（リアリティーズ）の複数性に絡めとられて生きることを、そのような感覚を失ってしまったとしても、私たちがやめてしまうわけではない、ということである。

私たち自身の近代的空間を複数的現実（リアリティーズ）という観点から思考することには、数多くの重要な政治的波及効果がある。そのもっとも直截なものは、ヴィヴェイロス・デ・カストロとラトゥールの双方が提起した、多文化主義と多自然主義の対立から直接派生したものである。この対立を通じて、多文化主義――とりわけ、その米国版――に基づいて文化や文化的差異を考えるときに起こりがちなように、皮相な「コスモポリタン的」なやり方で「文化的差異」について考えないようにすることが促される。すなわち、そこにほんの少しの尊重や寛容があれば、あそこでほんの少しだけ他者

＊4　本書は primitive を原則として「未開（の）」と訳しているが、ここでの mentalité primitive は定訳となっているため「原始的」とした。

に価値を見出したり他者を理解すれば、たやすくわかりあえ、和解され、乗り越えられるような差異について考えることではない。ここでいう多自然主義は、私たち自身の象徴的・文化的・政治的機制によって包含してとらえることが端的にいってできないような、ある特定の差異が存在するという事実を強調することで、文化的差異のなかにはより強い存在論的な一貫性をもつものがあることを私たちに考えさせるのだ。現実（リアリティ）に対する主観的見解が異なるのではなく、異なる現実（リアリティーズ）から生み出される差異もある。それは、どちらかの側が他方を理解することなしに、対立したり共存したりするように定められた差異なのである。ラトゥールがウルリッヒ・ベックのコスモポリタニズムへの批判で主張したように、こうした差異が存在する可能性をコスモポリタニズムの思想はしばしば無視する。そのように差異が想定されることで、コスモポリタンの「コスモ」の部分は政治の対象ではなく、まさにそれ自体がコスモ－ポリティクスの可能性を閉ざすものになるのだ[38]。その意味で、マテイ・カンデアの次のような主張は、確かに真実を含んでいる。

存在論はふつう、人類学者にとって文化が……差異をまともにとらえられていないと感じられるときに登場する。この存在論という言葉が必要なのは、文化的差異が十分に異なってはいないのではないか、あるいは文化批評のせいで、文化的差異が単なる政治的手段の帰結に矮小化されてしまったのではないかという疑いがあるからなのだ。対照的に、存在論は他者やその本当の差異を、まともに（シリアスリー）受け止めようとする試みなのだ[39]。

おそらくもっと重要なことに、複数的現実という概念は、支配をひとつの現実の内部での闘争の産物としてだけではなく、現実のあいだの闘争の産物としても認識する可能性を開いている。支配的集団は、ただ既存の現実を支配するのではなく、自分たちの現実を押しつけもするのだという発想は、社会理論においてすでに見られるが、それがもっとも明白なのはピエール・ブルデューの業績においてである。ブルデューの関心は批判的人類学よりも、本章で批判的社会学と呼んできたものにはるかに深く根ざしているが、にもかかわらず興味深いことに、ブルデューは他のどの理論家よりもずっと、世界における多－現実という概念に非常に近づいているといえる。というのも、ブルデューはスピノザに触発されているからである。それだけではなく、とりわけフッサールの「周囲世界（Umwelt）」という概念を援用している。すなわち、それが生成を促す社会的現実の一部分をすでに構成しているものとしての、身体的なハビトゥスという概念である[40]。この点では、主観ではなく身体的な絡み合いとしての視座という概念が、西洋思想には欠如しているとヴィヴェイロス・デ・カストロとラトゥールがときおり主張するのは、やや言い過ぎである。実際のところ、ヴィヴェイロス・デ・カストロの多自然主義の主張の背後には、ブルデューのそれとてもよく似た、身体についての概念がある。彼は身体について説明するとき、まさに次のように論じる。「私たちが人間の『身体』と呼ぶものは、それゆえ、独立した生理機能や個別の解剖学的人体のことではない。それはハビトゥス、エートス、エソグラム〔行動目録〕を構成する生存の仕方や様態の集合である[41]」。

確かに、ブルデューにとっての異なる世界とはつねに、近代的な現実という概念の内部において競合する利害関心（インタレスト）や方向性の違いによって生み出されるものである。だから、ヴィヴェイロス・デ・カストロの業績のなかに現れているようなやり方で、根本的（ラディカル）な他者性（オルタリティ）の可能性を含んでいるというにはほど遠い。にもかかわらず、ブルデューの権力と支配の概念——とくに象徴暴力の理論——は、政治をさまざまな現実（リアリティーズ）のあいだの闘争として認識する見方を提供することで、多自然主義を補完することができる。実際、象徴暴力は何よりもまず存在論的な暴力の一形態なのである。すなわち、特定の現実（リアリティーズ）が他の現実（リアリティーズ）を支配するようになって、単なる「現実（リアリティ）」になることなのだ。そのとき、支配的な現実（リアリティーズ）はあらかじめ、自らの歴史を支配の過程として描くことを排除する。それとともに、現実（リアリティ）を複数的なものとして考える可能性を、まさにあらかじめ排除するのである。分析的‐政治的視座（パースペクティヴ）から、そして先述したラディカルな想像界の別のあり方（オルター）の模索／抵抗（アンチ）という構成に関して、こうした現実主義的（リアリスト）な複数性という概念は、ラディカルな政治を長いあいだ支配してきた、唯物論と観念論というマルクス主義から導かれた政治的分断の核心を揺るがす。こうした分断は、ひとつの現実（リアリティ）の存在を前提としているのである。あなたが「現実（リアリティ）」やそこから派生する力について語る唯物論者であろうとも、あるいはそうではなく、ユートピアを語る観念論者であろうとも。複数的な現実（リアリティーズ）という概念によって、ひとつの可能性が生まれる。それは、思想が、たとえそれが支配的な現実（リアリティ）について語っていなくとも、それが傍流の現実（リアリティ）だったとしても、やはりひとつの現実（リアリティ）について語っているという、そういう可能性である。古臭い唯物論は、ひとつの、唯一の現実（リアリティ）が存在するのだという信念を再生産することに、共謀するようになってしまっている。

　このことは、批判的人類学に重要な波及効果をもたらす。複数の現実（リアリティーズ）という視座（パースペクティヴ）からみれば、私たちが「私たちがいまそうであるものではない別のもの」でありうる可能性を批判的人類学が描き出すときでも、それはあくまでも唯物論的である。それはつねに、私たちの意識を必ずしも支配しているわけではないが、人類学が――それについて語ることで――まさに可能性として、前景化して私たちにつきまとわせようとする、ひとつの世界、ひとつの現実を語っているのだ。

デヴィッド・グレーバーは、近著『負債論――貨幣と暴力の五〇〇〇年』で「コミュニズム」について、まさにこれを行っている。コミュニズムは、コミュニストによってさえ、遠い未来でやっと実現しはじめるかもしれないか、遠い過去に存在した、まったく非現実的なユートピアであると、しばしばみなされている。こうした「神話的コミュニズム」に反して、グレーバーは、私たちの社会のある重要な側面が、私たちの集合的実践の現実の重要な局面を形成している、実在するコミュニズムの日常的な形態にいかに負っているかを示唆している[42]。

結　語――新しい「新世界」の人類学に向けて

本章では「私たちは、私たちがいまそうではない何かになれる」と掲げつつ、近代世界を扱っていても非近代的な部族の構成を論じていても、あらゆる人類学が批判的であり続けるためには、批判的なプリミティヴィズム人類学のエートスの興隆を受け入れる必要があるのだということを明確に論じてきた。そう論じることで暗黙のうちには、近代を扱う人類学と非‐近代を扱う人類学を、この批判的エートスを通じて和解させようとしてきた。その意味で、代表的なのはヴィヴェイロス・デ・カストロの業績と複数的現実（リアリティーズ）に接近する議論全般である。プリミティヴィズム人類学によって分析される世界を、まさに私たち自身の近代世界における「傍流となっている現実（リアリティーズ）」として現れているものとして認識するように促すことで、こうした議論はこのふたつの伝統を和解させる以上のものをもたらす——両者を溶解させようとするのだ。そしてこれはまさに、プリミティヴィスト／オルタリスト（alterist）のエートスをこの学問領域の批判的基盤として再び中心に据えることによって、行われるのである。それは決して簡単ではない。なぜなら、このようなエートスに反対しようと企てる傾向が、人類学において支配的なのは確かだからだ。その主なものは、ある種の人類学的原罪に基づいてこの学問領域を理解しようとする傾向である。それはもちろん、人類学の植民地主義との関わりのことである。

　この疑似カトリック的な構図のなかでは、人類学の未来はもっぱら、この原罪とその変種であるプリミティヴィズムやエキゾチシズムなどの罪への許しを乞う道を探ることにかかっている。反（アンチ）植民地主義の名において、「反省的転回（reflexive turn）」として知られるようになったものは、ある種の反（アンチ）プリミティヴィズムを伴っており、それが多くの場面で、人類学を学ぶ多くの大学生の想像力から「根本的（ラディカル）な他者性（オルタリティ）」という基本的な考え方を消し去ってしまった。しばしば忘れられていることだが、ポストコロニアルな人類学批判とは基本的に、そして正当にも、ある種の社会学的／政治的な批判だったのである。すなわち、それは「先住民の聖なる秘められた文化」なるものが、果たして存在したのか、植民地支配の構造のなかで変容し、絶えず組みなおされてきたのではないかと問うものであった。あるいは、先住民の文化を説明する際に、彼・彼女らの文化形態が、果たして、そしてどの程度、有効な変数なのか、と問うものであった。[43] このような批判はいわば、先住民か非‐先住民かにかかわらず私たちすべてにとって、先住民の文化について考えるのは有益なのかどうか、という問いを等閑視してきた。

書物に書かれた「人類学入門」的な文章がどれだけあるか、あるいは大学のオープンキャンパスでそのようなことが学生にどれだけ説明されているのか、私ひとりではとても数えきれない。そうしたお話ではまさに、まずプリミティヴィズム人類学がある意味やんわりと否定され、「人類学はこんなふうに始まりましたが、いまでは人類学者はあらゆる物事について研究しているのです」と、人類学者を兼ねた広報の専門家が、耳あたりの良い言葉を並べて将来有望な学生を一安心させようとするのだ。こうした専門領域のあり方のなかで、プリミティヴィズム人類学と「あらゆる物事について研究する」人類学のあいだに分断が生み出されてきた。まさにこの過程で、この学問領域に特有の批判的側面が、その学問領域のなかでの傍流になりさがったのだった。

依然として数多くの人類学者が、どちらかといえば遠隔地の部族の文化編成の内部にある非‐近代的な文化形態を研究し続けているものの、そこで発見したことをもって、自分たちの住む社会や近代性について何かしら語ろうとする者はほんの少数である。一方、近代の「あらゆる物事」を研究する人類学者の数は急速に増えているが、自分たちの研究と初期の人類学の伝統との批判的な連続性を理解している者は多くはない。そうした人々はもっぱら、自分たちと初期の人類学の伝統が、ひとつの方法論、つまり民族誌と「文化」への一般的な問題関心（インタレスト）によってつながっていると考えている。

はっきりさせておくと、自分たちの研究とラディカルな政治的想像界を接続させたいと願う人類学者は自分の調査地から戻ってきて、根源的な想像力のための根本的に異なる文化的資料を探すため、銀河系のどこかにいる未開部族を見つけに行かなければならない、とここでいっているわけではない。どこで民族誌を書いていようが、もしその人がこの種の批判的民族誌をものにしたいのであれば、プリミティヴィズム人類学のエートスが必要だ、といっているのである。批判的人類学者とは、私たちを取り巻く世界を漂う、傍流とされた不可視の空間あるいは現実を、いつも探し出そうとしている人々である。そして本章では、こうした現実が西洋近代のなかの裂け目において次第にあらわにされ、批判的人類学のエートスが発展していくうえでの肥沃な土壌となっているということを示唆した。このエートスとは、フッサールが「触れることができないものに近づくこと（accessibility of the inaccessible）」と呼んだものと直面する空間との出会いを探し求めることだというのが、もっともふさわしいかもしれない――それは、ここにいるぞ、と私たちに呼びかけておきながら、にもかかわらず容易にとらえられたり、私たちの支配的な現実へと同化させられることを拒む、そんな空間である。

この議論をさらに展開させるために、人類学の歴史における未開部族との最初の出会いに話を戻そう。資本主義的近代は私たちに新しい世界をもたらし、あいまいで、触れることができない現実に近づくことを可能にした。人類学は、この近づくことができるが、それでも触れることができない領域へと、足を踏み入れようとしている。すなわち、認知して、物理的に行くことができるという意味では触れることができるが、象徴的には触れることができず、はっきりせず、そこで何が見つかるのかわからないような、そういう意味では触れることができない領域である。この意味で、多くの論者が述べてきたように、根本的（ラディカル）な他者性（オルタリティ）は、それが根本的（ラディカル）な他者性（オルタリティ）としては消え去ろうとしているさなかでのみ、見出されるのである。しかし、もし私たちがそれを知りたいと思い続けるのであれば、その領域における根本的（ラディカル）な他者性（オルタリティ）を垣間見ることができないわけではない。

もし私が、レイシストの社会的な成り立ちについて研究している人類学者であれば、レイシストの権力との関わり、その歴史、レイシズムが巧みな、または巧みでもないあらゆるやり方で、既存の文化に入り込んでいるさまざまなあり方を明らかにすることが、自分の研究の一環であることをあたりまえだと思うべきだろう。しかし、もし私が先に定義したような意味での批判的人類学者であろうとするなら、そのようなレイシスト的な関係性を、その外部から考えることもしなければならない。最初はほんの兆しとしてしか存在していないかもしれない、根本的＝ラディカルに異なる他の社会のあり方としての、レイシスト的関係性の外部にある何かを理解するために。私は、傍流の、あからさまではないが、人々がやはり絡めとられている現実（リアリティーズ）の存在をその絡み合いを十分に文化的に表現することなく換喩的にほのめかしている社会のあり方を理解するために、民族誌的な観察力を鍛えなければならない。

同様に、もし私がパレスチナにおけるイスラエルの植民地主義を研究する人類学者であれば、そこで植民地主義的従属が進められているさまざまなあり方や、まさにパレスチナ人が植民地支配だと訴える関係性の数多くの側面について、それは植民地主義的ではないのだとイスラエル人自身に信じさせるような、イスラエル文化の巧妙なやり口について、社会学的に考察することは依然として重要である。しかし、もし私が先述したような意味での批判的人類学者であろうとするなら、他者の現実(リアリティーズ)を民族誌的に観察するために、クラストルのいう「未開社会」や、国家の外部にあり国家に抗する社会に注目するかもしれない。それにより、国家という形態やそれに付随する現実(リアリティ)に包含され封じ込められることのない、また「イスラエル国家」「パレスチナ国家」の支持者たちが、紛争の唯一の「現実的(リアリスト)」解決策だと頑なに言い続けているものとは異なる、パレスチナ人とイスラエル人とのあいだで可能な社会関係のあり方が見出せるかもしれない。

触れることのできない生のあり方に、にもかかわらず近づくことができる、そんな出会いの空間を追い求めること、それこそが、私が本章で批判的人類学と呼ぶものの特徴なのである。触れることのできないそうした空間の存在を嗅ぎ当てることは、民族誌的調査をしているかどうかに関係なく、この批判的人類学の営みの一部なのだ。根本的(ラディカル)な他者性(オルタリティ)は、どこにでも現れる。理解可能性の、統治性の、飼いならしの、道具的理性の、その他もろもろの、システムの外部は、つねに存在する。ある社会関係が定義されるあり方に当てはまらないものも、つねに存在する。それはいつでも、「権力関係」「支配関係」「搾取の関係」「エスニック・人種関係」などなどの範疇に、当てはまらないものなのだ。

二〇〇七年に収録され、『社会科学研究紀要（*Actes de la Recherches en Sciences Sociales*）』誌で二〇一〇年末に公刊された、ジョージ・スタインメッツとのインタビューにおいて、ジョルジュ・バランディエは私が本章でいおうとしていることを考えるうえで有益な考え方を提示している。人類学にとっての「新しい新世界（the new new worlds）」と彼が呼ぶところへと調査に赴くことの必要性を、バランディエは次のように述べる。

私は、現在のような歴史的状況、つまり長期的に不安定な時代において、人類学が次第に必要となるだろうと確信しています。私たちはいまや、まさに不明瞭な輪郭の時代、すべてのあらゆることに対して開かれた超システム（hyper-system）の時代に突入しました。もはや開かれた社会ではなく、ある種の開かれたシステムなのであり、多元的なものでもあるのです。私たちは、自分が精通する分野や問題を研究する専門家を名乗るだけでは済まされません。私たちは、この巨大な構成物について研究しなければなりません。さもなくば、何も理解することなどできないのです。インターネットを、どのように特徴づけるのか。ひとつの共有された実践としての、そのグローバルな広がりにもかかわらず、それは容易なことではありません。私はフランス大学出版局に『大追放（*Le grand derangement*）』（二〇〇五年）という本の企画をもち込んだことがありますが、そこでは、この新たな領域を「新しい新世界」と呼ぼうと提案しました。近年、地理的な意味で世界（worlds）は地図化されました。行くのが難しいいくつかの地域を除いては、私たちは世界を知っています。しかし、私たちが自分自身で、地理的な意味ではない「世界」を創り出しているのだということを、私たちは知らないし、気づいてもいません。私たちが、技術世界（techno-worlds）として存在する宇宙を創り出しているということを。こうして、人類学はその正統性をおおいに回復するといえましょう。なぜなら、私たちはニューギニアに到着したマリノフスキーがそうであったように、これらの新しい世界に迷い込んでいるからです。[44]

バランディエは、フェイスブックといったウェブベースの社会空間のような世界を念頭においている。こうした「新しい新世界」を分析しようとすることは、分析的にも政治的にも重要であり、そのことはチュニジアやエジプトでの民衆蜂起の際にフェイスブックが果たした重要な役割によって示された。しかし、バランディエの考えの背景には、新世界としてのそうした「技術世界」を本質化する意図はなかったように思える。たとえば、エジプトでそうであることが中国にも当てはまるとは限らないし、永久に当てはまらないかもしれない。むしろ、バランディエの見解のもつ力強さは、より一般的な意味ではないか。つまり、かつて新世界であったがいまは知り尽くされた世界という考えは、人類学にとって、それぞれの時代、それぞれの世界には、発見され、探求されるのを待っているそれぞれの新世界がある、という考えに、刷新されているのだ。そしてまさにそれがゆえに、本章で論じたように、近代世界を扱う人類学がプリミティヴィズム人類学のエートスを放棄し、それを遠ざけるようでは、その人類学的批判の鋭さが失われかねないのである。

The Arab social sciences and the two critical traditions

第4章 アラブの社会科学と批判をめぐるふたつの伝統

今日のアラブ世界において、批判的社会科学者であることはいったい何を意味するのだろうか。あるいは別の問い方をすれば、社会科学者は過去数年間の激変を経た、あるいはその渦中にあるアラブ世界を、どのように批判的に考えることができるのだろうか。この問いに模範解答を求めるつもりはないし、模範解答など不可能だ。そうではなく、さまざまな社会科学者たちがそれぞれのやり方で、それぞれが分析する固有の状況に関して、批判的であることができるような省察の場が、こうした問いによってもたらされるのだ[1]。

おそらく、「批判的（クリティカル）」と「ラディカル」は同じではない、ということをはっきりさせることから始めるのがいいだろう。ラディカルとは政治的な資質であるのに対して、批判的とは思考の知的な資質である。批判的思考とラディカルな政治は確かに親和的でありうるし、実際、歴史的にいって親和的である。しかし、これらを混同することは避けるべきである。アラブの激変によってもたらされた、政治的なあらゆる陣営だけではなく、「政治というもの全般（politics in general）」があらゆるものを大量に消費し、植民地化する機制として作用する、高度に政治化された状況において、批判的思考とラディカルな政治の違いを強調することが重要なのだ。批判的な社会科学者であるということは、非政治的であることではなく、ある特殊なアカデミックな政治へとつながっていく能力をもつということである。すなわち、フランス語でいうところの"la politique politicienne"、つまり政治を生業とする人々による政治から自由な空間を切り開く能力なのである。社会科学者の政治はこの政治に「反抗する（アゲンスト）」ものではないが、それに隷属することを拒む。たとえば、そうした政治による、友か敵かといった狭量な論理に従うことを拒むのだ。批判的社会科学者は、自問自答しなければならない。どのようにしたら社会科学は、左翼だろうと右翼だろうと、職業的政治家だろうが活動家だろうが、政治家たちを躊躇させ、彼・彼女らが掲げる真実からすれば不快に思わせるような、何かしらの新しい違いを生み出すことができるのか、と。これが、批判的であることとラディカルであることの分岐点となりうる。というのもラディカルな社会科学者は、ラディカルな政治に躊躇や反省を生じさせることもなく、そのような政治のための道具立てや正当化をたやすく提供することができるからだ。

以下では、こうした批判的社会科学が依拠する重要な思考の道具立てを提供してきた、ふたつの知的伝統について考察する。それを、社会学的〔伝統〕と人類学的〔伝統〕、と呼ぼう。しかし、批判的分析のうえでは、ふたつの学問分野にそれほど大きな違いがあるわけではない。実際、ブリュノ・ラトゥールとピエール・ブルデューという、私がそれぞれ人類学的、社会学的だと位置づける思想家たちは、ふたりとも人類学者としても社会学者としても知られている。

ブルデューの社会学はいまや、社会学とその分析対象における権力と支配の関係を扱う重要な批判的伝統の基盤である。ブルデューによれば、支配の諸形態はつねに、彼が呼ぶところの「象徴暴力」という状態に到達することを企図している。これは、権力の側にいる人々が自分たちの利害関心（インタレスト）を、あたかもあらゆる人々の利害関心であるかのように見せかける状況である。そのとき、この利害関心がドクサになる。つまり、それはもはや言うまでもない、自明のこと――グラムシが「常識」と呼ぶもののように――となる。たとえば、競争して優位に立とうとすることは自然なことだ、とか、男性が女性を支配するのは自然なことだ、とか、同性愛に比べて異性愛が自然なことだ、とか、「アラブ人は強力な独裁者によって支配されたいと望んでいる」のは自明なことだ、とか、そんな具合である。こうした「自然なもの」だとか「運命」などと見せかけられているものが、支配の過程のなかからどのようにして生じたのかを明らかにしようとする場面に、批判的社会学は現れる。これがブルデューのいう、「脱自然化する」「脱運命化する」という社会科学の役割である。

自分たちの利害関心を「自然なもの」だと見せかけることが、支配者が支配するためのやり方の一部なのだから、その過程を暴露する批判的社会学はその性質上、支配される側に与している。しかし、社会はひとつの支配的な人々の集団と、ひとつの支配される人々の集団によって成り立っているわけではない。ある特定の関係における支配する側とされる側の双方のなかにも、別の支配－被支配の関係がある。いわば、支配－被支配の関係は無限に存在するのであり、社会学者はそうした支配の過程を、果てしなく暴露していこうと覚悟を決めるべきなのだ。ある集団による別の集団への支配を終わらせたいと願っていて、それゆえ自分自身の集団による支配については批判しようとはしない人々とは異なり、批判的社会科学者は支配への批判を決してやめない。こうした留まることなき「批判機械」になるためには、社会科学者がある特定の支配的集団の政治から自律するだけでなく、政治全般、メディア、国家、そしてもちろんさまざまな経済的利害からも自律していることが肝要である。これが、そのような批判的社会学それ自体が、ひとつの社会集団としての社会科学者たち自身と、権力構造のなかでのその位置取りをめぐる反省的な社会学に依存していると、ブルデューが考える理由である。

社会における支配的な社会的諸力との同一視を避けるという、まさにそのために、ブルデューは次第に、「支配的（dominant）」という語を用いて論じることをやめ、特定の社会における「権力場（field of power）」について議論するようになったのである。権力場とは、権力を握っている人々を、どのくらい、そしてどのような種類の資本（経済資本、社会関係資本、文化資本など）を保持しているのか区別して記述することでもあり、そして結果的に、その権力場における支配的な位置をめぐってのさまざまな闘争に、自ら関与することでもある。こうした視座（パースペクティヴ）から支配を分析することは、実証的調査をせずに安易に単一の概念を使用しないようにすることである――今日、「新自由主義」という概念が用いられるのが流行っており、あまりにも多くの現象を安易に説明するための公理になってしまっているといわざるをえない。

ブルデューは学者、とくに社会科学者を、権力場における支配された側の空間に位置づける。すなわち、比較的高い社会関係資本や文化資本を有するというその特徴ゆえに、社会科学者はたいていの社会における権力場の一部である。しかし経済資本が非常に少ないため、また経済資本は権力場においてより価値が高いとされる資本であるため、社会科学者はこの権力場において支配される立場になってしまう。ブルデューの主張では、これは社会科学者は反省的になることなく社会的支配の過程と共謀する知識を生産することがありうるが、批判的社会科学者は支配される集団に対する、構造的な相同という過程を通じた共感（empathy）を、やはり無反省に発展させていくこともできるということを意味している。つまり、彼・彼女らは権力場において自分たちが支配される立場にいることを、権力場によって支配されている人々への同情（sympathy）に置き換えるのだ。ブルデューによれば、問題なのは同情というよりは、彼がヴェーバーにならって「プロレタリアふうの知識人（proletaroid intellectuals）」と呼ぶような人々がもつ、同情は社会科学を職業とする者の証であるという信念なのである。ブルデューは、多くの場合、良い政治は必ずしも良い社会科学を生み出さないと述べる。実際、矛盾したことに、社会科学者は政治場からの自律をめざすことによって、自分の著作の政治的影響を活用することができるのだ。

　自律性とは結局、政治的、メディア的、または経済的利害関心（インタレスト）とは異なる、社会科学的な関心（インタレスト）を優先することを意味する。社会科学が国家や民間の資金からの助成に依存している以上、それは、そのような助成元が社会科学の自律性を尊重することを確かなものにするための闘争を伴う。民主的な制度の証は、自分自身を批判する者に助成する能力があることであり、研究助成は社会科学者に特定の研究を優先させるための手段だとする政治的・経済的な圧力に抵抗する、そうした民主的なエートスを守るために闘う意欲が社会科学者にあることであり、そして言うまでもなく、社会科学の研究成果に干渉するために研究助成を利用する人々に対抗することである。

しかし、自律性は構造的であるだけでない。それは政治的・メディア的理性から社会科学的理性を守ろうとする闘いを意味する、文化的な自律性でもある。それはたとえば、ジェレミー・ベンサムが、あまりよく知られていない『政治的誤謬についてのハンドブック（*The Handbook of Political Fallacies*）』という著作で述べていることだが、議会における政治的討論のようなあり方を避けることである。ベンサムにとっては、そのなかで最初にくるのは「権威の誤謬（称賛される人格を含む）である。その内容は、さまざまなかたちそして直接的な対象の中にある権威であり、そうした権威の名の下の、あらゆる理性的な能力の働きに対する抑圧である」。第二に、「危険の誤謬（毒舌をふるう人格を含む）である。その内容は、さまざまなかたちをとりながら危険を提起し、その危険という名の下に本来論じられるであろう議論がまるごと抑圧されるというものである[2]」。ブルデューがいう社会科学的理性の特殊性と自律性の衰退とは、そのような論争のあり方が社会科学に持ち込まれるということなのである。

自律性は、様式の自律性をも意味する。私はたびたび、アラブ人社会科学者のあいだに、ある特定の「真面目な（シリアス）」あり方を伴う、知的権威を際立たせる特殊な男性的な様式があると指摘してきた。それは学術的な領域というよりは、ピューリタン的な宗教的領域に属するものである。このような真面目さ（シリアスネス）のあり方についての、テリー・イーグルトンの『アフター・セオリー』での批判が、とりわけここでは適切である。彼が述べたように、「ピューリタンが楽しみを軽薄と考えるのは、まじめこそ厳粛だと勘違いしているからだ」[3]。

私が注目する第二の批判的伝統に議論を進めたいのだが、そのもっとも新しく重要な宣言が、存在のあり方の複数性に関するブリュノ・ラトゥールの最近の議論である[4]。それは、ブラジルの人類学者であるヴィヴェイロス・デ・カストロの重要な業績によっても発展してきた[5]。さらに、それはジル・ドゥルーズへといたる哲学的なつながりからも触発されていることも述べておきたい。この伝統は、ときに暗黙のうちに、ときには明示的に、先述した「社会学的」伝統を批判することから始まる。それによると、批判的な社会学的伝統は、隠された支配や搾取の関係を脱魔術化し暴露することにあまりにも主眼を置いた——あるいは、執着した——がために、そうした関係性とそれが生み出す抵抗に存在論的な優位性を与えるにいたった。甚だしくにいたっては、そのような関係性こそが唯一の社会的現実（リアリティ）であり、その他のすべては二次的で、上部構造の問題で、イデオロギーの問題で、つかの間のはかないものであるとさえみなした。この第二の批判的伝統は、こうした支配の関係の重要性に疑問を投げかけることはしないものの、そこから逃れる別の空間、つまり権力の外部、統治性の外部、抵抗の外部、近代の外部にさえある空間を、見つけ出すことの重要性を強調する。それはまた、因果関係——同じく、反復、予測、存在、現状といったもの——の社会科学的な探求によって特徴づけられた、制度化された権力の領域と併存する、構造化されず、偶発的で、期待も予測もされない、可能で潜在的な他の現実（リアリティーズ）を明らかにしようとする。それはこうした現実（リアリティーズ）を、既存の現実（リアリティーズ）を特徴づけるが、にもかかわらず権力関係によって特徴づけられた現実（リアリティーズ）の支配によって失墜させられたものだとみなす。すなわち、ある特定の現実（リアリティ）における支配の過程を考察することと並行して、ひとつの現実（リアリティ）が他のいくつかの現実（リアリティーズ）を支配するという支配の過程を理解するのである。

もしラディカルな政治思想が「抵抗（アンチ）」と「別のあり方の模索（オルター）」の両方の契機——すなわち、既存の抑圧、支配、搾取に対抗する願望と、より良い何かを創り出そうとする願望——に根ざしたものであるならば、第一の社会学的伝統は「抵抗（アンチ）」の政治により関連していて、第二の伝統は「別のあり方の模索（オルター）」の政治のための武器を与えるものだといえる。パレスチナにおける古い植民地支配のあり方に直面しつつ、この地域で拡大する新たな資本主義的搾取の体制と、過去数年間の顕著な激動と変容によって開かれた新たな可能性の空間を見出しているアラブの社会科学者に語りかける際、このふたつの伝統の両方が大切だと私が感じているのは、そのような意味においてである。このふたつの伝統はアラブの社会科学者を、自律に向けた闘いが批判的知識の重要な基盤であるような場所、政治的なるものについて語ることが、支配と抵抗の空間に注目するだけではなく、そのような権力のサイクルの外部の空間を探求するという、同じくらい重要なことを語ることでもあるという場所、そして、ありうべき（オルタナティブ）別の社会秩序の可能性が根付く場所へと、いざなうのである。

社会科学が権力関係を白日の下にさらすことにどのように関わっているか、そして他の現実（リアリティーズ）との出会いや、それがもたらす分析のうえでの緊張、そして両方の現実（リアリティーズ）に関わる際に開かれる可能性に、どのように関わっているのか、まずはごく簡潔な一例を述べてみたい。それから、ラディカルな政治の抵抗（アンチ）／別のあり方の模索（オルター）という想像界を社会科学が語るあり方を例示するために、もうひとつのより政治的な事例について述べる。

レバノン北部に目を向けてみよう。そして、いまでもいくつかの村々で出くわす、人々が互いに関わる決まり切ったあり方について考えてみよう。これらの村々における階層分化は、帰属している家族によって記述される。すなわち、金持ちの家庭と貧乏な家庭があり、金持ちの家庭と貧乏な家庭は、どちらもオスマン帝国の時代から同じなのである。貧乏な家庭の人々は、金持ちの家庭の使用人、農業労働者、牛飼い、運転手などをして働いているし、たいていは、オスマン帝国の時代からそうなのである。この一生続く分断にもかかわらず、こうした村を訪れると、金持ちの家庭の人が自分のために働いている貧乏な家庭の人といっしょに、座ってコーヒーを飲んでいる様子がいまでも見られる。私がフィールドワークをしていた村のひとつでも、こうした光景が見られた。たとえば、村の中を歩き回っていて、その同じ週の何日か前に紹介されたある男性を見かけたことを覚えている。それはミシェルという、支配階級の出自の男であった。彼は自宅の前のバルコニーに座って、別の男とコーヒーを飲んでいた。その男は、彼のお抱え運転手だと私は思っていたのだが、面識はなかった。私が挨拶をすると、ミシェルは立ち上がり、ジェリーズと呼ばれていた彼のお抱え運転手を紹介した。いわく「こいつはジェリーズだ、ここで働いている。こいつもここ［村］の人間だ。こいつの家族はここから道を下ったところに住んでいるんだ」。そして彼は言った。「ジェリーズと俺はいっしょに育ったんだ。俺たちはきょうだいみたいなもんさ。それに俺たちの家族はひとつの家族のようなものだから、全員の顔を覚えているよ」。村の文化に精通した者でなければ、これは奇妙で、わざとらしく、偽善的とさえ思えるかもしれない。とりわけ、ジェリーズがただのお抱え運転手以上の者ではないことがわかったときには。彼は実際、いつもはミシェルの使用人であって、ミシェルがしてほしいことなら、家の周りのことだろうが庭のことだろうが何だろうが、どこでも何でもするのである。

これは、前述した社会科学者にとっての批判的社会学と批判的人類学の方向性のあいだの緊張関係を私にもたらす、とても興味深い状況である。なぜなら、批判的社会学の視点からは、ここで起こっているのはまったくもって明白なことに思われるだろうからだ。すなわち、この人物は親族関係というカテゴリーを、支配の関係を隠ぺいするために利用しているのである。批判的社会学者はただちに、権力関係の虚妄を暴きたいという熱情に駆られ、こう言うだろう。「なるほど『きょうだいのように』ね。そうですか。ふん！冗談じゃない。この兄弟愛（brotherhood）という言葉に隠されているのが支配の関係なんだってことを、私はちゃんとわかっているんだ。兄弟愛なんていうたわごとで、私をからかおうったってそうはいかないぞ」。マルクス主義者なら、こうも言うかもしれない。「ここには、親族関係という術語がイデオロギーとして作用し、主人と使用人とのあいだに存在する搾取の関係をうやむやにしているという状況が見られる」。そのうえ、実際、ジェリーズの祖父も、ミシェルの祖父の使用人だったということも、私は調べたのだ。「それで『俺たちの家族はひとつの家族のようなものだから』って……ますます、権力関係を隠ぺいしているじゃないか」と、皮肉を言う人もいるかもしれない。

しかし、私のなかの批判的人類学の側面は、ある次元ではこうした社会学的な批判に同意しつつも、「俺たちはきょうだいみたいなもんさ」という呼びかけの重要性を、ジェリーズの視点から理解したいとも思う。そして、ここで起こっている何か別のことについても知りたい。ジェリーズと何回か面識を得た後で、私がまず言っておくのは、彼は兄弟愛という言葉によって何もごまかされてなどいなかったということである。彼は、自分が金持ちの男の使用人で、彼の家族はミシェルの家族によってずっと支配され続けてきたということを、わかりすぎるほどわかっている。にもかかわらず、ジェリーズは彼と彼の金持ちの主人が「きょうだいみたい」だということに、本当に感謝もしているのだ。ミシェルがそう言ったとき、彼は喜んでいたし、自分でも同じようなことを言ったことがある。こうして、私は気づきはじめた。ミシェルが親族関係というメタファーを、彼のジェリーズに対する搾取の関係を再生産するためにうまく利用しているであろうという事実があるのにもかかわらず、それでも、親族関係というメタファーにはそれ以上の働きがあるのだ。それは、ミシェルにもジェリーズにとっても喜ばしい、ある空間を切り開いているのであり、そこでは彼らは、まさにきょうだいとしてつきあっているのである。それは、支配の関係の外部にある空間であった。批判的社会学のまなざしは、権力関係を明らかにしようとしすぎるがゆえに、それ以外の関係性のあり方の可能性を観察したり考えたりできなくなってしまうことがままあるように思える。すなわち、権力関係は、権力関係以外のものではありえないとされるのだ。しかし、ふたりの人間の関係ははるかに複雑で、多次元的で、ひとつの定義のされ方だけでは、それがどんなに重要なものであったとしても、とらえきれない。だからおそらく、権力関係はミシェルとジェリーズの関係のなかでもっとも重要な側面であるが、にもかかわらず、ただひとつの側面ではない。親族関係の言葉は、こうした別の関係性のあり方を示唆している。レバノンの村の言葉では、メタファー的な親族の言葉によって切り開かれる空間は、敬意と名誉に基づく空間（the space of honorability）であることが多い。

そう、批判的社会学のまなざしは、この空間がいかに権力関係の再生産の機能を果たしているのかという点からのみ理解しようとしている。確かに、この空間は権力関係を再生産しうるし、している。しかし、もしそれが社会科学者が理解することのすべてであるのなら、人々、とりわけ従属させられた人々がもつ、自分たちが置かれている支配の関係の外部で、彼・彼女らが人間として生きていくための重要な資源を見落としてしまう。その空間が、支配の関係の再生産に実際に与しているのだというのは正しいが、それがそのような空間の存在する唯一の理由だということにはならない。レバノンの村落における階級関係、とりわけ庇護（patronage）関係の歴史を論じているのに、支配の関係と搾取の道具的形態しか見出せないとしたら、もうひとつの重要な歴史が見落とされているのだ。それは、そのような道具的関係から自由になり、人々が本当に、まさに兄弟や姉妹のようにつきあう空間が、衰退していった歴史なのである。搾取の関係を見極める批判的社会学のまなざしは重要であるが、他の空間や関係性の存在を見極める批判的人類学のまなざしも、同じように重要なのである。

社会科学の「人類学的」または「文化的」批判のもうひとつの重要な側面を提起することで、本章の結論としたい。それは、何かについて書くということと対立するものとしての、書くことのあり方についての問いである。こうした批判は、デリダの研究に哲学的に触発されているだけではなく、フェミニスト社会科学の長い伝統からも触発されている。[6] ここでの論点は、社会科学が現実(リアリティ)を詳述し類型化するあり方であり、それが「現実(リアリティ)をとらえること（capturing of reality）」をどのような言葉で強調しようとしているのかである。この種の言葉は、他者性（アザーネス）を従順にする（taming）、飼いならす（domesticating）、統制する、搾取するといった言葉と結びつくことで、支配的な父権主義的支配のあり方と社会科学を共謀させる。そのような連関が蔓延していない場での他者の現実（リアリティーズ）の探求はまた、人々を把握するのではなく、人々について書くのでもなく、人々と共に書くという、書くことのあり方について考えていくように、私たちをいざなうのだ。もう一度いっておくが、これはどちらであるべきか、という問題ではない。飼いならすという論理と共謀することのない科学的知識のあり方を想像するのは、難しい。しかし、そのような知識は、明らかにしたり（reveal）暴露したり（unveil）はしない、という決意によって、少なくとも調節することぐらいはできる。明らかにしたり暴露したりすることは、未発の段階でさえ、統治的な把握をしばしばもたらしてしまうものなのだから。「共に書く（writing with）」ということは、誰かが誰かのために「神と共にあらんことを」と祈るのと同じようなやり方で、人々と「共に」書くということだ。それは、人々の人生の駆動力となる、共に在ること（with-ness）であり、批判的社会科学の最善の実践でさえも――それが社会学に触発されたものであろうが人類学に触発されたものであろうが――なしえない何かなのである。

Part III

Alter-Politics

On ethnography and political emotions: Hating Israel in the field

第5章 民族誌と政治的な感情について
――調査地で、イスラエルを嫌悪すること

二〇〇六年一月、私はアラブ人とイスラエル人の対立を通じて生成された「政治的な感情」を、西洋に住むムスリム移民がいかに経験しているのかについて調べはじめることにした。私がこれまで行ったフィールド調査からわかっていたことは、こうした感情が、とりわけ西洋諸国がイスラエルを贔屓していると認識されがちなことで増幅され、それが西洋に移住したムスリム移民が移住先の国に対して十分な帰属意識を抱けないことの重要な要因になっているということであった。

9・11を皮切りに、少なくとも政治指導者たちのあいだでは、そうした人々の政治的演説にも表れているように、この問いはアラブ系のみならず西洋に住むムスリム移民、ひいてはすべてのムスリムにとって重要な問題だとされはじめた。どの政治家もそのように問題提起することはなかったものの、この現実（リアリティ）が意味することは明白であった。すなわち、西洋諸国のイスラエルに対する外交

政策がムスリム系移民にどのように評価されているかが、彼・彼女らのその国への帰属意識を育んでいるのかいないのか、すなわち、社会統合が形成されているかどうかを左右するということである。

この調査をどのように始めるか検討していた最初の段階においてさえ、私はこうしたことを痛感していた。私は予備調査を実施したのだが、急いで断っておくと、それは科学的な装いをほどこしたものではまったくなかった。だがそれにもかかわらず、ある程度の結果をもたらすものになった。私は、フランス、英国、オーストラリア、米国の、それぞれ二〇~三〇人のレバノン生まれのムスリムたちに声をかけ、対面でひとつの質問をした。それは、次のようなものだった。あなたは自分が住んでいる国の政府が反ムスリム的なステレオタイプや差別に対して十分に対処しておらず、親イスラエルでありすぎるとたびたび非難しています。もし、仮定の話として、政府があなたにこう言ったとします。「いいでしょう。ふたつのことを同時にはできないので、どちらか一方を選んでもらう必要があります。政府がムスリムに対するレイシズムをやめさせるか、それとも政府が親イスラエルであることをやめるか。どちらを選びますか?」。私が質問した一〇〇人ほどのうち、身近に横行しているムスリムに対するレイシズムをやめさせるほうが重要だと答えたのは、ほんの一握りの人々(正確にいうと八人という、意外なほど少ない数だったのでよく覚えている)だけだった。そう答えたうちの数人と話をしたが、そうした人々は西欧諸国のイスラエル贔屓をグローバルに展開するムスリムに対するレイシズムの一環であると認識し、両者を切り離して考えていなかった。このことから、多くのレバノン系ムスリム移民たちにとって相当な重要性をもたざるをえない、パレスチナ問題の感情的な中心性と優先度を痛感させられ、またトランスナショナルな次元における彼・彼女たちのあいだの政治的自己形成のあり方という、より大きな問題について注目する契機となった。それは、私が政治的な感情と呼ぶものと直接結びついており、私がいま民族誌的に取り組んでいることなのである。

それから数ヶ月後までには、私はアラブ／ムスリムの人々がパレスチナにある欧州諸国ないしはシオニストの入植地と、そこで起きている紛争に関して抱くイメージのあり方を、政治的発言、歌、映画、芸術、詩などに見られる表現から考察しはじめていた。また私は、それらのメディアのなかで表現される彼・彼女らの感情が歴史的にどのように変化してきたのかも検証した。そして最後に、研究の鍵となるいくつかの問いを考察するため、感情についての理論的な文献を読みはじめたのである。それは、次のような問いだった。政治的な感情とは何だろうか。政治的と呼べるような「独特な」感情は存在するのだろうか。それとも、そういった感情とはあらゆる社会生活のさまざまな場面で見られるごく一般的なもので、そのような多くの感情の一部が政治の場面で現れているにすぎないのだろうか。

私が主に調査した、ディアスポラとしての経験をもつ人々は、フランス、米国、オーストラリアなどに住んでいる南レバノン出身のシーア派ムスリムたちであった。以前行ったトランスナショナルな移動に関する研究と同様に[1]、私はレバノンにある村から調査を始め、世界中に移住した人々の後をたどって移動していった。この調査のためにレバノンを最初に訪問したのは、二〇〇六年三月のことであった。そのとき、共通の友人から、アリーという人物を紹介してもらった。私はナバティーエの近くの村にある、彼の家に招かれ、そこで彼の妻とふたりの子どもたち、そして数人の村人たちに会った。アリーには、この村で数ヶ月近く滞在して調査する際、カナダにいる彼の親族が所有する家を使わせてもらえるか相談した。アリーの村を八月に再訪問する計画も立てていた。

私がオーストラリアへ戻った後、村で起きたのは予想もしなかった出来事だった。七月、ちょうど私がシドニー在住の南レバノン出身のディアスポラの人々の調査を始めた頃、ヒズボラ（ヒズブッラー）の兵士たちがレバノン－イスラエル国境を越え、ふたりのイスラエル兵を拉致し、その他の兵士たちを殺害したのだった。現時点で明らかになっている情報から明白なのは、イスラエルはこの事件を口実として、自国のためだけにではなく、他の西欧諸国や保守的なアラブ諸国の代表として攻撃を開始したということである。この攻撃は明らかに、ずっと以前から準備されていたものであり、この地域においてイラン系イスラーム過激派の脅威が増大しつつあるという認識に対する、イスラエルと米国、多数のアラブ諸国の政権、そしてレバノンのいくつかの党派による応答であることは明白であった。このようにして、いまや忌まわしくも残忍な（私はいまでも、それを野蛮だと非難せざるをえないほどに感情的になってしまう）イスラエルによるレバノンへの爆撃が始まり、ようやく再建されたばかりのインフラを破壊したばかりか、多くのシーア派住民の居住地域を焼野原にし、一〇〇〇人を超える民間人を殺し、停戦合意後もなお、爆発して民間人を殺し傷つけ続けている何千ものクラスター爆弾の不発弾を農業地帯や村落に残した。

この爆撃のために、私の「調査地の風景」は一瞬にして消滅してしまった。それは、物理的に消滅した。私がフィールドワークを予定していた村は、破壊されてしまったのだ。イスラエルのミサイルがアリーの車に直撃し、彼は同乗していたふたりの子どももろとも死んでしまった。彼の妻だけが、腕と足を一本ずつ失ったものの生き残ったと聞いたが、その後、彼女と再会することはなかった。シドニーに住む南レバノン出身のシーア派住民の界隈では、レバノンにいた家族を「失った」人々が続々と集まり、弔いの場を形成していった。言うまでもなく、そこにはイスラエルに対する激しい怒りと憎しみが渦巻いていた。そして私もまた、心の底からその怒りと憎しみを共有していた。

この章の前半部分では、自叙的な民族誌的記述（オートエスノグラフィ）の形式で、私がイスラエルに対して抱いた憎しみと怒りの性質を考察したい。それを私が調査協力者たちと共有した特定の「政治的な感情」を表象するものとして精査してみたい。私自身の政治的な感情をふりかえることで、こうした感情に付随するものについての分析的概念を精緻化していくことにする。

この章の後半部分では、参与観察の感情的側面を考察する。特定の感情を調査協力者たちと共有することで、私が彼・彼女らと親しくなっていったのは確かだが、まさに参与観察のもつ特性によって、こうした感情から私自身が距離を取ることを求められたのも、やはり確かなことである。こうした状態から生じた感情の両義性の性質を検討し、この両義性が民族誌的な実践に特有の、一連の感情を生成すると論じたい。このようなエスノグラフィに特有の感情をスピノザの概念を借り[2]て「民族誌的揺らぎ」と名づけ、それに対する自覚の有無が民族誌的研究における核心なのだと主張したい。とはいえ、議論を進める前に、調査地における感情について語ろうとすること全般についての予備的な考察をしておくことも必要だと思われる。

調査地における人類学者の感情

人類学者の調査地における感情について語れば、それぞれの人類学者に固有の私的な側面が必然的に明かされることになる。彼ないし彼女の個人的経歴ではなく、人類学者全般の置かれている社会的、政治的、あるいは構造的な立場に関係する感情に注目したとしても、そうなのである。感情を研究してきた多くの人々が述べているように、感情は個人と集団、私と公、心理的なものと社会的なものが交差する場所に、つねに位置づけられる。[3] 人類学者の感情について語るのをやめる理由がないのは確かだが、そのような感情について語ることが何を意味するのか、批判的に考察すべき理由がある。「君についてはもう十分だ、次は私のことを話そう」と調査協力者に対して語りかけてしまうポストモダン人類学者、というジョークのような状況に陥ってしまうこともあるのだ。学問としての人類学を可能にした社会的および歴史的条件、その弱みや強みそれ自体をふりかえり、検証することは重要で啓発的な試みであることは確かだ。しかし、すでに多くの人々が主張してきたように、この反省的な転回はそれ自体、問題を生み出すものでもあった。それはとくに、この反省性がこの学問分野のもっとも重要な成果を補完するものとしてではなく、代替するものとなったときに、問題となる。その成果とは、私たち人類学者自身やその読者の内面に湧き上がる、真摯＝シリアスリーに他者＝アザーネスを知る、という願望や能力である。そう、マリノフスキーは、自らの築き上げた研究のすべてを可能にした植民地的状況という条件に気づかないほど無邪気ではあった。しかし、彼のもっとも偉大な業績、「他者（アザーネス）について真摯（シリアスリー）に知りたいという願望」を行動に移すことを可能にした、緻密かつ体系的な方法論に根ざした業績が、それによって貶められるものだろうか。たとえば、自己反省の海に身を沈めることが、他者（アザーネス）について知りたいと真摯＝シリアスリーに願うことよりも、より「反植民地主義的（アンチ）」である、とはいえない。こうした他者への真摯な思い（シリアスネス）とは反対に、今日、他者（アザーネス）に対する「嫌悪」も、「尊重」や「寛容」も、軽々しくて深みのない努力でしかない。理解するのがとりわけ困難である他者のまさに他者たるゆえん（アザーネス）、つまり根本的（ラディカル）な他者性（オルタリティ）を、効率的に取り除くか単純化してしまっているのである。こういった状況においては、他者（アザーネス）について知りたいという人類学的願望の一部としての真摯さ（シリアスネス）は、知的にも政治的にも、きわめて重要な課題となる。

私はオーストラリアの多文化主義を扱ったこれまでの研究のなかで、何らかの他者性（アザーネス）のカテゴリーを「愛している」人々と、それを「憎んでいる」人々が、実のところは、愛や憎しみを告白する当の他者について、たいしたことは何も知らないという点でいかに共通しているかということをしばしば指摘してきた[4]。これまでの私の研究でも論じてきたように、このことは西欧諸国のムスリムに対する関係性にも、確かに当てはまる。ムスリムの何が特殊で、何が根本的（ラディカリー）に他者なのかを真摯に（シリアスリー）知ろうとすることは、ムスリムを「愛している」人々と「憎んでいる」人々が分断されている時代、あらゆる人が安易に、誰かを愛したり憎んだりしてしまう時代にあって、確かに重要なことである。何かを知っていて、それに対して「愛」あるいは「憎しみ」といった還元主義的な感情をもつことは、いったいどうしたらできるのだろうか。人類学の強みはこれまでも、そしていままでも、こうした単純で政治に左右されがちな情緒を、他者（アザーネス）との出会いがもたらす複雑で両義的な感覚をとらえることで、乗り越えていくことなのである。人類学者の感情について考察することは、こういった分析的試みと必ずしも対立するものとはならないが、対立するものにもなりうる。人類学者の感情を分析する場合には、批判的かつ反省的であることが求められる。精神分析が示したように、私たちはさまざまな意味において、私たち自身にとっての「他者」であり――あるいはジュリア・クリステヴァが述べたように、「よそ者（strangers）」なのである。[5] その意味で、もし私たちの感情をふりかえることが、私たちに内在するこうした「よそ者性（strangeness）」あるいは他者性（アザーネス）を内省することであるならば、人類学者の感情を考察することは、あらゆるかたちで現れる文化的な他者性（アザーネス）に関する知識を深めようとする人類学の企図全般を強化するだけのことでしかない。[6] このことを念頭におかないと、感情について語ることが、他者について知ろうとする代わりに「自分自身について知ろうとすること」になる危険が、依然としてある。この論点に関連しているのは、語られるために選ばれる感情の種類である。明らかに、人が語りたいと思ったり、語りやすいと思う感情には制限がある。あらためて言うまでもないことだが、人類学者にも人に言えない恥ずかしい経験をしたという感情が確かにある。もちろん、感情が恥ずかしければ恥ずかしいほど、それを話したいという気にならないのは当然である。こういったことはとくに、性的な感情の事例でより明確に見られる。

たとえば、私が参加してきた数多くの学会では、人類学者たちは植民地主義的な権力関係がフィールド調査の現場に反映するのを避けるべし、という美徳を説いてきた。たとえばそれは言い古されてきた「調査協力者たちを人種化して劣等な存在とみなすのを避けること」などである。一方で、人類学者たちの多くは、逆に自分自身が調査協力者たちから劣等な存在だとみなされた過程について語るのが好きではない。多くの古典的な文献で、男性の人類学者が男性の調査協力者たちから屈辱を受けたこと、とりわけ性的な能力を疑われたことが言及されてはいるが、近年ではそういったことを掘り下げて書くことは少なくなってきている。自分を侮辱する他者に対峙した苦労を語るよりも、自分が他者を侮辱しないように英雄的に努力したことを語るほうが、自分をはるかに偉大で、優秀で、高潔な（ここに「西洋的な」と付け加えることもできるかもしれない）存在に見せることができる。私がフィールド調査をしたレバノンの村で男性たちと関わった際の核心的な「問題」は、彼らが私のセクシュアリティをどう判定したかに関するものではなかったとはいえ、私の人類学者という職業そのものを彼らがどう評価するかということに、それと関連するほのめかしが明確に含まれていた。彼らとつきあうようになり、私が村で一日をどのように過ごしているのか十分に知ると、彼らは私のことを「おしゃべりな人」――ほとんどの時間を「しゃべること」に費やしている人物なのだと理解するようになったのである。もちろん、農村部に住むレバノンの男性たちがおしゃべりを楽しまないというわけではない。彼らは話すことが好きだし、自分のことや自分の手柄を互いに自慢し合ったりしている[7]。しかし、おしゃべりにはふたつの種類があるようだった。そして私は明らかに、間違ったほうのおしゃべり、あれやこれやの話題を人々がどのように感じたのかについてのおしゃべりが好きであると思われていたのである。この種のおしゃべりは、女性が熱中するものだった。そういうわけで、私は「おしゃべりな人（a hakwaji）」と分類されてしまい、必然的に、女みたいなやつだとみなされたのである。

もっとも屈辱的だったのは、近いうちに人を紹介してほしいと思っていた、それなりに成功している地主に会いに行ったときのことだ。私が頼みごとの内容を話しはじめて五分か一〇分ほどのあいだは、彼はとても礼儀正しく聞いてくれていた。しかし彼の妻がコーヒーを持って入ってくると、彼は立ち上がり「この人のしたいことを聞いてやってくれ、彼は話がしたいようだ」と妻に言ったのだ。どちらがより屈辱的だったのだろうか。彼が言ったことだろうか。あるいは実際には、私を信用して、自分の若い妻と私をふたりきりにして出て行ったことだろうか。ふつう、男性ならば見知らぬ男性に対してそんなことはしないものだ。私がこの経験を披露したのは、なにもこうした種類の屈辱についてここで吟味したいからではなく、こういった屈辱の感覚は、決して人前で話したいとは思えないような「感情的な調査地での経験」という巨大な氷山の一角にすぎないからなのだ。またこの経験をここで持ち出したのは、こういった経験が私たちを慎重にさせ、何もかも口に出してしゃべることが必ずしも良いことではない、と思わせているからだ。このことは、「話すことが意味すること」についての社会学的分析に、もうひとつの側面をもたらすものである。[8]

最後に、もうひとつ批判的な考察をしておく。私たちは、自分の感情について話したり書いたりしようと決めたときでさえ、感情がもつ役割を無視する、ある特定の西洋的理性のあり方の支配に対抗するといっておきながら、実際には、その目的が対象を「説明すること」であれ「理解すること」であれ、ただ単に感情を理性的解釈に矮小化して研究対象にしてはいないだろうか。もし本当に私たちが、感情よりも理性を優先する傾向を改めたいのならば、どのように感じるかについて語るよりも、どのように語るのかをめぐる感情のあり方を考察すべきではないか。すなわち、私たちの感情を固定し表象する言葉を探すよりも、私たちの感情がこもっていて、それをうまく伝えてくれる詩的な言葉を探すべきではないだろうか——いわば、感覚を内在的にとらえた関係にある言葉を[9]。これに関しては、マイケル・ジャクソンの業績がお手本となる[10]。すでに指摘してきたように、すべての先行研究が、フィールド調査で生じる感情を検証・考察してこなかったとは思っていない。そうではなく、この論点に注目することで、読者がある種の落とし穴を避け、ある種の限界を認識してもらえるように願っているのだ。

個人的なことと政治的なことのはざまで(1)——パレスチナで、イスラエルを嫌悪すること

アラブ系の名前をもつ私が主に西洋の読者に対して何か書こうとすると、特有の政治的想定、ステレオタイプ、想像界がつきまとい、自分語り的な説明を強いられてしまう。イスラエルへの嫌悪は、私の成長とともにあった「自然な」あるいは「原初的な」情緒などではない。その真逆である。私の育った保守的なレバノン人キリスト教徒という環境では、イスラエルやイスラエル人は、根本的に「怒っていて」遅れたムスリムの一群に囲まれながらも、西洋文明と近代の砦を守り築いてきた人々だと理想化されることのほうが、はるかにありがちなことであった。こういった見方は、すべてとはいわないが、多くのレバノン人キリスト教徒に共有された幻想(ファンタジー)であった。私もそのひとりだった。レバノンで過ごした一〇代前半から後半にかけての私は、政治にはさほど興味をもっていなかったが、頭の固い親イスラエルの人間に育った。私が少しずつ「反イスラエル」へと変わっ

ていったのは、レバノンを離れ、オーストラリアの大学の学部生として過ごした一九七〇年代後半のことである。それは、マルクス主義的な文献に入り浸ることで、「左翼」へと転向した——その当時の若者にありがちなことだ——一環として、そのようになった。

しかし、この段階では、私の反イスラエル主義は、イスラエルやシオニズムと中東における西洋の植民地主義や帝国主義との連想に基づいた、きわめて知的なものであった。そのような反イスラエル主義は、少なくとも私にとっては、(「シオニストの存在」を粉砕せよ、といった類の)「感情的」な要素を持ち合わせていなかった。私は新たな政治的転向を遂げたにもかかわらず、感情的な反シオニズムから、いくぶんレイシスト的で階級主義的なやり方で私が距離を保とうとしていた「時代遅れのアラブの大衆」を依然として連想していた。レバノン内戦が始まった当初、私は依然としてパレスチナ人をレバノンを征服しようとする「侵略者」として経験し、イスラエルを「救世主」であり「模範」として経験していた。やがて、後者が「抑圧者」でパレスチナ人のほうが「被抑圧者」だと認識するようになり、それが私の世界観と政治的愛着の転換をもたらした。

その後、パレスチナ問題に対する私の感情はより深まっていった。多くの中東の文学、歴史、社会科学を、より集中的に読みはじめた。また、占領下にあるパレスチナ人の生活状態について、とりわけイスラエルとヨルダン川西岸地区を訪れた後に、認識をより深めていった。そのうえ、フランス語学校で教育を受けていた私が拒否してきた言語であるアラビア語で、パレスチナ問題に関するアラビア語文献を読みはじめた。アラビア語で「パレスチナについて読む」ことで、英語やフランス語からは得られることのなかった、疑いようもなく折り重なった感情の層がもたらされた。これはおそらく、もっとも幼少期に培われ、それゆえもっとも深いところにある私の感情構造と、アラビア語の構造のあいだに、何らかの構造的な連関があるからだろう。両者はともに、私の主観性を形成するうえでの基盤的要素となってきたものだ。

逆説的ではあるが、パレスチナ問題に対して深まっていく私の感覚は、ブルデューの影響のもと、私が当初もっていた知的左翼主義や、政治的探求と社会科学的探求を混同しがちだった安直な性質を、批判的に内省することと同時進行していた。マックス・ヴェーバーを踏まえつつ、ブルデューはこうした「左翼主義」を「プロレタリア的」な知的文化であると述べている。ブルデューは、社会科学的興味関心(インタレスト)よりも政治的利害関心(インタレスト)を優先して扱う知的立ち位置に批判的である。その代わり、彼は知識人の場の自律性を主張し、良い政治とは必ずしも良い社会科学を生むものではないとした。またブルデューは、このような左翼主義は政治的立ち位置としても効果的ではないと批判した。『ディスタンクシオン』のなかで彼が論じたのは、「知識人」の置かれた構造的な立場が、支配的階級において被支配的な一部を構成するがゆえに、感情的な相同性の過程を通じて支配され抑圧された世界中の人々との連帯を示すようになることである[11]。なぜ人類学者たちが「抑圧されてきた人々の側に立つ」のかをこのように理解することは、ドン・クリックが強調するリビドー的な衝動に基づくマゾヒズムに基づく理解とは異なる[12]。クリックの説明は、調査地コミュニティと自己同一化する多くの人類学者たちのあり方に当てはまる分析であることは確かだが、ブルデューの考察のほうが私自身の経験を話すには適切だと感じている。ブルデューの反省的な批評に依拠しつつ、そしてその頃までに私はパレスチナ問題にいっそう感情的に絡めとられるようになっていたのだが、親パレスチナであることが「真実」により近づくことになると、単純に信じてはいなかった。おそらく、そのように距離を置くことを促したのは、私が分析に用いる言語がフランス語そしてそれ以上に英語であることと、先述したように、私のパレスチナ問題に対する感情がアラビア語にいっそう絡めとられていったことだろう。

もうひとつのまったく異なる自分語り的な視座からいうと、「疑似的な全体的社会支配（quasi-total social domination）」の状況だと認識していたものへの私の感受性が、家庭内において私の父親が行使していたような権力によって構造化されているとしばしば感じてきた。私の生い立ちにおいて、軍の将校であった父は家庭の中で絶対的で議論の余地がない権力を行使していた。父は物理的な暴力をふるう人ではなかったが、善意の独裁者の古典的な事例であり、自らの権力に挑戦しようとする者には寛容ではいられない人だった。父は子どもたちがさまざまなことをすることを許容していたが、「許容できない」となるとどうすることもできなかった。そしてそれが何か許容できないものであった場合、いつも交渉不可能な勅命として、トップダウン方式で私たちに下ってくるのである。私たちが一〇代の後半を迎える頃になっても、自分たち自身や関連する物事に対する自律性は認めてもらえず、自律した意志をもつ者同士の交渉のようにはなりえなかった。私の父は交渉とは何か、その意味を知らなかったのである。彼が決断を下せば、受け手側に立つ私たちには、ほんの少しの選択しか残されていなかった。それはつまり、従うかあるいはこっそり逆らうかである。これが私の意味するところの全体的社会支配という状況だ。権力を行使される対象が完全に支配されているという意味ではない。権力をもつ者たちは、このような全体的支配を求めがちだという意味である。

しかし私の目にさらに不快に映った、父の握る権力のあり方は、私のふたりの姉妹と私が父の承諾なく何かをしたのが見つかったときのものだった。その時、「傷つけられて」感情的になるのは、父のほうなのであった。父の頭の中ではいつも「自分の信頼を裏切る」のは私たちのほうで、私たちが不正義を働いたということになるのだった。このことから、私は絶大な権力を行使する者の巧妙かつあからさまなやり口と、そのような権力が表現されている「傷つき」や「痛み」、そして「誤解されている感覚」といった、気まぐれさ、空虚さ、独りよがりが過剰な言葉にとりわけ敏感になってしまった。同様に、このような極度に自己陶酔的（ナルシスティック）な情緒は、たとえどんなに巧妙に隠していたとしても、その根底にある権力関係がなかったら、それが「感じられる」ことさえありえないのだと、私にはいつもはっきりとわかっていた。

この「家父長制的」な経験が、似たようなあり方で構造化された権力と支配の対象化となった人々に私が共感するように促したのは間違いない。パレスチナの土地の植民地化についての歴史的不正義の感覚よりも、パレスチナとイスラエルの紛争における「権力と支配」に対して、私がはるかに怒りを覚えるのはそのせいである。私は「やつらが土地を奪った」という言説に同情的になるが、にもかかわらず、イスラエルがパレスチナの人々に対峙する際に示す、パレスチナの主権を示すわずかな痕跡さえも、絶え間なく打ち消そうとする鮮烈で日常的な圧倒的権力と支配力のほうに、はるかに感情的になる。善良なパレスチナ人とは、無力であることをただ受け入れる人々なのであり、「平和」を達成できるのは、ただイスラエルの提案する「平和」を受け入れることによってのみなのである。やはり、ここにも交渉の余地は残されていない。こうした恐るべき権力の誇示を伴った、自己陶酔的（ナルシスティック）で身勝手な「傷つき」の感情――「私たちは被害者だ」「あの人たちは、私たちの生存権を認めていない」――にも、私は感情的になる。私にとって、それは私の父の身勝手な「傷つき」と大変よく似ているように思える。

ここまで議論した要素はすべて、レバノンへの野蛮な爆撃の後に私が経験したイスラエルに対する怒りや憎しみの感覚のうちに表れていたのだが、私の怒りや憎しみをさらに助長しつつも、支配の犠牲者としてのパレスチナ人への私の自己同一化のうちには表現されていない、もうひとつの側面があることも確かであった。政治的感情、とりわけナショナルな感情についての私の理論のごく初歩的な部分を手短に示しておくのが、有効な自叙的な民族誌的記述（オートエスノグラフィ）の手法を通じてそのことを分析する際の一助となるだろう。

政治的でナショナルな感情

「政治的な感情」について考えはじめたとき、私の考えは、少なくとも部分的には、アラブ－イスラエル紛争を分析する際に明確に感じつつも無視していた側面があったと感じていたことに、実証的に裏づけられていた。すなわち、アラブ人（そして程度の差はあれ、すべてのムスリムたち）とイスラエル人にとって、パレスチナとイスラエルは非常に感情が込められた実体である。私が調査を始めた当初のフィールドノートでは、人々がパレスチナについてどのように語るのかを書き留めていたのだが、そこに「擬人化されて想像される情動的な政治的実体としてのネイション」という、複雑で網羅的な一文を走り書きしていた。私はこの一文で、「想像の共同体」としてのネイションという、分析上とても一般的な概念と、ネイションとは擬人化されたものであるという、やはり一般的な事実をとらえようとしていた。また、ネイションが「擬人化されて想像される」ものだというだけではなく、この想像にはつねに感情的な側面があるということもとらえようとしていた。もし「イスラエルが怒りで煮えくり返っており」、「パレスチナが泣きじゃくって」いて、私がこのふたつのネイションのいずれかに自らを同一化する人間だとしたら、私もまた怒りで煮えくり返るか、泣きじゃくる感情を抱くだろう。このことは、ナショナルな自己同一化の経験を、単なる想像を超えたものにする。これを、感情的に想像すること、と呼ぶことができるが、注意しておかねばならないのは、ここでは狭義の想像することという概念を、想像をめぐる秩序といった意味に変えて用いていることである。それでも、ヴァミク・ヴォルカン[13]が述べたような意味で、このような「感情的な想像界」への自己同一化は、人々が自分たちの自己を構成するあり方全体——そしてその能力——が、そうした「擬人化されて想像される情動的実体」の存在や福利に直接関連しているのだと感じるようなものだと、十分に論じることができる。つまり、人々が(「幸せ」「弱さ」「脆さ」「恐れ」「怒り」「神経質さ」などを抱えて)「過ごしている」ことが、どのように認知されるかが、自己の成り立ちのあり方を左右するのである。スディール・カカはインドにおけるヒンドゥーとムスリムの紛争についての考察で、この「われわれという感覚」が、対立の速さや激しさに応じてどのように変化していくのかについて、含蓄に富む素晴らしい分析を提示している。[14]

私は理論的には、「政治的な感情」を、感情の人類学、とりわけ、それによる感情と政治の関係性の概念化という一般的な問いの外側で考えることを選んだ。それと対比させるというわけではなく、補足を加えたいと願ってのことである。人間の主観性に関する精神分析的な概念を基礎としつつ、もちろん私は、ロサルド夫妻、アブー゠ルゴド、ルッツらによる重要な先行業績で企図されたような、「文化と身体」、「文化的に構築されたものとしての感情と、先天的なものとしての感情」といった二項対立を通じて感情をとらえようとする試みから距離を置こうとしてきた人類学的研究へと、さらに近づいていった[15]。こうした研究の系譜によって得られた分析の成果を踏まえつつ、私は想像された「感情的自己」――あるいは、自己を構成する空間とも呼べるもの――を、実際に感情が宿る場として措定するあり方を模索していた。なぜならその空間こそがまさに、自己の実現可能性がつねに賭けられている場だからである。私はそれを、マイヤーズが「文化的モデルと心理的器質の関係性」と呼んだものを、よりよく理解できるようになる空間であるとも考えた[16]。

感情的自己の構成に関する人類学的かつ哲学的な三つの説明の仕方を併用することから、私は感情的自己についてのこうした概念化の基本的な諸要素を考えだした。すなわち、スピノザによる、「喜び」を追求する存在としての人間という概念、ラカンが鏡像段階についての分析で発展させた、寸断された自己の感覚を克服しようと模索することを通じた人間の発達段階の定式化、そしてピエール・ブルデューによるイルーシオ（illusio）という概念であり、これは人生を意味あるものとするために、感情的そしてリビドー的に自己投企する自己を意味する。こうした業績によって、感情的自己という概念をさらに発展させ、内在する政治的な側面に関与するものとしての感情的自己へと概念化することができた。これは、感情表現とその文化的特殊性の政治的波及効果に関する、よくある人類学的関心とは補完的ではあるが異なっている理解の仕方をもたらしてくれる。これは、クラインマン夫妻、グッドとグッド、そしてオベーセーカラなどによる精神分析的で精神医学的な視座(パースペクティヴ)からも、[17] ベズニエ、レディ、そしてより近年ではマルスカ・スヴァセックといった、精神分析とはやや異なる視座からも、[18] 多くの人類学者の関心を惹きつけてきた。私の関心はそれらとは少し異なる方向性であり、というのも私は、感情的自己の構成それ自体が、権力関係によってどのように絶えず形成されているのかを考察したかったのである。

こうして、スピノザを読んでいるとき、私は彼が「政治的な感情」、あるいは少なくとも、感情の政治的側面が形成するものを理解するための出発点を示してくれると考えた。なぜなら、彼の「情動(the affects)」という概念はとりわけ、政治的なるもののあらゆる実用的な定義の中核にある、権力と結びついているからである。スピノザの議論の基底をなす感情——喜びや悲しみ——は、その人が効果的に行為したり考えたりする能力の変化を表す情動である。すなわち、少なくとも私の理解では、その人の置かれた環境にその人が及ぼす権力、すなわちスピノザが、その人の完全な状態(state of perfection)と呼ぶものである。

とりわけナショナルな自己同一化に起因する感情について考える際、私はスピノザの『エチカ』〔第三部〕の定理一二と定理一九に[19]議論の出発点を見出したのだが、それはそれぞれ次のようなものだ。「精神は身体の活動能力を増大しあるいは促進するものをできるだけ想像しようと努める」、そして「自分の愛するものが破壊されることを想像する人は悲しみを感じるであろう。しかし自分の愛するものが維持されることを想像する人は喜びを感じるであろう」。この意味において私は、その想像された愛の対象物がネイションであるとき、それが何を意味するのかを考察しようとした。想像の産物としてのネイションの決定的な「機能」のひとつは、まさに私たちの「完全であるという感覚（sense of perfection）」、自分が認識する自らの能力についての評価を押し上げることである[20]。私がこれまで行ってきたナショナリズムに関する研究で示してきたように、オーストラリアであろうがレバノンであろうが、ナショナリストの自己同一化はつねに、その集団のなかで「最善だ」とされる構成員個々人の能力や性質をもって、その集団が保持する能力や性質であるとみなす。これにより、その集団に自己同一化するすべての個人が、「その能力や性質」が彼・彼女ら自身のものであるかのように思うことが可能になる。個人としてのナショナリストが技術音痴だったとしても、「私たちはロケットを火星まで飛ばしたんだ」と言うことができるのだ。カナヅチであったとしても、「私たちは他のたいていの国民（ネイション）よりも、泳ぎが得意な国民なんだ」と言うことができる。すなわち、「私」は、単にひとりの個人としての「私」を想像するだけでは夢想もできないような力を、ナショナルな「私たち」を想像することによって、獲得することができるのである。ここでいう力は、潜在的な可能性を通じて獲得される。それは教養のないナショナリストが、教養のある人々によって構成されるネイションにただ自己同一化することによって教養を得るということではない。そうではなくて、その教養のない人が、現実にはそうでないとしても、自分にも教養を身につける可能性があると考えることにより、力を獲得するのだ。それはニーチェが的確にも「力の感覚（sense of power）」と呼ぶものの一部であり[21]、私自身はスピノザに依拠しながら用いるようになった概念であり、ある人が実際にどれだけ力をもっているかではなく、その人が潜在的にどんな力を手にすることができると考えているかということである。ナショナルな自己同一化に賭けられているのは、まさにこの「力の感覚」であり、それがネイションを情動的な愛着に値するものにするのだ。すなわち、あなたがひとりの国民（ネイション）としての私、すなわち私のネイションを攻撃するとき、あなたは単に、いまそうである私を攻撃しているのではなく、私がなりうると夢想している私を攻撃しているのである。

ピエール・ブルデューのハビトゥス（habitus）という概念は、身体がある特定の社会文化的な環境下で効果的に行為する能力を表しているが、それは明らかにスピノザの「完全性（perfection）」という概念に触発されたものだ。実際、ブルデューは後期の著作で、すべてのハビトゥスはコナトゥス（conatus）を付与されていると論じる。それはスピノザの術語で、事物が「それ自身の存在を保存しようとする」傾向を表している。ブルデューはしかし、感情をハビトゥスと関連づけて明確に位置づけていないし、彼がイルーシオと呼んだものについても同様である。それは、私たちが自分たちの生を意味あるものにする、社会的世界における諸要素に身を投じたり、執着したりするあり方を表している。すなわち、私たちの生を生きるに値するものにする仕事、人間関係、名声、趣味、理想、その他のあらゆる個人的追求のことだ。ブルデューはイルーシオを社会的なリビドーと結びつける。なぜなら、社会的世界において私たちが自身に投企するあり方は、知的なものだけではなく、リビドーに基づいたものでもあるからだ[22]。彼は、私たちが世界に身を投じる際、いわば私たちの存在すべてがさらされていると強調する。誰かが自分たちのネイションを守るため、環境を保護するため、あるいは武装する権利のために熱く訴えかけるとき、私たちは、「その人たちにとっては、とても大切なことだから」、感情的になっているのだという。ある意味、ブルデューが強調しているのは、こうした意味を見出す過程において作用する弁証法的なあり方である。つまり、自分たちにとって大きな意味があることは、自分たちの生をまさに意味あるものにする。私たちはそれに意味を与えようとし、それが転じて、私たちの生に意味を与えるのだ。私たちの生の可能性そのものが、そこに賭けられているのであり、だから私たちはそれに対して感情的になるのだ。ナショナリズムを、ある特殊なイルーシオだとみなすことで、ナショナリストが自らの存在そのものを自分たちのネイションに賭けるあり方をとらえることができる。もちろん、あらゆる人が同じ程度にナショナリストであるというわけではないが、人々の生を意味あるものにする何かとしてのネイションのために身を投じることを伴わないナショナリズムも、ナショナルな感情もありえない。ラカンの鏡像段階論は、こうした視座（パースペクティヴ）に重要な側面を付け加えてくれる。[23] ブルデューのいうイルーシオによって、私たちの社会的な投企に伴う感情の性質をより適切にとらえられるとすれば、そして、スピノザが感情と、私たちが周囲の環境に及ぼす権力との関係性を強調しているとすれば、ラカンは感情と私たちが自己を構成する力、すなわち、私たちが自己に及ぼす力との関係について、私たちに考えさせてくれる。もちろん、このふたつには関連がある。すなわち、私たち自身に対する私たちの力の感覚は、私たちの周囲の環境に対する力の感覚に左右されるものであり、またブルデューの議論で見られたように、自分たちの外部の物事に意味を与えることで、私たちは自分自身に意味を与えることができる。ラカンによれば、個としての「私」は人生の最初期においては寸断された感覚を通じて構成されており（いわば「あらゆる場所に」遍在するといった感覚である）、そして私たちがそうなろうとする、寸断されていない統合体としての理想的な自己のイメージ（鏡像）を設定することによって構成される。主体としての私の「自己」は、こうした分裂への傾向に抗うことで構成されていくのだ。一般的に使われている、ある暗喩表現がある。「気を引き締めろ（Pull yourself together）」という戒めの言葉である。それが、こうした分裂の感覚とそれとの闘いが、日常的な文脈のなかで経験されているあり方を表しているのは間違いない。

そのような視座（パースペクティヴ）に立ったとき、私たちの感情の一部が、「気を引き締める」ことに成功したり——あるいはしなかったり——する、さまざまな程度や様式に起因するものであり、それが少なくとも、私たち自身に確かなある種の全体性、一貫性、一体性の体裁を提供していると考えると都合がよいことに私は気づいた。この種の感情は、単に私たちがどれだけ「気を引き締める」ことができるかどうかに関してだけではなく、私たちが分裂の感覚に遭遇し、それを克服しようと闘う際に生じる不安の程度に関するものでもある。いわば「一緒にいない（not together）」と感じることについて、他の人よりも気楽でいる人もいる。たとえば、自分だけの秘密にしておきたいと気を引き締めて悪戦苦闘している姿が暴露されてしまったとしたら、恥ずかしいと思うだろう。あるいは、別の例を挙げれば、私がしばしば指摘してきたことだが、標的となった人々をそのような意味で「粉々に」しようと、レイシズムは作用する。人種化された標的をどれほど粉々にしてしまうかは、そうした人々が「気を引き締めて」自己を再構成しようと試みる際に、社会的および文化的な資源をどれだけ活用できるかによる。レイシスト自身、レイシストとして行動するあいだは「気を引き締め」ようとしているのだとさえいえる。直感的にいえば、レイシストが経験している感情とレイシズムの標的にされている人々が経験する感情はいずれも、こうした自己構成の過程に起因するものだと考えればわかりやすい。こうした感情を民族誌的にとらえようとする試みは、私の研究のなかでもっとも興味深い課題のひとつであった。レイシズムがもつ、人々を粉々にする力はときに非常に過激を極めるがゆえ、象徴的な自己を粉々にすることは物理的な身体にも影響を及ぼす。歴史的に苛烈なレイシズムの標的とされてきた一部の先住民は、まさに自分たちの肉体を統一されたものとして維持することが困難で、身体的にも切断された状態へと追い込まれたのである。

こうした感情という概念のもっとも有用な側面は、ナショナリストがネイションを分裂したものとして経験するあり方をもっともうまく説明していることであり、「ナショナリストとしての結束」や「ナショナルな団結」を得るための彼・彼女たちの絶え間ない闘争は、ひとりの人間の個としての統一性を求める葛藤に重ね合わせることができる。ラカン——というよりは、ここでの目的のために私が全面的に加工しなおし、変形し、再解釈したことは間違いない、ラカンの議論の断片——は、私的な自己の構成と自己の主権のための闘争が、ナショナルな自己の構成とナショナルな主権のための闘争として節合された地点において、ナショナリストの感情が発現するあり方を説明する、有効な方法を提示している。この意味において、ブルース・カッフェラーが論じたように、ナショナリズムやレイシズムの力は邪術に近いものであり、主観性や主体の世界との関係性を出現させたり消し去ったりする能力なのである。[24]

さて、これらの視座は、私が民族誌的な考察に着手できるように、政治的な感情についての作業理論を発展させていく際の出発点として考えてきたものだ。すなわち、政治的な感情は、私たち自身や、私たちの人生を有意味なものにする目標、理想、活動を追求する際の環境に向けられた、私たちの力の感覚と関係しているものなのである。ではあらためて、レバノンに対して行われた爆撃の最中とその直後に私が経験した、反イスラエルの怒りや嫌悪の感情に立ち戻ってみよう。

個人的なことと政治的なことのはざまで⑵――レバノンで、イスラエルを嫌悪すること

前々節の最後で指摘したように、レバノンへの爆撃が始まったときに私が感じたイスラエルに対する怒りは、イスラエルがパレスチナに対して日常的に行っている攻撃を経験したときの怒りに比べて、いくらか共通したところもあるが、より激しいものであった。それは、以下の二点と明確に関係している。すなわち、自分の生まれた土地であるレバノンに対する私のナショナルな自己同一化と、南レバノンおよび南レバノンの人々に対する私の職業的な自己同一化であり、だから私にとって、それらはパレスチナやパレスチナの人々よりも、はるかに抽象度が低い存在なのである。これらの要素が結びつくあり方は、私が友人で同僚のマイケル・ジャクソンに宛てた以下のEメールに見て取ることができる。彼は、私がアメリカン大学ベイルート校で客員としての職位を得たよりも数年前に、レバノンに滞在していたのだが、ハーバードからEメールをよこして、「この戦争について何を考えていて、「どのように感じているか」を私に尋ねてきたのだ。

この戦争について話すと、私も本当に最悪な気分になる。私がフィールド調査をしていた村は、破壊されてしまったよ。知り合った家族は、大いに苦しんでいる。父親とふたりの娘たちは死んでしまい、文字通りバラバラになってしまって、母親は腕と足を一本ずつ無くしてしまって……イスラエルがしたことはただの、技術的に過剰に装備された国家による、罪を問われることもない暴虐だ。つまり……言葉が見つからないよ。アッバースが言っていたように［アッバース・エル＝ゼインは私の友達で、ニューヨーク・タイムズに署名入り論説を寄稿した］、内戦を経験した私たちのような人々には、あの戦争は終わったんだと確信するのに一〇年という長い年月が必要だった。だから、こういった途方もない破壊を見ると、戦争のなかに取り残されてしまったようで、とても心が痛むんだ。

この文面ではまず、私がフィールド調査を通じて知り合った南レバノンの特定の人々への爆撃の帰結から湧き上がってきた怒りが表明されている（これは、パレスチナで起きた出来事を考える際に私が関わる、抽象的な存在としてのパレスチナ人とは対照的である）。第二に、私は自分のナショナルな感情からくる怒りを表明しており、そこでは「レバノン」の浮き沈みのあり方が、私自身の浮き沈みとして経験されている（そして、これは私がパレスチナと関わるあり方とは、明らかに異なるあり方である）。さらにその挙句には、私はパレスチナをめぐる状況のもうひとつの側面に根ざした怒りを表明している。すなわち、つねに免責の感覚として現れ、抑制されることのない、圧倒的な軍事力を展開するイスラエルの能力に対して——私の父親の幻影が、再び漂っている。私はすでに、この状況をめぐる感情について知的に内省しはじめていたので、この爆撃やその後の状況を通じて自分自身の感情を記述しはじめていた。レバノンや調査協力者たちへの私の愛着について考察することは、「政治的な感情」という分析概念と、調査地における感情の重要性という私の考えの両方を洗練させるのを助けてくれた。

イスラエルによる爆撃が行われていた頃、私はシドニー大学の近くのコーヒーショップで、もうひとりのレバノン系オーストラリア人の研究者と、情勢について話していた。私たちはどちらも、一部の西洋諸国やアラブ諸国の政府に見られた「親愛なるイスラエル様、どうぞご存分に攻撃されてください」的な態度に対して、戦闘態勢をとっていた。そのとき私たちが確信していて、いまや明白になったことは、そうした政府はみな、イスラエルが速やかにヒズボラを皆殺しにして、イスラエル北部国境およびその周辺地域におけるイランの影響力を弱めることを望んでいたことだ。会話をしているうちに私たちの頭によぎったのは、私たちはどうやらレイシストのようなことを感じている、ということだった。私たちはこの爆撃が、パレスチナの人々が日常的に耐え忍んでいる状況よりも、さらにずっと受け入れ難い状況だと感じていたのだ。私たちはイスラエルに対して、「パレスチナ人に対して行うようなことを、どうして私たちレバノン人に対してできるんだ。私たちが、そう、レバノン人だということがわからないのか」と言わんばかりだったのだ。これは、私たちはパレスチナで起こっていることよりも、レバノンで起こっていることのほうからより影響を受けていたという、単純な理由からだと私は思った。だが、さらに考えてみてわかってきたのは、私がレバノンへの爆撃によって経験している怒りは、パレスチナ情勢によって引き起こされた怒りと、そんなふうに安易に、どちらがより多いか少ないかなどと量的に比較できるものではないのではないかということだった。それらは、異なる種類の怒りなのである。私はノートに「これは別におかしいことではない」と書き込んだ。「私はこの状況を政治的にというよりは、より個人的に経験しているのだ。すべての爆撃が、まさに私自身の存在に対しての攻撃として経験されている」。個人的か政治的か、というこうした区別は、理論的に矛盾しているのだ。なぜならすでに論じたように、個人の幸福感（ウェル・ビーイング）と――ネイションのような――特定の政治的実体にとっての幸福の融合から生まれる感情こそが、私が「政治的な感情」として理論化しようとしているものの、まさに核心であるからだ。だが、このとき私は、パレスチナ情勢について私が抱いた感情よりも、レバノンについて経験していた感情のほうが、より「個人的」だと考えていたのである。このことから私はただちに、私が当初想定していた、個人的な感情と政治的な感情という二分法を再考することになった。

その晩遅く、私はさらにノートに付け加えた。「個人的か政治的か、と区別するやり方は、馬鹿馬鹿しいものだ。すべての感情が個人的なものであるのは、わかりきったことだ。問題は、感情が個人的かどうかではなく、**どのような点において**個人的なのかということだ」。そうすると、私が政治的な感情を定義づけるために関連づけていた、さまざまな要因のあいだの関係性が重要であることがわかってきた。それはすなわち、私たちの生を意味あるものにする愛着、私たちを取り巻く環境に対して私たちがもつ権力、そして、私たちが自分自身に対して行使する力である。政治的な感情がいかに異なるのかを理解するためには、個別の状況下においてこれらのさまざまな要因が他の要因とそれぞれ結びつくのか、そのさまざまなあり方を理解する必要がある。ゆえに、私たちが自己同一化しようとする特定の集団がイルーシオ――私たちの生を意味あるものにする何かとして、私たちがそれとともに想像し、私たちの個人としてのアイデンティティの結束を強化していく何かとして作動することから、私たちの政治的な感情は生じるのである。

しかし、こうした過程それぞれの情動的重要性は、そのような集団すべてで同じである必要はない。たとえば「〔何か〕との自己同一化（identification with）」と「〔何か〕を貫いての自己同一化（identification through）」には、重要な違いがあるともいえる。ネイションと（with）自己同一化する際には、その人はネイションからある程度の距離を保っており、どちらかといえばネイションは自己同一化の「対象」である。ネイションを貫いて自己同一化することは、はるかに強烈な自己同一化であり、いかなる分離も許容しない。このことは、私の「レバノンについての」怒りと「パレスチナについての」怒りの違いを、うまく説明してくれる道筋を示してくれるように感じる。私の場合、パレスチナやレバノンとの関係性について、レバノンと自己同一化するよりもはるかに強く、レバノンを貫いて自己同一化している、と容易にいうことができる。パレスチナについては、逆のことがいえる。こうした自己同一化については、あえていえばブルデューよりもラカンやスピノザの議論が当てはまる。私はレバノンとの関係性ではもちえない一定の感情的距離を、パレスチナとのあいだでは保つことができるのだ。こうした、自己同一化の異なるあり方の波及効果についての考察を通じて、移民が移住先のネイションと、もしそうしたいと望むとしたら、いかにして自己同一化を果たすのか、そのあり方についての重要な洞察を得ることができる。すなわち、ある人をネイションと自己同一化させるように促す条件、そしてこうしたネイションとの自己同一化をネイションを貫いた自己同一化へと変貌させる、あるいはその逆を引き起こす条件とは、何なのだろうか。

政治的な感情、民族誌、そして権力

ここまで、自分語りを題材に、私自身の調査地における政治的な感情についての批判的な省察から、分析的かつ概念的な見解をいくつか提示してきた。この章の残りの部分で、私は自分の感情についてのより具体的な省察から導きだされる、いくつかのさらなる論点を明らかにしたい。というのも、参与観察という文脈の内部で、私の感情は調査協力者の感情と相互に影響しあっていたからである。

シドニーにいる南レバノン出身の人々の調査を始めたとき、私が彼・彼女らと共有している怒りの感覚によって個人的交流のための共通の土台が生み出されたため、人々と一対一で向き合い、親しくなることができたのは明らかだった。また、その感情によって、彼・彼女らのあいだで集合的に共有されていた雰囲気へと入り込んでいくことができた。この「感情的参与」は、近しい親類を亡くした人々にインタビューを行い、また私が「トランスナショナルな追悼」と名づけたことを始めたことで、いっそう深まった。次のEメールは、私が直接面識のなかったシーア派の女性にインタビューをした、私のリサーチ・アシスタントによって書かれたものだが、そのときの感情の高まりを表している。「親愛なるガッサンへ。今朝、Xさんへのインタビューを終えました。あまりにも悲しすぎて、感情に流されそうでした。あなたにこのことは伝えておく必要があります。自宅に帰る道すがら、私は車を止めてしばらく泣いていました」。

最初に私が思ったことは、私の感情を高めるものは何であれ、研究の目的に合致するものだということだ。私は怒りを溜め込むうちに、自分の頭の中でイスラエルがどんどん抽象的なものになっていくことに気づきはじめていた。私はイスラエルのことを、ひとりの「悪いやつ」だと、次第に想像するようになっていった。カカが記述したのと似たような過程をたどりながら[25]、私の知り合いであったり、友人としてつきあっていたイスラエルの人々は、心の奥底に退いてしまった。私は個々のイスラエル人について、考えたくなかったのだ。それらの人々は、心象風景を複雑にしてしまうからだ。私はただ、たやすく怒りや嫌悪を抱くことのできる「イスラエル」について、考えていたかった。私のなかのある側面は、こうしたある種の「戦略的抽象化」に、かなり意識的に加担していた。私は、調査協力者たちは個人的に誰かを喪ってしまったのだから、彼・彼女たちと同じように怒ったり動揺したりすることはできないに違いない、と自分自身に言い聞かせていた。だから私は、イスラエルに対して「ますます嘆いたり」「ますます怒りを覚える」ようなことならどんなことでも、調査協力者たちの経験へと私を近づけてくれる経験になるはずだと信じた。しかし、まさにそのように努める過程で、私は徐々に、あるとても不思議なことに気づきはじめた。私の調査協力者たちはイスラエルに対して、私よりも感情的になっていないように思えたのだ。

調査協力者たちは、確かに怒りや嫌悪の表現をしていたのだが、それは私のと比べると激しいものではないのが常だった。私にはその理由は部分的には、彼・彼女らの喪失が政治的なものである前に個人的なものであり、自分の父親や母親を喪って悲嘆に暮れているさなかにイスラエルのことを考えるのは、ある意味で故人を貶め、非人格化してしまうからだろうと思えた。にもかかわらず、こうした喪失の政治的な側面を考えるときでさえ、彼・彼女たちはそれについてあまり感情的にはならなかった。次のインタビューでは、このことがもっともよく表れている。インタビューを受けてくれた全員に、親族が殺されたと聞いたときに何をしていたかということ、その知らせにどのように反応したのかということについて質問した。このインタビュー協力者は、彼の父親が死んだという噂を聞き、不安に駆られながら新たな情報を待っていた[26]。

インタビュー協力者（IE）　その午後、私の姉妹が電話をかけてきたのです。彼女は泣いていました……そう、それ以上何も言う必要がありませんでした。私も泣きはじめました。

調査者（IR）　とても難しいとは思いますが、その電話を受けたときにあなたが考えていたことを聞かせてもらえますか？

インタビュー協力者　……父のことを考えていました……他に何を考えることができたというのですか？

調査者　ええ、おっしゃる通りです。もし構わなければもう少しお伺いしたいのですが……お父さんについて具体的にどんなことを考えていたのですか？

インタビュー協力者　いったいそれはどんな質問なのですか!?

調査者　ごめんなさい。お答えいただかなくて大丈夫です、当然です。でも、もしお答えいただけたらありがたいと思いまして。
インタビュー協力者　……とくにこれといってありませんでした……頭の中は父との思い出でいっぱいで。父の顔……ここに訪ねて来たときの……村で父と会ったときのこと……子どもの頃、父がどのように私の腕をつかんでいたか……。
［インタビューの後半で］
調査者　ごきょうだいから電話を受けたとき、あなたは何をしていましたか？
インタビュー協力者　ニュースを見ていました。いまでも覚えていますが、ハイファ出身のイスラエル人の男が、防空壕のことを話していました……ああ、神様。どうかやつらに防空壕なんか与えないでください。
調査者　イスラエルがやったことに対してどのように感じているか、話してもらえませんか？
インタビュー協力者　（皮肉めいた笑みを浮かべ）……イスラエルに対してどう感じるか……イスラエルに対しては、何も感じません。
調査者　あなたは絶対に、怒っているに違いないと思うのですが……。
インタビュー協力者　オーストラリア政府に対してのほうが怒っています。イスラエルを非難しない政府に、本当に心を痛めていますよ。ハワード［当時のオーストラリア首相］は、イスラエルを非難しないことが正当なことであるとさえ主張しています……それに、私は自分自身に怒りを感じています。両親と一緒にいてあげられなかったことに。
調査者　でも、あなたがイスラエルに対して何かを感じているのは確かなことではないですか？　あなたのお父さんを殺したのですよ。

インタビュー協力者　誰かに対して怒るべきだというのは、その誰かを人間だと考えているからにほかなりません。もし車があなたのお父さんを轢き殺したら、あなたはその車を運転していた人に対して怒りますか、それとも車に対して怒るのでしょうか。もしあなたがヘビに噛まれたのなら……ヘビに対して怒りますか。いや、ただヘビを殺そうとするでしょうね。イスラエル人たちは……ご存知の通り……やつらは私たちを殺しています。やつらがずっとやってきたことです。やつらが私たちを怒らせようとしているのに、つきあっている余裕はありません。やつらは、私たちを怒らせたいのです。でも、もうずっと前から、私たちは怒るのをやめていますよ。そんなのは、時間と体力の無駄です。私たちは、どうしたらやつらがこれ以上、私たちを殺せなくなるのか、ただそのことに集中していなければなりません。

私はこういった反応に困惑したが、それはイスラエルの非人間化（dehumanisation）と、イスラエルに対する怒りの欠如の結びつきに対してではなく――それは興味深いことではあるものの、よく理解できる――、怒っている「余裕なんてない」、という発想のほうにであった。同様に、対応しなければならない「業務」か何かのようにイスラエルを扱っているこういった回答のなかに、怒りの感情が本当に感じられなかったことに困惑した。しかし、その数日後に似たようなことが起こったとき、すべてがより鮮明に見えてきた。レバノンの首相が、イスラエルの爆撃による壊滅的な被害を他国の外交官たちに向けて訴える様子がテレビで放映されたのだが、そこで首相は泣きはじめたのである。ニュースでその様子を見ていて、私は少し感傷的になった。しかし驚いたことに、そのとき部屋にいた私以外の全員が、首相を馬鹿にしはじめたのだ。とりわけそのうちのひとりは、グラナダの陥落について書かれた有名なアラビア語の詩の一節を、朗々と披露したのだった。この詩では、キリスト教勢力の侵略からグラナダを守り切れそうにないムスリムの指導者が、自分の母親のところに走っていって泣いた様子が詠われている。その母親が息子に言った言葉を、その人は朗読したのだ。「おまえが男として守るすべを知らないこの国土のために、おまえは女のように泣いている」。これは「マッチョ」な「男なら泣くな」という意味の、あるいは少なくともそのような意味だけの、発言ではなかった。なぜなら、女性たちも男性たちと同じように、首相を馬鹿にしていたからだ。

このグラナダの詩について考えてみると、言説全体が、イスラエルに対峙した際の受動性と能動性という二項対立図式によって構成されているのがわかってきた。泣くというのは、首相が何もできなかった結果だと認識されたのであり、それゆえレバノン政府が歴史的に抱えてきた無力さを表象しているとみなされたのだ。実際、歴史的にいって、一九五〇年代から六〇年代のイスラエルの軍事的勝利、および一九六七年の圧倒的な勝利が、この紛争が想像されるあり方に大きな影を落としており、イスラエルとの紛争についてのアラブ人全般の感情的経験は、「見ろ、やつらが私たちにしてきたことを」といった受動的な見方に沿って構築されてきた。アラブ人は受動的であるばかりでなく、能動的であることもできるのだという、ある種の誇りの感覚をPLO（パレスチナ解放機構）が呼び起こすことができたのが、その成功の要因の一部であるとはいえる。ただし、イスラエルの占領から南レバノンを解放するという実質的な成果をもたらした、初めての能動的な抵抗の主張・運動を行ったのは、実はヒズボラだった。この心理学的な境地は現実(リアル)のものであり、解放を喜ぶアラブ人と、失意に沈むイスラエル人の双方によって、新たな境地として経験されたことを示す、多くの公式・非公式の言説が存在する。そして、あのようにレバノンを攻撃することで、こうした力の感覚を呼び覚ますこの「エートス」を破壊しようと、イスラエルが企てていたのは間違いない。だからこそ、二〇〇六年の戦闘によるあらゆる破壊にもかかわらず、ヒズボラとその支持者たちはあの戦争を勝利であるとみなしたのである。イスラエルの猛反撃がどんなに破滅的で、自らを危機に追いやるものだったとしても、ヒズボラはレバノン-イスラエル国境を越えてミサイルを撃ち込み続け、イスラエルに対して「立ち向かう」力を見せつけたのだった。「見ろ、やつらが私たちにしてきたことを」とただ嘆くのではなく、「私たちはやつらに対して何かができるんだ」という、この象徴的な理念は、戦争終結後の状況と、戦争終結後にもたらされる感情を理解するうえで、決定的に重要であった。

こういったことを考えていたとき、私は貴重な——そして、とても喜ばしい——、知的瞬間を味わった。ただ「漠然としていた」理論的な読書や発想のそれぞれが、突如として活性化し、自らの経験した現実の解釈とのあいだで創造的な相互作用を始め、互いを豊かにしていったのである。それは以前、何かのときに読んだことがあった、グレマスによる怒りに関する考察が突然頭をよぎったときに、起きたのだった。[27] グレマスによる怒りについての説明の一部は、行為の対象である状態の主体と、その行為を行う主体の、自己の内部における関係性をめぐる理論化に依拠している。私はこの考察に、とても興味を惹かれた。なぜならそれは権力の概念を導入しており、とりわけ先述したように、政治的な感情を理解するために不可欠なものだと私が位置づけた、ニーチェの「力の感覚」という、より主観的な概念を当てはめたものだったからだ。自分たちに影響を及ぼす何かに対して行為する能力がある者としての自分を経験したときと、ただ受動的に耐え忍ばなければならない運命だと感じるときとでは、私たちの感情は同じではない。スピノザはこのことを『エチカ』のなかで次のように述べる。「受動的である喜びおよび欲望のほかに、能動的である限りにおける我々に関係する他の喜びおよび欲望の感情がある[28]」。より最近、ただしスピノザの議論に基づいてアルフォンソ〔リンギス〕も指摘しているように、誰かが私たちに何かをしたとき、私たちがそれに「何かをする」ことで仕返しできる力がないと、それを内に溜め込んでしまい、傷つくという経験をする[29]。

このことは、私のイスラエルに対する怒りや嫌悪が、調査協力者たちのそれよりもなぜ大きかったのかを、非常によく説明している。行為するための力と怒りの激しさが関係しているとすると、私の怒りの激しさは、私自身が何も行為できないことの、あるいは、行為できる力をもつ人々に私が自己同一化できないことの、反映なのではないか。こうして私はいまでは、自分の怒りの性質のなかに、少なくとも部分的には、知識人としての私自身の立ち位置が反映している何かがあるのだと考えられるようになった。定義上、それは出来事を受動的に観察しているだけで、その出来事に対して実際のところ何の変化ももたらすことができない人間なのである。こう考えることで、私は知識人が、自分が共感する政治的行為者に対して――こうした共感のゆえに――、自分と違いがないのだと考えて、自分自身の感情をいかに無反省に投影しているかに思い至った。どれだけ共感したとしても、政治的行為者の感情は、まさに行為する者の感情なのであり、知的な感情としての社会学的な特異性を認識されるべきものとは、往々にして異なるものだということを、知識人は忘れているのである。

しかし、この事例で扱う論点はこれだけではない。私の調査協力者たちはシドニーにいても、自分自身を行為する者だと考えていた。それはなにも、彼・彼女らがイスラエルに対して具体的に行動できる力をもっているからではなく、彼・彼女ら自身が、やり返す力、逆襲する力があるとみなしている勢力であるヒズボラと、深く自己同一化しているからなのである。すなわち、本章で提起した言い方を用いれば、彼・彼女らはヒズボラと自己同一化しているだけでなく、ヒズボラを貫いて自己同一化しているのだ。ヒズボラとの自己同一化を通じて、逆襲している自分自身を想像しているのである。ここに至って、私は自分と調査協力者たちの感情的な違いの中心的な論点が、学問的な観察者としての私の立ち位置だけではないことを認識した。それは、ヒズボラに対する私の自己同一化の性質でもあったのだ。私はヒズボラと、ヒズボラがイスラエルの猛攻に対抗し生き延びる力に対して、ある種の誇りの感覚を経験していたが、にもかかわらず、キリスト教系のレバノン人であり、不可知論者で世俗的左翼である私は、レバノン内戦の闇の歴史のなかで、ヒズボラの台頭が、シーア派の多くの共産主義知識人や活動家たちの殺害を伴うものであったということを忘れることはできず、それが私のこの党派への自己同一化に歯止めをかけていたのである。そしてこの自己同一化の力の欠如こそ、私と調査協力者たちの力の感覚や、それに付随する怒りの違いを説明するものであった。調査協力者たちとの感情的な自己同一化は、文化的な自己同一化にも増して、あれかこれかという単純な問題ではなく、人類学者が時間をかければ獲得できるといった、量の問題でもない。それははるかに複雑な過程なのであり、絶えず批判的に再評価される必要があるのだ。政治的な感情の場合、既存の権力関係における感情的な自己同一化に基づいていること、そしてこうした関係性の内部でのその人の立場が、決定的に重要なのである。

民族誌的な揺らぎについて

これまで論じてきたように、人類学者とその調査協力者が経験する感情には、たとえ前者が後者に自己同一化し共感しようとしてもいくつかの根本的な違いがある、と主張することは、両者が似たような感情を経験できないということではない。ただ単に、こうした経験が似ている度合いには限度があるという話である。実際、いろいろ論じてきたにもかかわらず、私は疑う余地なく自分の調査協力者たちと、悲しみとともにイスラエルに対する怒りや嫌悪などの感情を共有していた。そして同様に疑う余地なく、そのことによって、彼・彼女たちが経験していることを、純粋な「文化的」アプローチ——文化的なものと感情的なものをある程度区別して考えることができるとする——よりもずっと、理解することができた。しかし、先述のように私には調査協力者たちと共有できないものがあることを問う必要があるとしても、彼・彼女らと共有できるものには問題がないということにはならない。だがひとりの人類学者にとって、自分が接する個人あるいは集団と感情を共有していても、そこで共有されているものへの分析的な視点をもち続ける、ということが何を意味するのかを批判的に考察することで、参与観察の矛盾というより馴染み深い議論に、感情についての問題をめぐって入り込んでいくことになる。この矛盾こそ、本章を締め括るにあたって取り上げたいことなのだ。

確かに、参与観察につきものの伝統的な緊張関係は、それが感情のレベルで作用するとき、高まるように思われる。民族誌研究者（エスノグラファー）として、調査対象の文化における集合的な感情の浮き沈みに参加することができなければ、良い参与はできない、というのがそのよい例である。しかしながら、ある人々の集団の気分を共有することは、慣習や文化を共有することよりもはるかに、その集団に没入するということである。よって、次のような場合が想定されうる。ひとたび人類学者が、調査協力者たちのように行為するだけではなく、調査協力者たちと同じように感じるようになりはじめたら、人類学者は参与と観察のあいだにある、想像上の文化の境界線を、もはや行ったり来たりすることができなくなるのだ。人類学者は「観察者」であることをやめ、ただの「参与者」になった、といえるかもしれない。しかし、このことをもっと建設的に考えてみると、感情的な境界線は、文化的な境界線よりも、他者における深い部分にある。いったん調査協力者たちと感情や気分を共有すると、ブルデューが社会的重力と呼ぶもの――社会の中へと引き込まれる力――が、いっそう強く作用する空間から仕事をすることになる。それは、調査している社会から観察／分析という目的を切り離せないということではなく、はるかに多くの努力――それ自体、感情的であるところの努力――を、費やすということを意味するのである。

これは、政治的な怒りや嫌悪のような感情について論じるときに、とりわけ当てはまることで、そこでは参与と観察のあいだの緊張関係は、政治的なものと分析的なものの緊張関係とないまぜになっている。というのも、次のような質問をすることは至極まっとうなことだからだ。すなわち、人類学者には、嫌悪することが許されるのだろうか。そして、そのような政治的な感情の分析的帰結とは、どのようなものなのだろうか。

すでに述べてきたように、これまで長いこと私はブルデューの次のような指摘について考えてきた。すなわち、知的探究の論理と政治の論理には根本的な違いがある。後者は定義的にいって、人々に政治的な立場に立つことを求める。その結果、批判的な問いの探求や問いかけをあきらめなければならず、防御的な姿勢に終始するようになる。最終的には、次のように言わねばならない。「これが私の立ち位置だ。私と同じ立場に立たないなら、君は私の敵だ」。ブルデューが論じるところでは、知的探究では、こうした友／敵の論理は成り立たない。というのも、単純な話、それはどれかひとつの立場に立つことができないからだ。あるひとつの立場に立つということは、批判的に探求するのをやめるということなのだ。こうした視座（パースペクティヴ）からみれば、嫌悪という概念は明らかに、敵意（enmity）と政治の言説に属するものであり、それ自体、人類学とは無縁であるべきものである。その結果、私は怒りや嫌悪を経験するのと同時に、こうした感情が生み出される条件を検証するために、ある種の感情的な距離感を取り戻し、客観的になろうとつねに努めてきた。にもかかわらず、私は依然として政治的な立場、この戦争でイスラエルに反対する立場に引き寄せられている。たとえば私は、戦争で亡くなった人々を追悼し、イスラエルの行いを広く知らしめるための公共の式典を、シドニー公会堂で開催するために活動したかった。そうしたレバノン系オーストラリア人の死者を追悼することは、彼・彼女らがオーストラリア市民であるかぎり、私的な問題として留め置かれてはならないもので、その他のオーストラリア人にも共有され、理解される必要があると考えたのだ。

だからこのような意味で、私は実際には、二つどころか三つの参与のあり方のあいだで折り合いをつけていた。感情的な参与、分析的な参与、そして政治的な参与である。そして難しかったのは、この三つが私の中で共存していたという事実ではなく、この三つがしばしば「軋轢」の状態にあったという事実であり、その軋轢の状態は民族誌的な実践に固有の、参与観察に必然的に伴うあいまいさに根ざした、もうひとつの感情の層を生み出したのである。

ここには、参与観察における緊張関係についての古典的な概念と、観察と「感情的な参与」との緊張関係という、重要な違いが存在しているのがわかる。文化を中心に考察してきた古典的な「参与観察」の記述によってしばしば認識されてきたように、「〔観察対象の集団の〕一員であるか、そうではないか」、という感覚があるのは、感情の次元でも同じであるが、感情という領域において〔参与が〕展開されるとき、新たな側面が浮き彫りになる。文化中心的な参与観察は、人類学者が自分自身の文化と他者の文化のあいだを行ったり来たりするものの、民族誌に特有の第三の文化が生み出されることはない。感情に個人的な側面があることもあいまって、感情中心的な参与観察は人類学者の内面に、民族誌に特有の一連の感情を生み出す。自分でフィールド調査をしてみて、特定の感情的状態を調査協力者たちと共有し、その感情を分析という目的のために抑制することができる能力は、私がときには感情的になり、ときにはそうではなかったりするといった単純なことではないと感じた。またそれは、まるで感情を理性的なやり方で統制したり抑制したりできるものであるかのように、あえて感情的になったりならなかったりする、ということでもない。そうではなく、すでに述べたように、それは私が感情的であることと分析的であることのはざまで、たえず折り合いをつけてきたということなのである。このことがとくに難しかったのは、感情を分析的な言語へと還元するのではなく、それを感情として「ありのままにとらえる」ことをめざしていたからだった。

そのような状況は、フランスの博物学者ジョフロワ・サンティレールによって分析された、ある特別な種類のラマ（リャマ）の家畜化の事例を想起させた[30]。サンティレールはアンデスの山岳部に住む農民たちが、このラマの毛が高品質であることに気づき、何とかして家畜化しようとした経緯を説明している。問題になったのは、ラマを捕まえて野生から家畜にすると、たちまち毛の品質が落ちてしまったことだった。そういうわけで、畜産農家たちはややこしい問題に直面することになった。毛の品質を保つために、どのようにしてこのラマを野生の状態のままにしておくか。それと同時に、このラマを活用するために、どのように野生の状態ではなくすか。これは困難な弁証法であった。ラマを「文明」の一部にする必要があったが、それと同時に、ラマは文明の外に留め置かれることによってのみ、文明の一部としての価値をもったのだ。そこで畜産農家たちが発展させた技術を、サンティレールは野生状態の保護（sauvegarde de l'état sauvage）と呼んだ。これこそが、ある重要な意味において、人類学者が調査協力者たちと共有する感情の状態を分析する際にとらなければならない対処の方法である。一方で、感情は理性的な分析手順の中に持ち込まれ、その対象とならなければならないが、他方では、感情の荒野とでもいうべきところから「それらを持ち出し」、「分析可能な」データに還元するまさにその過程で、それがもつ感情としての特性に内在する分析的価値が失われてしまうのだ。それゆえに必要不可欠となってくるのが、感情（すなわち、自然）を、それが感情の「自然さ」という特性を失うことなしに、分析（すなわち、理性的な文明）の対象とする方法を探ることなのだ。結果的に、民族誌研究者（エスノグラファー）は、感情が「観察」の対象となるあいだ、たえず折り合いをつけなければならず、また感情が経験されるまさにその過程において、「その野生状態を保護する」ように、つねに努めなければならない。

これまで論じてきたように、この民族誌に特有の交渉は、それ自体が独特の感情に満ち溢れており、これを私はスピノザの概念である揺れ動くコナトゥスから引用して「民族誌的揺らぎ（ethnographic vacillation）」と呼びたい。スピノザのいう揺らぎとは、喜びのための矛盾した努力の産物である。基本的に、私たちはつねに自分が欲しているものが何かを知っているわけではないし、相反することをしばしば欲してしまうものだから、揺らぎが起こるのである。ブルデューのイルーシオの概念を用いるならば、揺らぎとは私たちが矛盾したイルーシオをもつときであり、互いに相容れない多くの矛盾する事柄が私たちの生を意味あるものにしたり、相容れないものであるのにもかかわらず、それらを求めてしまったりするときのことである。だが重要なことは、揺らぎとはただ単にさまざまな存在のあり方のあいだの移動ではない。それは、それ自体における存在のあり方のことだ。だからこそそれは、分析と参与のあいだを民族誌的に往来することで生まれる存在のあり方を、とてもうまくとらえるのである。文化人類学者にとって根本的に重要なのは、人類学的なイルーシオと、調査対象の文化に帰属するイルーシオの両方を、共有することである。それは単純に、あるときはひとつの現実(リアリティ)に加わり、またあるときは別の現実(リアリティ)に加わる、ということではない。それは両方の社会的現実(リアリティーズ)の中に、民族誌的な存在の様相の特性を生み出す矛盾した要求とともに、身を投じる試みなのである。感情的な状態に対処することは、民族誌的揺らぎが規則的な動きではないことを明らかにする。それは参与観察という発想を説明する際に一部の人類学者たちが用いる、振り子というよく知られたイメージのようなものではない。というのも、それは参与と観察というふたつの文化のあいだの、予測可能でリズミカルな動きを象徴しているからである。むしろ、民族誌的揺らぎとは、砂浜でピンポン玉になり、波に引き込まれたり流されたりするようなものだ。砂浜は調査協力者たちの文化を、海水は人類学者の文化的世界を表象している。ピンポン玉の動きは予測不可能で無秩序だが、それは確かに、はるか沖合に流されることもあれば、波打ち際の近くを漂うこともある。ときには、波が再びそれをさらっていくまで、砂の上に比較的長い時間、留まっていることさえあるかもしれない。またあるときには、ピンポン玉は海中深く引き込まれるが、きっと再び、砂浜に打ち上げられるだろう。

おそらくだが、文化的生活のそれほど感情的ではない側面を扱う際、民族誌研究者(エスノグラファー)は、ピンポン玉を砂浜に置くか、海に投げ込むか――そして、どれくらいのあいだそうするか――を決めるくらいの、いくばくかの行為主体性はもっているのだろう。だがそれにもかかわらず、この揺らぎを認識して批判的に内省する能力は、いかなる民族誌的試みにとっても、中心的な課題なのである。

Alter-political rationality and anti-political emotions: The case of Fanon

第6章 オルター・ポリティカルな理性とアンチ・ポリティカルな感情
——ファノンの場合

この章ではファノンの著作における感情的な側面から派生する、いくつかの詳細を考察していく。もちろん、フランツ・ファノンは、人種化された主体にみられ、人種化される社会的過程によってその主体の中に形づくられる感情の状態について考察した。ファノンはオクターヴ・マノーニの業績に批判的な考察をしているにもかかわらず、植民地主義的レイシズムの研究では主観性と客観性を結びつける必要があるという点では、マノーニの主張に同意している。「マノーニ氏の研究は真摯なものだ。なぜなら、それは、一定の状況を引き受けたり否定したりする、あの人間のもってい る可能性以外の場で人間を説明することはできない、ということを示そうとしているからだ。植民地化の問題はこのように、客観的・歴史的条件の交叉だけではなく、これらの諸条件に対する人間の態度をも含んでいるのである」[1]。さらに、ファノンによれば、レイシズム研究において、個人の心理状態はそれ自体がつねに社会的なものとなる。「ユングのいう集団的無意識という、あのめくるめくような所作――それほどこれは私たちを狂わせるものなのだ――を用いないかぎり、まったく何も理解できない」とファノンはいう。[2]

この点でファノンの著作が特徴的なのは、自分の置かれた社会‐心理的状況と、その同じ状況における感情的節合の双方をたびたび文章で表現することで、分析的なものと感情的なものを融合させていることにある。ファノンがレイシストについて分析し、「こうした愚か者たちは心理学的‐経済的なシステムの産物である」と完全に理解し、それを読者に伝えるのは、まさにこうした融合の典型である。[3] マイケル・ハートとアントニオ・ネグリは近著『コモンウェルス』で、もうひとつの近代の政治を提唱する際、ファノン主義的な図式を採用しているが、今日、ファノンの業績を用いるのであれば、ファノンの分析では知的な側面と感情的な側面があまりにも複雑に絡み合っているために、彼らがしているようにそれらを切り離して論じることはできないのだと主張したい。そのようにしてしまうと、こうした感情的な側面の存在が意味する、重大な政治的波及効果を取り去ってしまうことになるのだ。

ハートとネグリ、ファノンともうひとつ(オルター)の近代の政治

ハートとネグリの『コモンウェルス』は、近年の重要で創造的な試みであり、既存の、依然として今日的意義を留めているヨーロッパのラディカルな社会理論の伝統の多くを統合し、乗り越えよ

うとしている。それは未来に向けた根源的（ラディカル）な想像界と、その実現に向けた政治の双方を、再定式化するものにほかならない。フレドリック・ジェイムソンはこの本の裏表紙に、「今日における抵抗のあり方とその可能性を示す、刺激的な論考」であると書いているし、ナオミ・クラインは「読者を、私たちが直面する危機の根幹にいざない、そして根本的（ラディカル）かつ人間性に深く根ざした解決策を提案している」と推薦している。ハートとネグリはこの本を「別の近代性（オルター・モダニティ）」のための闘争の一環と位置づける。彼らによれば、この言葉は「近代性とそれを規定する権力関係からの決定的な切断を指し示すために用いている。というのも、私たちが考える別（オルター）の近代性は、反（アンチ）近代性の伝統から出てくるものであると同時に、対立と抵抗を超えた広がりをもつという点で、反近代性の通常の経路からはずれるものでもあるからだ[4]」。

　ハートとネグリが、植民地主義と闘う際に植民地知識人がたどらなければならない段階について概念化するとき、そこには長らく影響力をもってきたファノンの思想に対する敬意が込められている。彼らはファノンの思想を、社会的闘争を反（アンチ）近代からもうひとつの（オルター）近代へと発展させていくうえでたどらなければならない段階の見本だとみなす。彼らが説明するように「ファノンによれば、植民地知識人の第一段階は、ヨーロッパ文化・思想に可能なかぎり同化しようとし、近代的で良いもの、正しいものはすべてヨーロッパに起源があると考える。その結果として、植民地の過去とその現在の文化を一段低いものとみなす[5]」。第二段階において、こうした植民地知識人の一部は、ヨーロッパ中心主義的な思想と植民地権力に対して、自らの本来の文化を礼賛し、再武装し、そこに象徴的に立ち戻ることで反旗を翻す。ファノンが指摘するように、「植民地知識人は、これまで知らなかった根にたちかえる必要を感じる。何事が起ころうとも、この野蛮な民衆のなかに自己を失う必要を感じるのである」[6]。ハートとネグリは、そのような立ち位置のもたらす陥穽にファノンが批判的であったと指摘する。ファノンはそれを、第三世界ナショナリズム、ネグリチュード、そして汎アフリカ主義といったイデオロギーの現出とみたのである。なぜなら、ハートとネグリが述べるように「過去の苦難にこだわるのであれ、過去の栄光にこだわるのであれ、その民族のアイデンティティと伝統を肯定することには、たとえ近代性の支配に対立するものであっても、固定的（スタティック）な立場を生み出すという危険が伴う」からである[7]。ファノンにとって「伝統にすがりつき、またはおき去りにされた伝統を再びアクチュアルなものにしようとすることは、単に歴史に逆行するのみか、民衆の意志にも反するものだ。民衆が、不倶戴天の植民地主義に対抗する武装闘争——あるいは政治闘争でもよい——を支持するとき、伝統はその意味を変える」[8]。これこそが「知識人は反近代性にはまり込むことを回避し、そこを通り抜けて第三の段階へと向かわなければならない」理由なのだ[9]。ファノン、ハート、ネグリによれば、ここでめざされるのは新しい人間性の創造であり、それにより、近代と反（アンチ）近代の固定化された対立を乗り越えて、躍動的で創造的な過程が生まれるのである。反（アンチ）近代からもうひとつ（オルター）の近代への経路は対立ではなく、切断と変革として規定される[10]。

多くの社会主義・反（アンチ）植民地主義運動の失敗を見てきた私たちが今日、対抗的な思想の多くが、当時それに忠誠を誓った急進的（ラディカルズ）な人々が望んでいたのとは裏腹に、対抗していたはずの植民地主義的・資本主義的近代と、より多くのことを共有するようになってしまった、と考えるのはたやすい。それゆえ、ハートとネグリが、ラディカルな思想は「抵抗（アンチ）」から「別のあり方（オルター）の模索」へ、単なる否定による対立からポジティブな再想像へ、そして根本的（ラディカル）な別のあり方（オルタナティブ）の探求へと移行すべきだと呼びかけるのにも、同意できる。とはいえ、本章で議論していくように、ファノンのいう「新しい人間性」という概念化に伴う「切断」を、ハートとネグリのように考えるのにはかなり無理がある。なぜならそもそも、彼らは知性における切断と、情動における切断を区別していないからである。これから私が示すように、ファノンの概念化は、そのままで「別のあり方の模索（オルター）」であるわけではなく、ヨーロッパ的近代の植民地主義・レイシズム的側面への、ある極めて特殊な情動的で両義的な反発の様態によって、依然としてつき動かされているのである。すなわち、それはこうした近代性に感情的に束縛されているのと同時に、知的・政治的には、それを乗り越えようと欲しているのである。この両義性は結局、ファノンの分析と政治の解放への潜在力を抑制してしまっている。ハートとネグリによる、ファノンのモデルへの無批判な追随は、彼ら自身のもうひとつの近代（オルター）の概念化にも影響している。

ファノンの普遍主義

ファノンの政治と分析を導くもっとも重要な価値のひとつ——もっとも重要なひとつではないかもしれないが——が、普遍性への希求であることは疑いない。彼は明らかに、普遍主義者のエートスのために闘うことが人間存在をまさに定義する重要な一部であると信じていた。それは単なる政治的な選択ではなく、ホミ・バーバが的確に指摘しているように、ひとつの「存在論」であった。[11]

普遍性とは「人間の条件に付随している」ものであり、ファノンはそれを『黒い皮膚・白い仮面』のなかで説いている[12]。

結果的に、普遍性への希求はファノンの仕事において規範的な価値をもつものとなっている。イデオロギーや信念の良し悪しは、人間がこの普遍性を希求しようとするときに、それがどれだけ助けになるかで決まる。彼はネグリチュードから批判的に距離を置いたが、それはつねに、その特殊主義的で本質主義的な傾向に対する反感からくるものだった。同じように、ファノンにとって、国民意識の主な弱点は、それがもっとも原初的な特殊主義へといつでも舞い戻ってしまう恐れがあるからだった。ホミ・バーバが説明しているように、ファノンにとって「国民意識とは未熟で空虚で壊れやすい殻にほかならない。その殻にひびが入るというのは、独立したばかりの新しい国々が、国民から民族へ、そして国家から部族へと、後戻りしやすいということだ[13]」。

前記のように考えると、ファノンにとって、植民地主義的レイシズムの核心とは、人種化された個人から普遍性への希求を奪おうとすることなのだというのは驚くべきことではない。それは、人々を特殊化するか――「ひとりの人間に対しては人間らしいふるまいが要求された。私に対しては黒い人間のふるまい、――いやむしろ、ニグロらしいふるまいが要求されていたのだ[14]」、もしくは、人々を客体化するかによってなされるが、ファノンにとって両者は同じことを意味した。「私は事物に意味を担わせるつもりでこの世界に生まれて来たのであった。私の心は世界の根源に存在したいという欲求に満ち溢れていた。ところが私は他の数多くのもののうちのひとつにすぎぬ自分を発見したのだ[15]」。レイシズムは、人種化された者を否定的な特殊性の中へ「固定する」プロセスとして、つねに出現する。「そうだ、黒人は、良いニグロであることが求められるのだ。とするなら、残りのことはひとりでに定まってくる。黒人に片言（ピジン）をしゃべらせるのは、彼を黒人というイメージにぴったりと張りつけ、鳥もちで捕え、身動きできなくさせ、彼自身には責任のない、ある本質の、ある仮象の犠牲とすることである[16]」。

しかし、ファノンが何度も強調するのは、黒人を本質的で人種的な特殊性へと「固定化する」こと自体が、ネガティブな特徴をこの人種的特殊性へと結びつけるよりも、はるかに悪質だということである。

ニグロに対して片言で話すということは、彼を不快にする。なぜなら、彼は「片言を話すもの」となるからだ。もとより、不快にしようという意図も、意志もないのだと言うかもしれない。これは認めてもよい。だが、まさに、この意志の欠如、この無造作、この無頓着、このくつろぎ、こういった態度で彼を見つめ、彼を身動きできなくさせ、原始人扱い、非文明人扱いすることこそ、不快を与えるのである[17]。

以下では、ファノンの業績のこうした側面に、批判的に介入していきたい。だからといって彼の洞察を過小評価するのではなく、彼がレイシズムと「特殊化」または「本質化」のこうした関係あるいは連想に重きを置くことに、疑問を投げかけたいのだ。このことは、この連想が今日の反レイシズムの基本認識の一部となっているため、とりわけ重要である。反レイシズムと反本質主義はとくに、密接に連携してきた。

黒人のアイデンティティを固定化し本質化する、フランスによる人種化に共通するあり方だとファノンがみなしていることについての、ファノン主義者たちのおおむね標準的な見解だと私がみなしていることに関して述べさせてほしい。「確認すべきことは、ヨーロッパ人には、黒人についての一定の観念があるということで、次のような言葉を耳にする以上に絶望的なことはない、『いつからフランスにいるのですか？　フランス語を上手に話しますね[18]』」。

私はあらゆる種類の反レイシストと長いあいだ過ごしてきて、ファノンがいったようなことは、今日、反レイシストにとっての常識の一部になっていることを知っている。あなたが人種化された人間だとして、「いったい君はどれぐらい（どこでも好きな西洋の国を当てはめてほしい）に住んでいるんだい？」と尋ねられるのが、なぜ「不愉快」なのかは明らかだろう。私もしばしば自分のフィールド調査でこれに遭遇してきた。多くの人たちが私の目の前で、不満をあらわにしてきた。というのも、誰かが上から目線の言い方で、英語やフランス語がとても上手だねと、その人たちに言ったからだ。またパーティーやイベントで、私自身が教える学生たちの多くが、「それであなたはどこの出身？」と尋ねてくる人々について皮肉なコメントをしているのを聞いたことがある。確かに、レイシズムと反レイシズムの文化のなかで生きている一部の学生たちのあいだで、この質問は象徴的に重要なものになっているようである。学生たちは呆れて、こんなふうに言う。「夕べ、『君はどこから来たんだい』というふうに扱われたよ」。私も個人的に、こうした明らかに悪気がない質問をされてきたし、それが不愉快な経験になりうることを疑ってはいない。

にもかかわらず、意地悪に思われるかもしれないのを承知のうえで、この種の質問や発言をされることが「不愉快」だというのが、なぜあたりまえなのか、と問いかけることから始めてみたい。このような質問がなぜ、西洋社会において「他者」として構築された人々をイライラさせるのか、私にはよくわかっていることを、読者のみなさんも認めてくれるだろう。それは「自分はここ出身の人間だから、『あなたはどこから来たのですか?』と尋ねる権力をもっている」などと言う人を中心化し、正当化する言い方であるか、質問された側の人間を周辺化する効果をもちうるものなのだ。しかし、この質問は確かに腹立たしいものでありうるが、よく考えれば、なぜ、それが腹立たしいものに違いないことが自明のことであるべきなのかは、実はよくわからないのだ、といわねばなるまい。

こうした「それは言うまでもないことだ」といった態度についての第一の疑問は、それがもっぱら、普遍性を否定しているがゆえに腹立たしいということにこだわっていることだ。先述のように、私は、どこから来たのかと尋ねる人々に対してファノン主義的に憤りを表現する、多くの人々に出会ってきた。だが、それと同時に、どこから来たのかと質問されないことで、まさに憤った人々にも出会ってきた。ロンドンに住むあるレバノン人は、このことをはっきりと話してくれた。転職先で、仕事帰りに同僚と初めて飲みに行った夜のこと、「その夜ずっと、新しい同僚たちと過ごして、彼らは誰も私にレバノンのことを尋ねようとしなかった」。それは、私にはなんだか重要なことに思えた。レイシズムはしばしば、普遍性の否定としてと同様に、特殊性の否定としても、経験される。そしてレイシストたちは差異を強調するのと同じぐらい、差異を無視することによっても、人々を周辺化することができるのだ。

とにかく重要なのは、人種化された人間は一般的にいって、特殊性への願望と普遍性への願望のはざまで揺れ動いているということだ。反レイシスト活動家には理解しがたいかもしれないが、人種化された人々はとりわけ、簡単には満足しない。もし、彼・彼女らの普遍性を強調したら「なんてことだ、よくもあなたは私の特殊性を無視してくれたものだ」と言うだろうし、だからといって、彼・彼女らの特殊性を強調したら「なんてことだ、よくもあなたは私の普遍性を無視してくれたものだ」と言うことだろう。私の民族誌的調査の経験からすると、この普遍的なるものと特殊なるものへの願望のはざまでの──スピノザ的にいえば──揺らぎは、もっとも人種化された人々の規範なのだ。実際、普遍的なるものへの希求よりも、この揺らぎこそが、人間本来の条件であるといえる。人々が、新しい文化集団の中に統合されるのを望むか、あるいは生まれついての集団の一員であり続けることを選ぶとき、彼・彼女らは特殊化され、自らの普遍性を否定されることだけを恐れるわけでもないし、普遍化され、自らの特殊性を否定されることだけを恐れるわけでもない。両方を恐れるのであり、両方に「固定化」されるのを恐れるのである。つまり、普遍的なものと特殊なもののはざまで、思うがままに揺れ動くことができる空間にいることができなくなることを、恐れるのである。

このような視座(パースペクティヴ)からみれば、この揺らぎの必要性を否定すること、レイシズムを単なる普遍性

*1 原文では difference だが、誤記と判断した。

の否定へと還元してしまうこと自体が、ファノン的な経験に特有のものなのだ。実際のところ、ファノンにとって、普遍性の追求と特殊性の追求は、どちらを選ぶかという問いなのであり、生きていくうえでどちらが望ましいのかは、いつだってわかりきったことなのである。

より特殊なケースとして、パリでアンティル出身の学生同士が出会うとき、ふたつの可能性が彼らに示される。

——白人の世界、すなわち真の世界を支持するか。そして、そのときはフランス語が使われるので、いくつかの問題を考察し、結論において、ある程度の普遍主義に向かうということが可能である。

——あるいは、ヨーロッパを、「やつら」を拒否し、マルチニック的環境とでも呼びたい雰囲気の中に気楽に腰を落ちつけて、方言で気持を通じ合うか。[19]

この選択の問題に際し、ファノンは、自己同一化(アイデンティフィケーション)の一部を構成する基本的な揺らぎを否定しただけではない。人々にどちらかの選択を仕向ける特定の経済・文化資本の大きさに基づいてこの選択がしばしば行われているという事実からも、彼は目を背けている。その結果、特殊性への希求を犠牲にして普遍性への希求に完全に取り憑かれているように見えるのはいつも、高い文化資本をもったコスモポリタンな人々である、という事実からも、ファノンは目を逸らしている。このような普遍性に対する強い投企は、ブルデューならば普遍主義者のイルーシオと呼んだであろうものであり、[20]それは近代性の只中において高度な文化資本を獲得することを自動的に意味している。そのうえ、そのような人種化されたコスモポリタンたちは、他者に自分の特殊性を「固定化」されるのを防ごうともっぱら闘うことによって、自分自身を普遍性のうちに固定化することになる。つまり、彼・彼女らは、自分自身の主体としての揺らぎを否定することになるのだ。ファノン的な経験を階級的特殊性という問題だけに矮小化するつもりはないが、にもかかわらず、こうした特徴を認識することは、レイシズムをある特殊なレイシズムの経験に還元させないために、またその経験の特殊性を十分に理解するために重要なのだ。

本章の冒頭で引用した、「その民族のアイデンティティと伝統を肯定することには、……固定的(スタティック)な立場を生み出すという危険が伴う」というハートとネグリの一節、そして彼らが、人間は普遍的なるものにも固定的でありうるということを理解できないということの背景にも、同じようなコスモポリタン／ハイカルチャー的資本がある。そうした彼らの立場から、彼らが前著『〈帝国〉』で特殊化されたローカリズムとみなしていたものに対抗する、ある種の普遍化された運動への称賛が繰り返される。その結果、彼らはローカルなアイデンティティを救いようがない妥協の産物であり、「資本主義的な〈帝国〉」の一部とみなす。[21]ディペッシュ・チャクラバルティは『ヨーロッパを地方化する（*Provincializing Europe*）』の第二版の序文のなかで、こうした立場を断固として批判している。それは私がここで定式化しようとしている批判について述べたものなので、少し長めではあるが、引用するだけの価値はあろう。彼は次のように述べる。

こうした主張は、歴史そのものを忘却しているように思える。それは、ヨーロッパ人たちがかつて謳歌した植民者としての移動と、技能労働者であれ非熟練労働者であれ、現代の移住労働者たちの移動の違いを等閑視している。ヨーロッパ人たちが新たな土地（home）を探し求めた先ではどこでも、その帝国主義の力と現地人の支配によって、彼・彼女らが本国に残してきた生活世界の重要な要素の多くを複製することが――現地で変化したことは間違いないにしても――できた。ヨーロッパからの植民者たちが、移住先の国で自分たち自身の言語を失ったことがあっただろうか。いや、そのようなことはない。しばしば自分の言語を失ったのは、現地人のほうだった。同じように今日、入植者国家、あるいはヨーロッパの国々における移民は、自分たちの子どもが自分たちの言語を失ってしまう脅威にさらされながら暮らしている。彼・彼女らの移住先での文化運動の多くは、そうなるのを防ぐために起こったのである。そうした運動を「ノスタルジー」の病理だなどと言って切り捨てられるのは、植民地支配の不公正な遺産が今日のグローバル化の過程をどれほど歪めているかということに気づいていない論者だけなのだ。[22]

ハートとネグリは『コモンウェルス』のなかで、『〈帝国〉』に対するいくつかの批判に言及しているが、チャクラバルティの批判への応答はない。また、ファノンの普遍主義を称賛するあまり、ハートとネグリは他のコスモポリタン社会批評家と同じように、そのような普遍主義の称賛の外部にあるものを評価しそこねており、自分たちの願望自体のもつ特殊性にも無自覚である。ある経験がコスモポリタンに特有なものだからといって、それがもつ重要性や妥当性が減じるというわけではないが、そのような経験だけに依拠した理論化は、いかなるものであれ、分析としては限界がある。

しかし、これから議論するように、普遍的なるものへのこうした極度の傾倒の背後には、文化資本の問題よりもはるかに大きな問題がある。というのも、これまでの説明から明らかなように、普遍的なるものはファノンにとって、単なるひとつの選択肢ではないからだ。それは、強迫観念なのである。彼は、ただ自分自身を普遍的なるものへと位置づけたいと思うのではなく、普遍的なるものへの心理的な執着を示しているといえる。そのような感情的状態は、単に階級的に独特な願望というだけでは理解できない。これから説明するように、それは普遍的なるものへのこうしたコスモポリタンな執着に由来する、ある独特の人種化のあり方に基づく、ある特殊な主観性の産物でもあるのだ。それはある人間を逆説的にも、その人を人種化しようとする力に執着させもするし、それを乗り越えることにも執着させるのである。これが、私が誤った呼びかけ（mis-interpellation）の効果と呼ぶものである。

だが、この誤った呼びかけの含意について検討する前に、私がファノンの見解を、このように個人的・心理的なやり方で分析することについて、さらなる説明が必要であろう。それによって、「次のような言葉を耳にする以上に絶望的なことはない、『いつからフランスにいるのですか？　フランス語を上手に話しますね』」という、先述したようなファノン主義者の主張に遭遇した際、私たちが直面する第二の疑問がもたらされるのだ。[23]

ファノンの混乱したパースペクティヴ主義

ファノンがそうであるように、客観的な分析を通じて構造的レイシズムの存在を描き出すだけではなく、人種的経験の現象学にも興味をもつのであれば、私たちは次のように自問しなければならない。「どれくらい長くフランスに住んでいるのですか？」や「あなたはどこから来たのですか？」と質問してくる人が、質問した相手の出自、あるいは、ある特定の場所にどのくらい長く住んでいるか、あるいはその両方に関心があるということを示すことによって、その人に歓迎のあいさつをしようとして、その質問をした、というわけでは本当にないのだと、実際のところどうやって知ることができるのだろうか。それが、人種化された人がただ過剰反応してしまっているわけではないのだと、どうしてわかるというのだろうか。

長期間にわたる参与的調査のみが、対象となる人々に親密に長期にわたり接することができ、その質問がなされたそのときを調査者が見ることができるため、誰がレイシストであり、誰が過剰反応しているのかを見分けることができるのだと私はいいたい。だが私のここでの一番の関心は、この質問が答えられるときではなく、この質問がなされるときである。なぜならそれは、こうした質問をまったく「レイシズム」の分析対象としない、運動と社会科学が混合した反レイシズム的な調査――ファノンの業績はそれに重要な正当性を与えたのであるが――の伝統を浮き彫りにするからだ。「レイシズム」の調査というとき、それはレイシストやその文化そして社会的境遇の調査なのか、それとも人種化された側の人々やその文化や社会的感受性の調査なのか、まるで知る必要がないかのようである。

もし私たちがパースペクティヴ主義を無視することなく真剣(シリアスリー)に取り上げるなら、「反レイシズム」全般が避けてきた、重要だが生産的な分析上の困難に直面することになる。もし、私たちがレイシストの置かれた境遇、その実践、そして私たちからの調査対象としてのまなざし(パースペクティヴ)を考慮に入れるとすれば、レイシストとその実践に研究対象を限定する必要が、まさになくなるのではないだろうか。そうなると難しいのは、私たちはレイシストによるレイシズムが人種化された人々にもたらした影響を本当には知ることができないため、「レイシズム」について何もわからなくなるということだ――つまり、ある白人のレイシストがある黒人を劣等視しようとしたからといって、その黒人が劣等視されたと感じるようになるとは限らない――そうは言っても、こうした企てが黒人にどのような影響を与え、それに黒人がどのように対処しようとしたのかを理解することなしに、レイシズムがもたらす影響を理解することはできないのだが。しかしここにおいてすら、この企てが黒人を劣等視しようとしているのだというのが前提になっている。私もしばしば遭遇するが、反レイシズムの活動家たちは新聞などでレイシスト的に思える記事を見つけては「私たちの社会がひどいことになっている」と騒ぎ立てるものだが、そういうときは決まって、誰もその記事を気にも留めないときなのだ。あるいは、ほとんどの人がその記事をレイシスト的だと認識していないときなのである。反レイシズムの活動家たちにはレイシズムを追跡してきた長い歴史があって、それが表現されるあり方にとても敏感になっている。だからときどき、レイシスト的な表現を、たったひとつの語の用法からでも見つけ出せる。しかし、そうした人々はしばしば、自分たちが関心を寄せる、人種化された共同体の中で生きるすべての人々が、自分と同じような感受性を持ち合わせていると、誤って思い込んでいる節がある。

同じことは、人種化された側の視座（パースペクティヴ）からレイシズムを研究しようとするときにもいえる。私たちは何が彼・彼女らの「痛み」となり、彼・彼女らを「苦しめる」のか、観察し分析できる。だが、人種化された人々が、レイシズムが自分たちに向けられたとき、それを「嗅ぎ分ける」ことができるようになるハビトゥスを歴史的に獲得してきたのだというだけの根拠が十分にあったとしても、実際、確かにそれは事実なのだが、そういった人種化された人々の視座（パースペクティヴ）からの研究のみを基盤として、ある特定の人々が「レイシズム」を被っていると想定して社会科学的調査の対象とするのは困難である。

こうした論点は、構造的レイシズムを分析するときにはそれほど重要ではないのだが、レイシストの感情や相互行為に関心が寄せられる際に前景化する。ファノンの思想の問題点は、このような問いを立てておきながら、彼の著作においてはこうしたパースペクティヴ主義に対する感受性がきわめて低いということだ。その代わりに見出されるのは混乱したパースペクティヴ主義であり、分析の対象が人種化された人々なのか、それともレイシストのほうなのかが、まったく明らかではない。すなわち、そこから私たちが読み取れることとは実は、自分が人種化された経験や、自分に対する扱いを耐え忍んできた経験に基づく、ファノンにとってのレイシストとの相互行為の想像界なのである。この事実があるから、ファノンの分析した主張を伝記的なものとして、彼自身が人種化された経験の文脈に沿って扱うことが許されるのである。

はっきりさせておきたいのだが、だからといってファノンがレイシズムに関するいかなる知見も私たちに与えてくれない、といいたいのではない。そんなことはありえない。実のところ、ファノンが示してくれる、レイシズムの経験をめぐる力強い見識は、ある意味、彼の人種化された想像界の核心へと私たちをいざなう、この混乱した視座（パースペクティヴ）の特質に、まさに根ざしたものなのだ。だが、もし、それがあまりにも多くの人たちに語りかけうるのだとすると、それは多くの人々にこの想像界が共有されているからである。しかし分析的な視点からいえば、それは次のようなことも意味している。すなわち、もしファノンが本当にいおうとしていたことを十分に理解し評価しようとするなら、それをこの想像界の中にきちんと位置づけているかどうか確認する必要がある。最初の問いに立ち戻れば、これが、ファノンの「憤怒」の自明性を理解することが、なぜそれが彼に「特有の」憤怒であったのかと、なぜその特有な経験が、にもかかわらずこれほどまでに多くの人々に共有されているのかの両方を、理解することになる理由なのだ。私がすでに指摘した第一の点は、ファノンの憤怒は高度なコスモポリタン文化資本をもちつつ人種化された人々――その文化資本の特質ゆえに、特殊性よりも普遍性に価値を見出す人々――に特有のものだということである。次に私が論じたいのは、そのような人々に特有のレイシズムに関する感情的経験があり、それが普遍性に対する憧れへと行きつくということである。

誤った呼びかけ——ヨーロッパ的普遍主義と植民地主義的レイシズムのはざまのファノン

ファノンの人種的な経験の「第一歩となる」構造は、ある重要な意味で、彼がフランス軍に入隊した際に経験したことのなかに、すでに現れている。ファノンの伝記作家によると、ヨーロッパの普遍主義的な呼びかけに強く惹かれたから、彼はナチスと戦うフランス自由軍に加わったのだった。ファノンはそこで、白人フランス軍兵士の黒人兵士に対するレイシズムを経験した。ファシストに対抗する男同士の友情（ブラザーフッド）のために戦っているはずの、まさにその軍隊によって、「男同士の友情」が否定されたのだ。このことが何にもまして、彼がヨーロッパ的普遍性に幻滅していくきっかけとなった。エラ・ショハットが指摘するように、「第二次世界大戦中、自由の名の下に血を流したアフリカ系アメリカ人たちと異なることなく、軍隊での献血において彼ら自身の血が文字通り『白人の血』とは区別されていることを知ったとき、ファノンは自分が、ヴィシー政権のフランスと同じくらいレイシスト的な自由フランスのために戦っていたのだと気づいた[24]」。ヨーロッパは黒人が普遍性を熱望するように仕向けたが、黒人に普遍性を望むように促し、黒人がそれを手に入れると思えたまさにその瞬間に、黒人のこの熱望を否定する。黒人はその過程において、希望と、希望が打ち砕かれることの両方に、耐え忍ばなければならない。

この構図こそが、間違いなく、『黒い皮膚・白い仮面』のもっとも鮮烈な部分——「ほら、ニグロ！」というくだり——に見られるものであり、私が誤った呼びかけ（mis-interpellation）と呼ぶものなのだ[25]。アルチュセールをひもとき[26]、レイシズムを「呼びかけ」の人種的過程であると定義するならば――すなわち、人種化された主体が構築される過程と定義するならば――、異なる三つの人種化を区別できる。第一に、呼びかけないこと（non-interpellation）であり、不可視化される経験と結びついたレイシズムのあり方である。そこでは、人種化された人々は無視され、存在しないかのように扱われていると感じる。彼・彼女らは社会的領域に物理的に存在しているのに、象徴的秩序の中では存在を承認されないのである。彼・彼女たちはあたかも、寝室の中にいるのに、主人たちがそれを気にして性行為に耽るのをやめることはない、近代初期の絵画に描かれた召使いのような存在である。第二の呼びかけのあり方は、レイシズムをめぐっておそらくもっともありがちなことで、否定的な呼びかけである。この場合、人種化された人々はまさに注目され、可視化される。社会の象徴的構造には彼・彼女らのための場所がある。だが、それは否定的に特徴づけられた場所である。「怠惰、汚い、盗人、社会問題」といった否定的な属性が、人種化された人々に押し付けられる。人種化された主体は、可視化されるために闘うのではなく、価値ある存在とみなされるために闘わなければならない。多くの移民にとっての「承認」をめぐる多文化主義の闘争は、このような形態をとる。

第三の人種化のあり方が、誤った呼びかけであるが、これは異なる秩序によるレイシズムである。というのも、それは二幕構成のドラマ仕立てとなっているのだ。まず、人種化された者は「その他大勢の人々」といった集団に属するものとして呼びかけられる。彼・彼女らは文化集団やネイション、あるいは近代性にさえ、「みなさん」と呼びかけられ、歓迎される。それで、まだ人種化されていない者は、この歓迎が「みなさん」に向けられていると信じて、自分の場所が準備されているものだと思って呼びかけに応じる。しかし彼・彼女らが呼びかけに応じ、出番を求めるやいなや、この象徴的な構造の中では自分たちは「みなさん」に含まれていないのだということを、残酷にも思い知らされる。「いや、おまえに話しかけたのではない、あっちに行け。おまえは私たちの仲間ではない」。これがファノン主義的な、人種をめぐるドラマの核心だ。ファノンはヨーロッパからの普遍主義的な呼びかけを聞き、全身全霊をもって、その呼びかけが自分に向けられていると信じる。それゆえ彼は、呼びかけに応えるが、その呼びかけが本当は彼に向けてなされたのではないと、ただ思い知らされるだけだ。この拒絶は『黒い皮膚・白い仮面』の、列車の中での「ほら見て、ニグロだよ」という一件を述べたくだりで、もっとも劇的に表明される。ファノンはそれを、その過程で誤って呼びかけられた人種化された主体が経験する、トラウマ的な背信の大きさと緊密に組み合わされた力と関連づける。

ファノンは、（いわば、普遍性へと向かう）列車に乗って席に座り、いつも望んでいたように、自分が周りのみんなと同じだと、そのときも信じようとした。「私はただ単に他の人間たちのなかのひとりの人間であることを望んでいた。私たちの共有物である世界に、滑らかな肌と若々しい力を具えて生まれ出で、建設の共同作業に加わりたいものと考えたのだ[27]」。しかし、彼は思い描いた「抽象的で普遍的な」人格に安住することを許されない。象徴的な秩序は、子どもの声を通じて、彼を人種化された特殊性へと押し戻すのだった。「ほら見て、ニグロだよ」。この特殊性の恐ろしいところは、それが現実（リアリティ）であることだ。誰かがファノン以外の黒人について何か想像したわけではない。黒人誰かを普遍性という現実（リアリティ）から引き離し、妄想や迷妄の領域へと引きずり込んだわけでもない。黒人であることは、普遍的であることと同じように、現実（リアリティ）なのだ。それはもうひとつの現実（リアリティ）を打ちのめすために用いられる、ひとつの現実（リアリティ）なのだった。ファノンは悲嘆にくれて、述べる。「『ほら、ニグロ！』 それは事実だった[28]」。そして、否定的な呼びかけには、特殊性への回帰が伴っている。すなわち、ただ主体が普遍的であることから特殊的であることへと突き落とされる――「私は、自分自身の黒人らしさ、民族的特性に目覚めた」だけではなく、悪い、人種化された特殊性へと突き落とされるのである。「『ママ、見て。ニグロだよ、ぼくこわい！』 こわい！ こわい！ この私が恐れられはじめたのだ[29]」。

誤った呼びかけについての、記録されている最初期の崇高な出来事は、ルイ・デルグレによる一八〇二年の声明だろう。彼は反奴隷制運動を率いた軍事指導者で、ナポレオンに容赦なく粉砕された。デルグレはナポレオンに宛てて、自分が行ったことはすべて、共和国の理想への信念に基づいているのだと理解を乞うた。デルグレは、共和主義者として呼びかけられていたのだ。そして、共和国は彼にこう告げる。「あっちに行け。おまえはお呼びじゃない」。「共和国初の第一執政官である方よ、私たちが待ち望む正義を施行する闘う哲学者よ、私たちはなぜ、敬愛する至高の理想が生まれた場所からこうも遠くに離れた所で嘆き悲しむままに処されていなければならないのですか。ああ、疑いようもなく、いつの日かあなたは私たちが無実の人間であることを知ることでしょう。しかしそれは遅きに失することなのです[30]」。デルグレにはナイーブなところがあり、それは、誤った呼びかけの主体になってしまう者たちすべてに当てはまる。彼は共和国の至高の理想の支持者として呼びかけられたが、どうして第一執政官〔ナポレオン〕が共和国の価値を支持するデルグレに興味を示さないのか、本当に理解できなかったようだ。さらに悲劇的なことに、彼は共和国に裏切られるまさにその瞬間に、まさに共和主義的なやり方で自分が処遇されることを、期待しているのである。

ここで、私がフィールド調査中に記録した、ボストンのレバノン系移民の語りを紹介したい。これも、誤った呼びかけの経験の語りである。ファノンの説明と同様に、この語りも誤った呼びかけがもたらすトラウマ的効果をはっきりと示している。インタビューを受けてくれたのは、ボストンで生まれた二〇歳のレバノン人キリスト教徒の女性である。

他のレバノン人の女の子と話していると、みんな同じことを言います。小学校のときは、何も違いなど感じなかったと。……すべてが変わりはじめたのは、中学校からでした。

私は、いつも自分を白人だと思っていました……私たちはそれまで一度も、自分たちが何かとても違う文化をもっているなんて思ったことがなかったのです……いまでも、自分が全然違う文化をもっているなんて思っていません……。

つまり、そう、レバノン人の家族がいて、ほかの友だちにもレバノン人の家族がいる……でも、ほかのアメリカ人が家族について話すのと、それは同じでしょ。

食べ物もそうですけど、なんというか……レバノン人がレバノン料理しか食べないなんてことはありません。ほとんどの家族は、なんでも食べます。私たちはスパゲティ、ハンバーガー、ピザ、ロースト、ソーセージ、いつも食べていますし、もちろん同じようにレバノン料理も食べるんです。

私たちの家族についていえば、アラブの音楽を聴くことさえありませんでした。私の父は、ご存じのように［彼女の父親と私は、一〇代の頃にレバノンで偶然知り合った］、アラブの音楽には興味がなく、私もどちらかというとそうです。

……

とにかく、何を言いたいのかというと、私は周囲と違うということに対して、まったく心構えができていなかったんです。お話ししたように、私はいつも自分のことを、たまたまレバノンにルーツがある、アメリカの白人の女の子だと思っていただけです……だから一〇歳か一一歳ぐらいの頃は、何か少しほかの子とは違うなと感じていただけです。落ち込むことなどありませんでした。ミレリー［オーストラリアにいる彼女の従姉妹］が話してくれたようなこと、彼女がオーストラリアで対処しなければならないような態度を、私はとられたことはないんです。私が成長した頃、ここの人たちはレバノン人に対する否定的な固定観念はもっていませんでした……［そして］、あの、予想もしなかったことが起きたのです……。

私は女の子の友人たちとボストンにいました。映画を観終わって、T駅のほうへと歩いていたのです。そしたら、大道芸人が、似顔絵を描いていたのです……それで……彼は二〇ドルほどで似顔絵を描くよと言っていました……それで、私は冗談半分で言ったんです。いま五ドルしかもっていないから、五ドル分だけの私の似顔絵を描いてくれない、って。オーケー、座って、と彼は言いました。

それで私は座って、友人たちは彼が私を描くのを眺めながら、クスクス笑ったり、「そう、そうよ」とか「うん、それ面白い」などと言っていました。それから、彼は似顔絵を私に渡して、それを見たときの私の気持ちは、本当にとても説明できないくらいでした。それは私が予想していたものとはまるで違ったのです。その似顔絵には、私ではなく、サウジアラビア人のような姿が描かれていました。そして友人たちはみんな、笑いながら、その似顔絵を褒めそやしていました。「だけど、どうして誰も、この絵はあなたに全然似ていないよって、言ってくれないの」と思いました。本当に、誰かにそう言って欲しかったのに、誰も言ってくれませんでした。同時に、もし私が自分でそう言ったとしても、惨めなだけだとも思いました。私はとても取り乱していましたが、「ははは、……なんて面白い絵かしら……」と平気なふりをしました。

夜、家に帰って、自分の部屋に入ってひとりになってから泣きだしました。こんな絵は、母に見せることさえ恥ずかしかった。この出来事があって、たぶん私は自分が思っていたような人間じゃないんだって、だんだんわかってきたのです……。

この出来事があるまで、白人として呼びかけられることが、この女性がもともと想定していた呼びかけであった（これはレバノン人移民、とくにレバノン人キリスト教徒の移民に共通の経験である）。しかし、――おそらく人種差別的な意図はなかったであろう――だしぬけに突きつけられた象徴的秩序によって、それは拒否された。似顔絵を描かれることで彼女がいきなり突きつけられるのは、

「たぶん私は自分が思っていたような人間じゃない」という事実なのだ。しかし、私たちはもうひとつのことに気づく。この誤った呼びかけが起こるのは、「サウジアラビア人」であることがそれほど素晴らしいことではないと思わせる、〔白人という〕最初の呼びかけのなかに含まれるレイシズムが、この女性に共有されていたからなのである。こうして「白人らしさ」の輪の中から排除されているまさにその過程で、この主体は依然として、白人が美しくてサウジアラビア人は醜いという「白さの美学」の優越性に依然として固執し続ける。彼女は、彼女がまさに呼びかけられていないその瞬間に、呼びかけられているという経験をし続けることになる。この誤って呼びかけられる主体たちは、その誤った呼びかけの源に対して、次第に両義的な感情を募らせていく。彼・彼女らは、その誤った呼びかけに自らの生の意味の源だと価値を与えると同時に、自分たちを拒絶する源として攻撃的な感情も抱く。

また、誤った呼びかけによるトラウマの別の側面は、呼びかけの過程におけるあらかじめの排除(foreclosure)についての、ジュディス・バトラーの重要な分析を想起することで理解できる。[31] ちょうど異性愛者への呼びかけが同性愛者という自己同一化をあらかじめ排除しているように、先ほど述べた白人への人種的な自己同一化は、有色人種という自己同一化をあらかじめ排除しているといえる。その意味で、誤った呼びかけはその対象となる主体を、まさにあらかじめ排除されていた領域へと押し戻してしまう。誤った呼びかけに伴って上塗りされるこのようなトラウマは、私たちの内部にあるあらかじめ排除された他者性(アザーネス)とのこうした対峙という、逆説的な効果に起因する。これは、もともと自己同一化していた対象に対する両義的な関係を強化し、誤って呼びかけられた主体が自分が追い出されたまさにそのアイデンティティの位置にいっそう固執するように仕向ける一方で、彼・彼女らにそのような仕打ちを与えたものに対する攻撃的な感情も高ぶらせる。

これは、親から虐待を受けた子どもが抱く「回避」と呼ばれる心理状態における、愛と憎しみの関係を暗示している。子どもは一方で、親から離れようとする。なぜなら、子どもは親が自らの痛みと苦しみの源であることを知っているからだ。だが他方で、その子どもは親のところへ戻りたいと思い続ける。なぜなら、親が本当に愛と希望の源ではないなどと、子どもは信じることができないからだ。この関係性は、そのような感情的状態の源を破壊すると同時に保存しようとする、葛藤に満ちた願望を生み出す。私が考えるに、ファノンがヨーロッパ的近代に対して抱き、もうひとつの近代の模索へと昇華させたのは、まさにこの種の情動なのである。この情動の否定的な側面は、グエの遺棄神経症（névrose d'abandon）の主張と非常に似ている。ファノン自身、グエの議論を、もうひとりの黒人であるジャン・ヴヌーズの神経症を理解するために援用している。

> 彼女〔グエ〕が遺棄神経症と呼ぶものはプレ・エディプスな性格をもったものであり、それを古典的なフロイト主義者が記述する本来のポスト・エディプス的葛藤と対比させながら、グエ博士はふたつの症状を分析している。第一の症状が、ジャン・ヴヌーズの窮状に当てはまるように思われる。「この三角関係——あらゆる遺棄から生み出される苦痛に満ちた悲しみ、そこから高まる攻撃的な感情、そして一連の感情から湧き上がる自分に対する劣等感——こそが、この神経症の総合的症状である」[32]。

レイシスト的な呼びかけの異なる形態に関する議論に議論を戻すと、ある人間の自己形成についてのレイシスト的な誤った呼びかけの効果は、否定的な呼びかけや、呼びかけないことよりも、はるかにトラウマ的である。なぜならそれは、自分は人種化されないのだ、「ふつうの」近代の普遍的主体として自己形成できるのだと、支配的文化に対する防御を解くように主体をそそのかすからだ。先述のレバノン系の少女の事例では、この普遍的主体は白人性の形態をとっている。ファノンの場合は、主体は自分自身が主体となれる空間としての普遍性を望み、信じるように誘惑される。この希望の瞬間の次に訪れる拒絶は、必然的に、社会的および／あるいは心理学的な解体のかたちをとる。

よく知られているように、アルチュセールによる呼びかけという概念は、ジャック・ラカンの「鏡像段階」に関する議論における主体形成の概念化に触発されたものであった。その研究で、ラカンは子どもが自分の内なる自己を断片的な寄せ集めであるかのように感じることと、外部から与えられた、分裂していない統一された自己という理想的なイメージ（鏡像）との不均衡を経験しはじめる、人生の一時期について詳述している。ラカンは精神分析の伝統におけるさまざまな要素を組み合わせ、分裂した自己が分裂していない理想的な自己へと変貌するために、まさに文字通り、絶えず「気を引き締め（put itself together）」ようとすることを通じて、自己が形成されるという概念を提示している。それはまた自己同一化の概念を、「そうである（being）」という単純な過程としてではなく、「そうであるように努める（trying to be）」ものとしてのアイデンティティ形成としてとらえることを促す。アルチュセールのいう呼びかけは、自己形成と気を引き締めるというこうした過程が、私たちが社会的に規定された主体の位置づけをめぐって交渉するように促されるときに、つねに社会的に起こっていることを示している。

一方で、レイシズムは――それがどのようなレイシズムであろうとも――、ファノンがよく描写しているように、遠心力として働く。「そうであるように努め」たり、「気を引き締め」ようと格闘している人種化された主体にとって、より労力を費やす求心的な努力が、他者と直面した際に共同性の感覚を維持するために必要とされる。そのうえ、ファノンもいうように、レイシズムはつねに、人種化された人々が自分たちの身体に、衰弱させるあり方でより意識的になるように仕向ける。この意識は、身体を機能不全にする。それはタイピングしているとき、キーボードの上でどの指でどのキーを叩けばよいか、意識しようとするようなものだ。「ところがその後、白人のまなざしと対決する羽目になった」ファノンは述べる。「かつてない重圧が私たちを押しつぶした。本当の世界が私たちの分け前さえ脅かしていた。白人の世界においては、黒人は自己の身体図式を構成するのに多大の困難に出会う。身体の認識はひとえに否定的な作業である。それは第三人称での認識だ[33]」。

しかしレイシストによる誤った呼びかけは、さらに上をいく。なぜならまさにこれまで述べてきたように、それは拒絶として働くよりも前に、まず歓迎の呼びかけに応じて、希望をもって自己形成するように、人種化された主体に働きかけるからだ。その効果は、よりトラウマ的である。「私は世界に呼びかけた。ところが世界は私の熱情に水を差したのだ[34]」。これが、列車の中でファノンの身に起きたことだ。安心して気を引き締めて、普遍的な主体に「なろうと努める」とすぐさま、

「ほら見て、ニグロ」という拒絶がやってきた。誤った呼びかけが生み出す、この自己が解体する感覚は、それより前にあって、それが崩壊した後でさえ、あるいはまさに崩壊したからこそ、放棄することができない、普遍性への希望に満ちた当初の信念と切り離して理解することはできない。

否定的な呼びかけによって、レイシズムは、見せかけではヨーロッパ的近代の一部であっても、そうであることをたいして期待されていない主体に働きかける。もちろん、彼・彼女らは傷つけられるが、重要なのは、傷つく準備ができているということだ。このことは、私がインタビューした、移民第一世代にしばしば当てはまる。移住先の人々から受けてきたレイシズムについて「私たちはわかっているさ」、「もし、これが自分の国だったら、私もきっと同じことをしていただろう」と彼・彼女らは言うのだ。誤った呼びかけは、主体に待ち伏せをくらわせる。希望をもつだけのあらゆる理由があると信じさせておいて、彼・彼女らの望みは彼・彼女ら自身の目の前で打ち砕かれる。主体がばらばらに砕かれた後に、気を引き締めようとする努力はとても難しい。


私は激昂し、釈明を求めた……。何をしても無駄だった。私はこなごなに砕け散った。

……身体図式は四方からの攻撃を受け崩壊し……。

それは私にとって、何であったというのか、切り取りではなくして、引っこ抜きでなくして、全身にわたって黒い血を凝固させる出血でなくして。

私の身体は引き延ばされ、分断され、再びめっきされて、冬の日の白い光のなかに喪色にうち沈んで戻ってきた。(35)

ファノンが普遍性への探求に乗り出すのは、このトラウマ的な体験のさなかにおいてである──彼が普遍性を信じていたからこそ、彼自身の自己が解体した、まさにその瞬間に、それが起こるのである。なぜ、誤った呼びかけの対象とされた主体は、自分の自己を解体させてしまうまさにそのようなものを信じてしまうのかについて、こうして理解が深まる。この解体を引き起こすのは、私たちに自己を形成する力を最初に与えてくれたものなのだ。誤って呼びかけられた主体は、この矛盾に折り合いをつける方法を探さなければならない。ファノンにとっては、ヨーロッパ的普遍性よりも優れた新たな普遍性を創造することが、和解の方法であった。「ヨーロッパの真似はしまいと心を決めようではないか、私たちの筋肉と頭脳とを、新たな方向に向かって緊張させようではないか。全的人間をつくり出すべくつとめようではないか──ヨーロッパは、その全的人間を勝利させることがついにできなかったのだ(36)」。

だが「赤いドレスのことについてはもう触れるな[*2]」という由緒ある言い回しのように、ヨーロッパは、まさにヨーロッパを乗り越えようとする試みに纏わりつき離れようとしない。

さあ、同志たちよ、ヨーロッパの芝居は決定的に終わった。別のものを見出さなければならない。われわれには今日、すべてのことが可能なのだ。ただしヨーロッパの猿真似をしないという条件で、またヨーロッパに追いつこうという執念にとりつかれないという条件で。……人類がわれわれに期待するのは、このカリカチュア的な──そして全体としてはみだらな――猿真似とは別のものだ。……ヨーロッパのため、われわれのため、人類のために、同志たちよ、われわれの脱皮が必要だ、新たな思想を発展させ、新たな人間を立ち上がらせようと試みることが重要だ。(37)

そしてまさにこのヨーロッパの亡霊のせいで、それを乗り越えようとするファノンの試みが無効にされてしまうのである。ヨーロッパを否定したいと願いながらも、ヨーロッパ的普遍主義をもうひとつの普遍主義でもって否定しようと試みるがゆえに、つねにヨーロッパに執着し続けるという、それは矛盾した願望なのである。ファノンが『地に呪われたる者』(38)で概念化しているのは「別のあり方の模索（オルタ）」のというよりはまさに「抵抗（アンチ）」の暴力である。それはファノン主義者に特徴的な袋小路とアキーユ・ムベンベが呼ぶもので、(39)この誤った呼びかけによってもたらされる感情的な苦しみなしには理解できず、脱植民地化の第一の目的を「後なる者は先になるべし」*3と宣言してしまうものだ。(40)感情的な「抵抗」は知的な「別のあり方の模索」の周囲を、さまよい続けるのである。

＊2 「〇〇について考えるな」と相手に言うことによって、その相手がまさにその〇〇について考えるように仕向ける言い回し。

＊3 『新約聖書』マタイ伝第二〇章

結語

私が思うに、ハートとネグリはファノン主義的「モデル」を自分たちが概念化したもうひとつの近代の原型のひとつとして援用する際、感情的なものと知的／戦略的なものとの交錯によって生み出されたこの複雑性に気づいていなかった。ハートとネグリにとって、別のあり方の模索や抵抗は、それに対して抵抗したり、別のあり方が模索されたりする何かを完全に否定することであると想定されている。だが感情という観点からいえば、何かを超越することは、感情的対立、すなわち超越の不可能性を示す「否定したい」ではなく、それと「共に生きることができる（be able to live with）」ほうへと、結果的に進んでいくものでもありうる。

こう主張するには、ただファノンの思想を正確に解釈する以上のことをしなければならない。今日、否定というあり方ではなく、共に生きる力が求められている植民地主義的・脱植民地主義的な関係性に、私たちはますます直面している。アラブとイスラエルの紛争にしても、西洋とムスリム移民の遭遇にしても、こうした対立を乗り越えるための第一の課題は、相手を否定することのみが解決策であるとみなすような感情的状態を、乗り越えることだ。アルジェリア革命をめぐってファノンが導き出した概念は、イスラエルとパレスチナの対立を乗り越えるためのモデルにはならない。ここでの目的は「新しい人間」を生み出すことではなく、共存するために、現実の複数性が許容される、ひとつの空間を創り出すことなのだ。必要とされているのは、主義主張の多元性を許容する多文化主義（multiculturalism）よりも、ブリュノ・ラトゥールが多自然主義（multinaturalism）

と呼ぶもの、つまり、存在論的な複数性を許容する空間なのである。奇妙なことに、実際のところこれは、いかなる「新しい人間性」の可能性の模索よりも、ネグリとハートのいうマルチチュード――それぞれ別個の、けれども共存する利害関心（インタレスト）、運動、闘争の流れ――のなかでの「暫定協定（*modus vivendi*）」を想像することのほうに、より合致している。

実際、誤った呼びかけの政治学は今日、9・11やロンドン爆破テロを起こしたテロリストによる情動的な政治のうちに、もっとも劇的に遂行されている。そういった人々は総じて、誤って呼びかけられた主体の古典的事例を代表している。こうしたテロリストに関する研究の大半が示唆しているように、単純な反西洋であるどころか、こうしたテロリストは西洋近代から拒絶される感覚を経験したことで敵意と熱狂に転じる以前には、西洋近代の中で育ち、西洋近代に呼びかけられていたのだ。ケナン・マリクは、テロリストの抱える背景を研究した社会学的研究を整理したうえで、「ツインタワーへと飛行機を飛ばした若者たち、あるいはロンドンの地下鉄で自爆した若者たちの多くは、西洋で教育を受け、西洋でのジハードに加わったことで、西洋の中で暮らせてきた怒りやニヒリズムを表現したのだ」と論じた(41)。

こうしたテロリズムを政治闘争の一形態とみなすか否かにかかわらず、ひとつのことが確かにいえる。それはネグリとハートが提唱する、資本主義的近代とその矛盾を超越し、新たな地平に到達することをめざした、マルチチュードの多元主義的政治からは程遠い、ということだ。だがそれは、情動的には、ネグリとハートが自分たちの政治的構想のある種の「理念型」として提唱したファノン主義の動きに、まさに類似している。彼らの「新しいコモンウェルス」は、はるかによく考え抜かれた、情動的な政治にほかならないのである。

Part IV

Alter-Politics

第7章 自己陶酔的な被害者意識について

On narcissistic victimhood

パレスチナをめぐる問いについて公の場で語ることに、私は相反する気持ちを覚えている[1]。当然、私が講演したくない主題のひとつだ。ここで私はとにかく素直でありたいと思っている。アラブ／イスラエルをめぐる紛争に触れ、首を突っ込み、話をするようになってから幾年もの月日が流れたが、いつでも私が終えたくないところで話を切り上げざるをえない。おそらく、そうした経験があるから、私は書くことのほうに安心を覚えるようになったのだろう――私のいうことに「身もだえ」したいような人は、対面ではなく、ご自宅で私の文章を読んでもらってから、そうしていただきたいと思っている。

おそらくこうした理由で、この講義の構成や表現をどうしようかと考えて、私がガザについて公に語ることができない理由を説明することから始めれば、すこしはましになるだろうと思って、そうすることにした。これはもちろん、私自身がガザについて語るための——すでに語りはじめているが——修辞的な技巧である。しかし、これは単なる修辞的な技巧ではない。ガザについて「なぜ、私は公に語ることができないのか」というのは、「なぜ私はいつも、まるで自分自身に向けて話しているかのように感じられるのか」ということも意味しているのだ。この課題をより掘り下げてみたいのだが、これらふたつの問いがなぜひとつの、同じことを指しているのか、明らかにしておくべきであろう。講演をすることとは、何よりもまずコミュニケーションすることであり、私が言いたいのは、こうしたテーマに関してコミュニケーションする能力を、真剣（シリアスリー）に疑っているということだ。私が思うに、限られた時間ではコミュニケーションが不可能なテーマというものがあり、そのようなコミュニケーションの不可能性は、その人のコミュニケーション能力のなさによるものではない。これから私たちは自己陶酔（ナルシシズム）について語っていくわけだが、いわせてもらうなら、実際のところ私は健全な自己愛（ナルシスティック）に基づき、自分自身のコミュニケーション能力について自負している。だが、ひとりの知識人そして研究者にとって、構造的にコミュニケーションが不可能なテーマというものがあると思っている。ここでもうひとつ、大事なことがある。私がガザについて語ることができないというとき、私がひとりのオーストラリア人として、もしくはアラブ系の出自をもつ者として、あるいは、特定の政治信条をもっている者として、そういっているのではないのだ。公に語るとき、私にとっての「私」とは、まず第一に研究者としての「私」であり、自分が多少なりとも知っているいかなる政治的紛争について語っているさなかで、ひとりの研究者としての私がつねに優先するのは、どうやったら、何か違ったことがいえるのだろうか、という問いである。

もう三〇年以上、アラブ／イスラエルの紛争について、パレスチナについて、イスラエルについて、イスラエルの歴史について、パレスチナの歴史について、シオニストがどうこう、パレスチナ人がどうこうと、両方の立場からの政治的な見方を学んできた。私は、うんざりするような一方的なレトリックのあらゆる主張を知っているし、それらが何に依拠しているのかも知っている。だから私は、ひとりの研究者としての役割とは何か、と自問自答する。それは、ある政治的立場や別の政治的立場のための知的武装を提供することなのか、それとも、何か別の見方を提供することなのか。私は、別の見方というこの考えを、とても真剣に取り上げる。すなわち、既存の予想された政治的立場の外部という意味で、どの立場からでもない見方、政治的なものに従属していない見方、「彼は私たちの側の人間だ――この人の考えていることは素晴らしく、私たちの政治的闘争において、私たちが考えていることや私たちの実践の方向性を何も変えることなく、彼の言葉を武器として使うことができるから、彼は私たちの味方だ」といった具合に、どの立場の人々も私についてすぐには言うことができないような、そういう見方なのだ。私は、学問的な研究としてこうした見方をしているわけではない。かといって、私がノンポリであるとか、どの立場にも立たないということではない――おわかりになると思うが、私はある立場に立つ。しかし同時に、私ははっきりと、研究者として発言したい。そして、ここが難しいところだ。アラブ／イスラエルの紛争の場合、そのようにはっきりとした発言をすることは、次第に不可能になっている。これが、私がガザについて語ることができないと感じている理由である。なぜなら、この領域における政治的なるものは――一つひとつの立場ではなく、政治的なるもの全体が、とてつもない植民地主義的メカニズムであることがわかっているからである。この局面においては、あらゆるものがこの政治的なるものに採用され、利用され、服属させられていくのだ。ずいぶん前にピエール・ブルデューから、アカデミズムの論理と政治的な論理には、何かしら共約不可能なものがあることを学んだ。政治的なものが押し付けてくる、友と敵という論理は、学問の論理とは異質であるし、少なくとも異質であるべきである。しかし、私がアラブ／イスラエル紛争について、友と敵の論理ではなく学問の論理でもって語るときにはいつでも、私の語ることはただちに、政治的なるものの植民地主義的な権力によって、友と敵の論理に、「彼は私たちに賛成なのか、反対なのか」といった語りの様相に、転換させられてしまう。

ガザについて語るのが困難である最後の点は、次のようなものだ。何かを語ることにはコミュニケーションすることの喜びが伴うもので、研究者にとって、それはその人が知らないことを教える喜びや、その人に以前よりも一生懸命考えてもらえるようになって満足することである。ひとりの教師として、学生の顔を見て、私が言ったことについて頭を働かせ、目が輝いているのを見るのが、私はとても楽しい。私の言ったことを受けて、学生たちは何かしら新しい境地へとたどり着こうとしている。その学生が、あなたの言ったことを批判的に受け止めたとしても、そう、それは喜ばしいことなのだ。その喜びは、誰かを新たな方向へと駆り立てている（propelling）と感じることからくるものだ。だが、イスラエル／パレスチナの紛争について語るときに、私がこうした達成感を味わうことはめったにない。繰り返すが、それは私のせいではない。私は次第に、次のように確信するようになった。誰かがパレスチナとイスラエルに関して話すのを聴きに来る人々のなかで、新しい物事を学ぼうと思ってやってくる人は、それほど多くはないのだと。大半の人々は、自分たちがその紛争について知るべきことをすべて知っているという、信じ難い信念を携えてやってくる。さらにいえば、そういった人々はたいてい、講演者がどちらの政治的立場に立っているのか、あらかじめ目星をつけてやってくる。

その結果、あなたが語り手としてそのような聴衆と対峙したとき、何か新しいことを知りたいと願う人々の顔を見ることはない。人々は座って、あなたを見つめている。あなたには、彼・彼女らの態度が「さあ、あなたが始めたいように始めてください。そうしたら、あなたが語ることや語らないことについて、あなたがきちんとわかっているかどうか、言ってあげますから」と、身をもって語っていることがわかるだろう。誰もが自分はアラブ／イスラエルの紛争についてとても見識や知識があると思っていて、こんなにたくさんの賢い人々が巻き込まれている紛争が、こんなにも長く続いているのはなぜなのか、不思議に思っているのだ。そうしてあなたが問題提起すると、親－パレスチナ派の人があなたの言うことを聞いて、気に入ってくれる。あなたはそうした人々が頷きながら、「良い人だ。彼はなんて賢いんだろう」と言っていると感じるかもしれない。だが、いつでもすでに知っていると思っている人たちにとって、何か新しいことや、新しい発想を示してくれたから「彼」が賢いわけではなくて、自分がすでに知っていることをただそのまま語ったのだから、「彼」は賢いに違いない、ということになるのだ。

その手の人に、抗するすべはない。これこそ、イスラエル／パレスチナ紛争のような領域について、人々に考えてもらうことができない、と私がいう意味である。正直、いつでもこういうことが起きてしまう。公平を期すためいっておくと、これは激しい集団間対立が生じている、たいていの地域に共通した状況だ。実のところ、レバノン内戦について研究し、発言してきた経験ゆえに、私はこうした状況に対して次第に敏感になっていった。こうした紛争は、私が追認主義者（confirmationist）と呼ぶ知識人たちを生み出す。それは、自分たちの取り巻き連中の常識を追認することで文化資本を得る知識人である（オーストラリアの場合であれば、キース・ウィンドシャトル[*1]を想起せよ）[(2)]。人々はそうした人々の言うことを聞き、「あなたはとてもすばらしい」と言う。ここで「あなたはとてもすばらしい」というのは、考えさせられる話だったという意味ではない──自分が正しいということをその人がただ追認してくれたから「あなたはとてもすばらしい」のである。そうした人物に「すばらしい」と言わせる何かしらの違いがあるとすれば、それは何を言っているかではなく、どのように言っているかの違いであることがしばしばである。すなわち「あなたは本当にすばらしい。なぜなら、まさに私が考えていたことを、とても鮮やかに言い表してくれているからだ」とか、「あなたは本当に詩的に、私が考えていたことを言い表してくれた」とか「あなたはまさに科学的に、私の考えを説明してくれた」などはすべて、言い方の問題である（繰り返しになるが、「科学的追認主義」のオーストラリアの文脈での参照例が知りたいなら、先住民の死について「数」の議論を展開するキース・ウィンドシャトルを想起せよ）。講演の後、あなたのところにやってきた人々は、こんなふうにあなたを称賛することだろう。「よくぞ言ってくれました。あなたの話はまさに核心をついていました」とか、「あなたの言い方に、思わず涙ぐんでしまいました」とか。もしあなたが追認主義的な研究者であれば、こうした感想を聞いて喜ぶことだろう。そうでないとすれば、どこに問題があるのか、ただちに気づくことだろう。こうした人々は、あなたのことを祝福しているつもりだろうが、そうした人々が言っているのは、本当はこういうことなのだ。「あなたは自分の研究課題に二〇年もの年月をかけて取り組み、そして真実にたどり着いた。すばらしい研究者です。ですが、そんなことは一日も調査しなくても、私たちにとっては自明のことでしたがね。ご苦労様！」。このように過度に政治化された状況が、学問的で緻密な評価――私が依拠するブルデューがいうところの「政治的な評価」とは真逆の評価――に寄与するはずもないことは、おわかりだろう。

学問的で緻密な評価とは、「折衷的」だとか「複雑な」評価と同じではないことにも注意したい。これが、さらなる困難をもたらす源である。そのような紛争状況においては、確かな現実（リアリティーズ）とはとても単純なものなのであって、「折衷的」で「複雑な」評価というものそれ自体が、そうでなければとても明快な状況を泥沼化させるために用いられる政治的な道具でもありうる。ここで、研究者はとても困難な状況に直面することになる。折衷的な立場をとることが、分析のうえでは適切なこともある。しかし、そうした立ち位置を、「お互いの陣営がこうすべきだ……」といった言い方であふれた支配的な言説と、どのように区別することができるのだろうか。ときには、緻密さを欠いたことを述べる必要もある。だが、とりわけ追認主義的知識人たちが待ち構えるなかで、研究者はど

＊1　キース・ウィンドシャトル（Keith Windshuttle）は一九四二年生まれのオーストラリアの歴史家。一九九〇年代から二〇〇〇年代にかけて、オーストラリア先住民族をめぐる歴史認識論争に右派（歴史修正主義）の立場から参入し、白人によるアボリジナルの虐殺などの歴史的事実の存在に否定的な論陣を張った。

のようにしてそれを緻密に述べることができるのだろうか。追認主義者たちは、その問題を自分たちの凡庸な議論の水準に引き戻せるような、おなじみの「紋切型の発言(サウンドバイト)」を耳にしたとたん、「緻密さを欠く」とか状況の「複雑さ」を理解していないなどと、研究者を攻撃しはじめるのだ。

なぜ私がガザについて語ることができないのか、その理由を思いつくかぎり述べてきたので、ここからは私がいつもやろうとしてきたことをしたい。それはもちろん、ガザについて語ることだ。いままで述べてきたことを念頭におきつつ、ものすごく緻密さを欠いた事柄から話を始めたい。緻密さを欠いたことではあっても、それを私が緻密に語っているかそうではないかは、みなさんの判断に委ねる。では、このようにいおう。私にいわせれば、ガザは恒久的な犯罪状況(クリミナリティ)に置かれている。ガザで何が起きているかではなく、ガザへの侵攻にでもなく、ガザで起きた事件でもない。ガザそのものが、恒久的な犯罪状況なのだ。私には、これ以上の緻密なことはいえそうにない。実際、これ以上の緻密さ、あるいはこれ以上の「バランス」や「公平さ」を追求するのが、端的にいって非倫理的であるような状況のひとつが、ガザなのだと考えている。

私は、犯罪性(クリミナリティ)というものが、ひとつの出来事ではない場合があることを強調していきたい。犯罪性には、侵略のように特定の行為の産物という意味での出来事ではない場合があるのだ。私たちは犯罪性を、平常時のふたつの状態のあいだで生じる何らかのことだととらえがちである。だから、ガザ侵攻が犯罪的かどうか、それが倫理的か非倫理的かを議論するとき、その侵攻が行われる前には犯罪的ではなく倫理的に正しい現実(リアリティ)があったのであり、あるいは侵攻が終わったらそのような現実が戻ってくると、私たちは考えがちになる。こうした見方はまずもって、ガザの人々に対するイスラエルの非人道的、非倫理的、犯罪的な扱い――禁輸を通じてであれ、あるいはその他多くの抑圧、窮乏、凌辱をもたらす戦略を通じてであれ――という、これ以上なく明白な状況が、恒久的な状況なのだということを、浮き彫りにできない。しかし、より根本的なこととして、こうした見方では、それ以外のすべてについては厳しい統制を続けておきながら、「命を育む」責任のみを占領勢力が端的に放棄することによって、自分たちはもはや占領勢力ではないかのようにふるまう、というまやかしを演じているガザのような空間が、まさに存在していること自体に内在する犯罪性をも、見過ごしてしまう。侵攻をこのような背景から切り離しすぎてしまうのは、この永続する構造的な犯罪状況を当然視することに与してしまう。

しかし、仮に侵攻それ自体の倫理性について議論することに同意したとしても、侵攻が道義的に正当化されうるか否かを論じること自体が、長い植民地主義的歴史をもつ自己耽溺の西洋的形態にすぎないともいえる。すなわち、自らの悪行を自己反省するという娯楽的空間をもつ余裕のある強者だけが、そうした問いの形式を立てることを許される。だから、そういう問いの形式――つまり、ガザで起きたことが本当に倫理的かどうかを、椅子に座って論じること――を、何かしら倫理的なものと結びつけることが、単純にいって私にはできないのである。私にとって、それは火を見るより明らかなことだ。これこそが、緻密に語らない、ということで私がいおうとしていることである。ガザで起きたことは、私たちのいかなる基準においても人道的に受け入れられないというのは、火を見るより明らかだ。これは実に明快で、異論の余地がない。これよりも複雑な見方の必要性を、もしくは「双方の」見地からみる必要性を語りたい者は、誰であれ、もしその議論が、起こったことの受け入れ難さという評価以外の何かから出発しているのであれば、明白であることをより明白ではないことにしようとする企てに、やはり加担しているのである。

ガザ侵攻の倫理性を「議論する」際の自己耽溺を構成する、もうひとつの要素がある。こうした議論は今日台頭している植民地主義的な西洋の潮流、すなわち、「根絶後の実存的不安に怯える白人の植民地主義的／レイシスト的な身振り」とでも呼べるかもしれないものに連なる。私が「白人」というとき、肌の色に基づいた白人種ではなく、かつて『ホワイト・ネイション』で定義したように、ある特定の「文明化された」「近代的な」文化資本の様式を蓄積した人々のことを指している。[3] ここでいう、根絶後の不安とは何か。それは、虐殺を行った後、殺人者の側が経験する不安のことである。かつて、白人と非文明的な他者の違いは、「やつら」は残虐で非道な虐殺を行うことだ、と白人の植民地主義者が主張していた――あるいは、暗黙のうちに主張していたというべき――時代があった。

白人は、残虐非道な虐殺を行うはずがない〔という〕。〔だが〕今日、注目すべき変化がある。とくにアブグレイブ事件の発覚後、虐殺ではないにせよ、西洋は、もっとも未開なやり方で他者を非人道的に取り扱うという、自らのおぞましい力と向き合わざるをえなくなっている。いまや白人の植民地主義者は、「私たちは残虐非道な虐殺をしません」とは言わない。そうではなく「私たちは、やつらがそうしてきたように、やつらを虐殺しています。ですが、私たちの『決定的な違い』は、私たちは虐殺の後、実存的な不安に苛まれていることなのです」などと言い募るのだ。やつらは、実存的な不安に苛まれることはない。私たちは、サダム〔・フセイン〕がとてつもなく多くのクルド人にそうしたように、とてつもなく多くのイラク人を爆撃して、何千もの人々を殺すことができる。サダムと私たちの違いは、私たちはその後に調査を要請し、実存的な不安に悩まされることとなのだ。サダムや彼の人民は、そんなことはしない。白人の植民地主義者は、虐殺後に調査を実施する技法の専門家になり、やつらに対して優越感を抱くというわけだ。これは、自分たちが要するに殺戮を行ったのだということを忘れさせ、その代わりに絶えざる調査研究と民主主義への情熱という贖罪の儀式を経験させる。その結果、第三世界の虐殺者たちは劣っているため、そのような調査への熱意を欠いていて、それゆえ、それに伴う実存的な不安を経験することもないとされる。

　こうした潮流に、イスラエルは深刻に影響されてきた。あるいはおそらく、イスラエルは根絶後の実存的な不安に苛まれる戦士の製造にかけては先駆者である、といえるかもしれない。サブラ・シャティーラの虐殺*2に巻き込まれた者たちの顛末を取り上げた映画『戦場でワルツを』に、あなたも魅せられたに違いない(4)。私は、この映画がイスラエル社会内部で批判としての役割を果たし、沈黙している多くの人々に語りかける力を削ぐつもりはない。だがそれを見れば、この映画に登場するイスラエル人がどれだけ自分たちの根絶後の不安を探求し、イスラエル人ではない他のあらゆる登場人物がいかにそのような不安を抱いていないかが見て取れるだろう。サブラ・シャティーラの虐殺に関与したレバノン人たちは、夜の狼の群れのように、殺戮に向けてひた走り、その後どこかへ消えてしまう、愚かな殺人者のように描写されている。

＊2　第一章四九頁の訳注参照。

キリスト教右派のレバノン人に対して、私は何の共感も持ち合わせていないし、恐怖の殺人者だとさえ思っているが、私はそうした人々についてまさに調査しているので、彼・彼女らも自分自身に不安を抱くことができるのを知っている。一九八〇年代半ばから、私はレバノン人キリスト教徒の兵士たちについて多くの調査を行ってきた。博士論文の執筆のために、一九八五年の内戦のさなか、旧知の元兵士のひとりとレバノンで二週間過ごし、戻ってきてからインタビューしたことがある。その五、六年ほど前から、その男性は不可解な脚の麻痺に悩まされるようになった。あらゆる医療的検査を受けたものの、何の異常も発見されなかった。すると次に、彼の手も麻痺するようになり、かかりつけの外科医は彼を精神科へと送ったが、何の助けにもならなかったと彼は言う。後に彼は精神分析も受けはじめたが、これも効果がなかった。実際、治療の途中でもう一方の手にも麻痺が始まったのだ。彼について話し出すと長くなってしまうので、話を端折ると、最初に脚に麻痺が出だして三年くらい経つと、その麻痺は消えはじめた。ただし、彼の筋肉にはいまだに深刻な障害が残っている。麻痺が消えていくにつれて、この男性は唐突に精神分析医に（後に私にも）、この不可解な麻痺が始まる直接の引き金となったと彼が考えていることを打ち明けた。彼の麻痺は、彼の息子が一〇歳くらいになった頃から始まった。当時、彼の息子は、彼がレバノン内戦の際に殺してしまった、あるパレスチナ人の少年とよく似てきた。息子にまつわるすべてのことが、彼が殺した少年のことを思い出させるために、彼はついに、自分の息子を抱きしめることもできなくなった。なぜなら彼には、その行為がまるで自分が殺した少年を抱きかかえるように感じられたからだった。息子が年を重ねて、自分が殺した少年の年恰好として彼が想像していた年齢からだいぶ離れてくると、その男性はまるで魔法のように——ただし、いまだに部分的にではあるが——手足の機能を取り戻しはじめたのだった。

つまり、人々に忍び寄り、破壊してしまう、実存的な不安というものがあり、その一方で、ありとあらゆる場所で喧伝され、政治的な機能を帯びている実存的不安というものがあるのだ。ガザは間違いなく、沈黙を帯びた実存的不安のほうを数多く生み出すのであり、これはガザでの戦争に関する倫理的な議論が実践的に対処できるような類のものではないのだ。これは、今日現存する恒久的な犯罪状況が続いていくことに私たちが加担しているかぎり、私たちの存在そのものを蝕んでいく、社会的無意識の秩序のようなものである。ガザは私たちにまとわりつき、ゆっくりと麻痺させていく。ホロコーストがいまも私たちにまとわりつくように。私はガザをホロコーストと同一視しているわけではないことは、急いでいわせてほしい。イスラエル人がガザにおいて残虐行為に関与していることが、ホロコーストで行われた残虐行為と等しいといっているのではない。そういいたくはないし、それはただ礼儀のためではない。そのようにいいたくないのは、そのようにいうのは正しくないと考えているからだ。そうではなく、西洋による、麻痺したかのようなガザへの沈黙は、程度の差こそあれ、似たような文化的影響を将来に及ぼすだろうといっているのである。つまり、私が述べたガザへの侵攻と構造的な残虐行為の両方は、ホロコーストにおけるそれらと同じではないけれども、にもかかわらず、両者には比較可能な側面があり、その側面について、私たちはまだリンゴと梨を比べることをしてないのである。これは他者の人間性を見えなくさせる過激なナショナリスト的自己陶酔（ナルシシズム）という側面を双方が含むかぎりにおいて——たとえ、それがそれぞれのすべてではないのだとしても——そうなのである。
そして私たちにそれがまとわりついているというときの、「私たち」とは、今日の世界に住む私たちすべてのことをいっている。「ヨーロッパ問題」という発想で考えることができた時代には、ホロコーストはヨーロッパの問題だった。やがて、それは中東化し、アメリカ化し、やがて国際化していった。ヨーロッパの問題を国際化するために用いられた、まさにヨーロッパ的、アメリカ的、ユダヤのディアスポラ的、金融的、政治的なトランスナショナルな経路と道筋は——戦後に台頭してきたアラブのディアスポラ的、金融的、政治的な経路とともに——、いまや中東問題をグローバル化させるものの一部になっている。それらが中東をめぐる問いを、「グローバルな問題」として構想可能なものにしている。これこそ、私たちが本日この場に集い、中東問題について、まるで身近な問題であるかのごとく熱心に議論している理由でもある。しかしそれではなぜ、ガザについての緊急性の感覚が欠如しているのに、グローバルな問題としてとらえられているという矛盾が生じるのだろうか。それは単純に、イスラエルと西洋の共謀のせいだと考えたがる人もいる。私は、それは少なくとも部分的には真実だと確信している。しかし同時に、一部の人々が思っているほどには、この共謀関係が絶対的なものではないという、信じるに足るいくつもの根拠がある。実のところ、これについて実証的に確かなことはいえないのだが、パレスチナ／イスラエル紛争の解決策を見出そうとする善意の人々が、今日、相当な勢力を形成していると思う。私たちが明らかな多数派だったとしても、驚かないだろう。多くの人々がそのことを公言しはじめたら驚くかもしれないが、政治的な人々が自分たちの敵を悪だとみなすようなやり方では、私は悪いやつらが存在しているとは信じていない。私はこういったことに関して、真剣(シリアスリー)にナイーブに考える人間なのだ。私の知る多くの者たちは、私自身の家族でさえ、パレスチナ人のことを単なる悪だと思っている。私はパレスチナ人を、パレスチナ自治政府の役人であろうとハマースの人々であろうと、自分たちの境遇を理解し、パレスチナ人にまっとうな未来をもたらそうと奮闘している人々だと考えている。そこに不寛容や堕落があることは、私も知っている——私はそういう意味ではナイーブではない——が、それでも、大筋では私はそれが、彼・彼女らが自分たち独自のやり方で模索しているものだと思う。同様に、ネタニヤフ以上に私にとって政治的に相容れない存在を思い浮かべることは私にはできないし、彼が頑迷で、苦境に置かれたパレスチナ人たちのことが見えていないことを知っているが、それでも、彼のことを悪いやつだとみなす人々に連なることは私にはできない。すでに述べたように、私はナイーブなのだ。私にはガザやパレスチナで何が起きているかを告発し、より一般的に説明することはできない。私はこうした、あらゆることを誰かが何か悪いことをした結果として説明する「意志の政治」が、問題の一部だと思っている。というのも、そうした見方では、あらゆる人々が加担している難しい状況の深さを、理解し損なうからである。こうした非難の政治は、難しい状況の解決策ではなく、その難しい状況の一部になり、そして私にとっては、これこそが今日、本当に真剣に向き合う必要のある課題である。パレスチナ／イスラエルの紛争を、袋小路や難局が限りなく生み出される源にしてしまっているのは、いったい何なのだろうか。

　私はこの場で、この問いに答えて貢献することを試みたい。ガザについて、次のように提案することから始めたい。イスラエル／パレスチナをめぐるより広範な状況が、劇的なかたちで濃縮されているガザは、ふたつの不可能性あるいは袋小路の産物である。それは、シオニストの国民国家がふつうの国であることの不可能性の産物であり――すなわち、シオニスト国家であるイスラエルが、多くのシオニストたちを惹きつける、恒久的な「実存的脅威」の状態を経験することなく、ふつうの国になることは不可能なのである――、そして、パレスチナ人による反（アンチ）植民地主義の政治の不可能性と袋小路の産物でもある。このふたつの政治は、議論の余地のないふつうの国民国家への憧れを共有している。だが、そのどちらにとっても、それは過ぎ去った何らかのものへの憧れなのだと主張したい。また、憧れているものを得ることが不可能であることを受け入れることができないことこそが、ナショナリストの自己陶酔的（ナルシスティック）な自己肯定による病理的な政治を生み出すのだとも主張したい。それが、私たちがガザ侵攻の折に目撃したものであり、自爆テロの戦略でも掲げられるものにほかならない。

　私はここでは、誰がパレスチナの地に最初に足を踏み入れたかとか、シオニストが植民地主義者であるかどうかといった議論には関心がない。これらは正統性をめぐる政治的な問いではあると思う。実際、シオニズムが植民地主義であることを証明したり否定したりといったことに関心を抱く大半の人々にとって、これは政治的な正統性に関する問いである。シオニストが植民地主義者かどうかを知っていようといまいと、彼・彼女らがパレスチナ人たちに対してどのような行いをしたのかわかるとは限らない。自分の故郷（アット・ホーム）にいるナショナリストは、植民地主義者以上に、他者に対して褒められたものではないふるまいをしてきた。だから、シオニストがナショナリストとして扱われることに異論はない。私が関心をもっているのは、シオニストとはイスラエルにおいて、自分たちにとっての故郷となる空間を創り出すために闘っている人なのだという事実である。

あらゆるナショナリストと同じように、シオニストも自分たち自身や他者に対して、パレスチナの地を自分たちのナショナルな故郷（ホームリー）となる空間とする理由を正統化しようと、歴史的に主張してきた。あらゆるナショナリスト——植民地主義的であれ、非植民地主義的・反（アンチ）植民地主義的であれ、レイシズム的であれ反（アンチ）レイシズム的であれ——と同じように、シオニストも自らのネイションを連帯と共同体の空間として、そして自らが世界とともに存在するあり方として、想像している。シオニストはネイションを、自己が肯定される空間、世界に存在する空間、ネイションが故郷（ホームリー）のように、共同性の感覚が溢れ出るものとなる可能性を脅かすいかなるものも排除する権利をもつ、管理と支配の行き届いた空間として想像し、理想化している。よって、あらゆるナショナリストと同じように、シオニストも、一体感と自己実現をめぐる不均質な感覚を経験できる空間として、他国民と共存し対等な立場に立つことのできる空間として、イスラエルという空間を夢見ていた。しかし、まさにその出発点から、ナショナリストの自己肯定の欲望の一部である、世界に存在するための攻撃的な衝動も示していた。一例として、ヘルツル[*3]の言葉を聴いてほしい。

今日、ひとつの国の基礎をつくろうとするとき、数千年も前に唯一可能であったやり方で

＊3 テオドール・ヘルツル（Theodor Herzl, 一八六〇–一九〇四）はブタペスト出身のユダヤ人で、政治的シオニズムの創始者。ユダヤ人国家の設立を提唱した。

行ってはなるまい。多くのシオニストが望んでいるように、古代文明の段階に逆戻りすることは愚かなことだ。たとえば、ある土地から野獣を駆逐しなければならない状況になった場合に、私たちは五世紀来のヨーロッパ人たちのやり方はしないだろう。一人ひとりが歌いながら槍や投げ槍で熊に立ち向かうのではなくて、大規模な楽しい狩猟を催し、野獣を駆り集めて、ピクリン酸爆薬を一発その中へ投げ込むだろう[5]。

ヘルツルの言葉を注意深く考えてほしいのだが、私はシオニストがどんなに悪者であるかを喧伝するのに関心はないことも念頭においてほしい。彼・彼女らには、どのナショナリストとも同じくらいの悪さと良さしかない。私がいっているのは、これはあなたにとってのナショナリズムであるということである。これは、どんなナショナリズムにも当てはまることなのだ。シオニズムとは、特定の状況下で作動するナショナリズムの一形態であって、シオニストたちが行うことが何であれ、それはどんなナショナリストでも、もし彼・彼女らがシオニストと同じ状況であれば、行うであろうことなのだ。どういうわけか、他のナショナリストたちはシオニズムに何らかの特殊性を見出し、シオニストがやっていることは、われわれ清く正しい他のナショナリストにとっては常軌を逸したものであると優越感を感じたがる。私は、そのようなことはまったくないと思っている。

先述した引用文が興味深いのは、そしてナショナリズム研究者の目線からみてこの時期のシオニズムが興味深いのは、この頃のシオニストたちが、歴史的にみてもきわめてユニークな、実践的かつ理論的なナショナリストの文献の様式を生み出していたことだ。彼・彼女らはネイションとは何か、そして何がネイションをつくり出すのかについての、単なる抽象的理論に関心があるだけの、ネイションについての理論家たちとは異なっていた。彼・彼女らが求めていたのは、実践的な成果なのである。シオニストが求めていたのは、ひとつのネイションだったのだ。だが同時に、この時期、彼・彼女たちは自分たちのネイションをどこに建国するのか、具体的な考えをもつには程遠い状態だったから、それは抽象的な模索であった。ヘルツル自身、先ほど引用した一節のすぐ後で、イスラエル国家は中東にあるべきなのか、それともラテンアメリカにあるべきなのか、思いを巡らせている。

それゆえ、この文章全体を興味深いものにしているのは、どこに「イスラエル」ができることになるのかをヘルツルは知らなかったのだから、そこに熊〔野獣〕がいるのかどうか知りようがなかったことなのである。それは、ただの比喩的な意味での熊でしかありえなかったのだ。そして、ここで問われるのはもちろん、次のようなことである。自分自身にとっての具体的なネイションを想像しようとする人が、熊（ここでは、望まれない野獣のように、飼いならされていない他者を表象している）を駆り集めるところまでならナショナリズムに固有の発想とはいえないにしても、なぜ、熊を駆り集めたあげく爆殺することまで考えてしまうのか。そのような発想こそが、ナショナリズムが、私たちにあらゆる「とってもイケてる」感覚をもたらすにもかかわらず、本来的に政治的虐殺でもあると確信させる理由なのだ。

「政治的虐殺（politicide）」という言葉を、私はイスラエルの社会学者バールフ・キマーリングの業績から援用している。[6] 政治的虐殺とは、人民の政治的意志を殺すという概念である。政治的虐殺は、ジェノサイドでもエスノサイドでもないかたちをとる。単純にいって、それはネイションにおいて、他者の集団を、集団として、ナショナルな意志に従属する単なる客体として位置づけることにより、その政治的意志を殺害あるいは根絶やしにしてしまうことである。ナショナリストたちにとっての「熊／野獣」とは、他者集団の存在そのものではなく、ナショナリストの意志に敵対しうる意志をもった集団の存在なのである。そうでなければ、ヘルツルは羊を囲い込むことについて語ったであろう。あなたが国民国家の中で我が家（ホーム）にいるかのようにくつろぐことを妨げるのは、他者の敵対的意志なのであり、他者（other）そのものではないのだ。これこそ、ナショナリズムの攻撃的な衝動が向かっていく先なのである。しかし、先述したように、こうした空間的な自己肯定への攻撃的な衝動はたいてい、国家システムの中で他者と共に在ることへの願望によって和らげられている。健全なナショナリズムとはいわば、他者と共に在ることへの願望と空間的な自己肯定への欲望とのバランスをとろうとする試みであろう。

だが、他者と共に在ることへのこうした願望——それはネイション内部の共同体の経験だけではなく、複数のネイションで構成される共同体の経験でもある——が、確かな自己肯定の適度な感覚なくしては不可能であるということを、私たちは歴史を通じて観察してきた。もし自分自身のネイションを管理していると感じていないなら、あらゆる「熊たち」を適切に管理していると感じていないならば、他者と交流しようなどと晴れ晴れとした気分になることもないだろう。そこに、自己陶酔的（ナルシスティック）なナショナリズムが居座ってしまうのだ。自己陶酔的なナショナリズムとは、管理できない「熊たち」のことをつねに感じながら、他者と共に在ることとひきかえに、自己を肯定しようと完全に強迫観念に駆られているナショナリストたちのナショナリズムのことだ。これこそ植民地主義的ナショナリズムが、メトロポリタンなナショナリズムよりもつねに自己陶酔的であり続けてきた理由である。植民地主義であること自体が理由ではなく、母国においてと同じ程度に、その空間を管理下に留め置くことが決してできないからなのだ。同様の論理が、イスラエルのナショナリズムを自己陶酔的で、強迫観念的で、自己肯定的な、とりわけタチの悪いあり方にしてきたのである。

パレスチナ人もまた、こうした自己陶酔的（ナルシスティック）なナショナリズムのあり方を示してきたことは、決して驚くべきことではない。なぜなら、このナショナリズムの様式がもっとも強く生起してきたのは、反（アンチ）植民地主義的ナショナリズムの歴史においてだからである。それは「私たちは被害者であり続けてきた。私たちは抑圧され続けてきた。私たちは力を奪われてきた。だからこそ私たちにとっての目標とは、私たち自身が再び力を得ることなのだ」と言う諸集団の歴史である。目的は「私たち」のほうにあるのだ。

「私たちは力を奪われてきた／奪われている。私たちは力を取り戻したい。私たちは弱かった／弱い。私たちは強くなりたい」。こういうナショナリズムは、自己陶酔的（ナルシスティック）だといえる。なぜなら、ときに根源的（ラディカリー）なところから、それは「〔他者と〕共に在る（be with）」ことへの願望を失っているからだ。たとえば、あらゆる抑圧や搾取が伴っていたとしても、植民地主義とは、ひとつの関係性であり、共に在ることのひとつの形式だといえる。悪い関係性ではあっても、関係性は関係性なのだ。そうであるがゆえに、理念的には——そして、多くの人が理想主義的な観点から述べていると私は確信するが――、反植民地主義が植民地主義権力による自己陶酔的ナショナリズムにとって、それとは本当に異なるナショナリズムのあり方をもたらす別の選択肢であるならば、植民地化された人々が植民地化した人々を犠牲にして、ただ自己肯定感を得る以上のことを、それはめざすべきなのだ。それは、元植民者との関係性が存在することを受け入れ、その「悪い」関係を「良い」関係へと変えていくことも、めざさなければならない。私たちが生きてきた時代においては南アフリカだけに、そうした反植民地主義の政治に似たものを見出すことができた。

パレスチナ人は、それとは程遠い状況にある。だが、被害者に「関係性」について考えさせるのではなく、「自らを力づける」ように励ます論理は、植民地主義的な現象には留まらない。それは、反レイシズムのあらゆる形式においても見られる。レイシズムの標的となってきた人々は打ちのめされてきたのであり、だから反レイシズムの目標は、彼・彼女らを力づけることなのだ。これは、セクシズムと反セクシズムの論理においても見られる。女性たちは打ちのめされてきたから、反セクシズムは彼女たちを力づけることをめざすのだ。力を奪われた者を力づけるという概念は、こうした闘争のいたるところで健在であり、遂行されている。だから、まさにこうした闘争が不当にも本質的に自己陶酔的なやり方で遂行され、被害者が関係的世界から逃避して、自分たち自身のことだけを考えることが正当化されているように感じている状況を、認識すべきときなのだ。私はこのことを、あらゆる類のレイシズムの標的となり、力を奪われたとまさに感じている、シドニーに住む人種化されたレバノン系の若者たちの一部に見出す。だが彼・彼女たちの論理は、そう、「私(me)」と、ゴキゲンなことに「ほかのやつらはみな消え失せろ(Fuck'em all.)」なのだ。このような主体の位置取りからは、結局のところ、「白人系オーストラリア社会（であれ、どのようなオーストラリアであれ）と、より良い関係を築くように努めよう」などという発想が浮かんでくるどころの騒ぎではない。そこで重要となっているのは、「私は面倒なことには二度と関わりたくない。自分で自分を律することができなくなるような場面に、でくわさないようにしよう」といった発想である。

こうした反レイシズムは、しかしながら、植民地主義的・反植民地主義的ナショナリストの自己陶酔と同根である。そして今日のイスラエルとパレスチナにおける、病理的な自己肯定のあり方の独特な祝祭において、これらすべてが表れていると私には思える。パレスチナの反植民地主義は、いずれもがより自己陶酔的で、欲求不満を抱えたあらゆるナショナリストの系譜に苦しめられてきた。それはパレスチナからアラブのナショナリズムへ、そして社会主義的ナショナリズムへと移行し、いまや最新のイスラーム主義のかたちをとるにいたり、その自己陶酔は新たな高みへと到達している。イスラエルのナショナリズムはそれよりもはるかにタチが悪く、その歴史的構成要素においてはるかに複雑であることは間違いない。それは脱植民地主義的ナショナリズムと反植民地主義的ナショナリズムの、驚くべき混淆形態なのである。同じくらい植民地主義的でも反植民地主義的でもあることに由来する、この混淆的な編成のあり方には、ちょうど珍しい海中生物を見て[*4]

＊4　聖書（ヨハネの黙示録）において、いくつかの異なる動物の身体的特徴を併せもち、海から現れたとされる獣を踏まえた表現だと思われる。

びっくりするような感じで、驚嘆せざるをえない。

私は、シオニズムを植民地主義と同義だとは思っていない。私は、シオニズムが植民地主義の企図（プロジェクト）だとは思わない。そこには、人々を植民化するという幻想（ファンタジー）、すなわち植民地主義のイデオロギーがそうであったような、人々に対する優越性という幻想がなかった。だが、シオニズムとシオニストが夢見たことを、植民地主義の仕組みを用いることなく実現するのは不可能だったであろう、という事実は残る。それは植民地主義の仕組みを通じて現実化したイデオロギーであるが、それ自体は本質的に植民地主義的なものではない。すでに述べたように、シオニストは彼・彼女らが自らのものだとみなす空間で、我が家（ホーム）のようにくつろぎたいのだ。私はシオニストの入植をめぐる歴史を、実証的な意味でとてもよく知っている。パレスチナに多くのユダヤ人が住んでいたことを知っている。その数を知っている。そして、その数を自分たちの都合の良いように数える者たちのことを知っている——これらのことは、すべて知っている。だが、それと、二〇〇〇年前に支配していたと信じられているのと同じ地域に、国民国家、すなわち「国民的故郷（ホームランド）」を樹立することになると人々が信じ込むようになるというのは、まったく別の話であると思う。それを信じ込むことと、それが実現するというのは、まったく別の話なのだ。そのような夢の実現には、権力の仕組みが必要だった。そのように考えたくない人でも、ナショナリストの幻想を現実（リアリティ）だと、本当に考えるようになる。植民地主義の論理と仕組みなくして、シオニストの夢が実現することはなかったであろうが、すでに述べたように、シオニズムそれ自体は本質的に植民地主義的なわけではない。

この点は、シオニストのナショナリスト的な自己陶酔（ナルシシズム）の形式が最終的にどのような形態をとるのかを理解するうえでとても重要なので、ぜひ覚えておきたい。なぜなら実際、それはまさにシオニズムがその内部で、あらゆる形態のナショナリズムに現れる自己陶酔と、反（アンチ）レイシズムの伝統のうちに現れる自己陶酔の両方を混淆して生み出した、それ自体は植民地化を伴うことがない植民地主義の仕組みによって遂行されたからである。それは一方で、地元住民を犠牲にした自己肯定、他方では、悲劇的な、ホロコーストによってつき動かされた、反レイシズム的自己陶酔のもっとも先鋭的な形式を伴う、ナショナリズムの企てである。「私は二度とめちゃくちゃにされるつもりはない。反ユダヤ主義者に標的にされたような状況には、もう陥るつもりはない。私は、自分で自分の運命を決められる場所を手に入れる」。どこかへ行ってしまったのは、ナショナリズムのもうひとつの、より良い側面を特徴づける「共に在る」ことへの熱望である。

そのような強力で自己陶酔的（ナルシスティック）な夢が、全能感にあふれた幻想に行き着いたことは、想像に難くない。自己陶酔的な幻想と全能感の幻想との結びつきは、精神分析的によく知られた事実である。「私はすべてにおいて力強い。私は弱くなることはない。私はすべてにおいて強くなるのだ」。イスラエルにおける、この全能感の幻想の歴史は、今日の私たちを取り巻く状況がどのように成り立ってきたのかを理解するうえで、決定的に重要である。イスラエル人ほど、全能感の幻想を愛でてきた人々はいない。イスラエル人のほかに、全能であることが可能だと考える人など、誰もいないだろう――全能であるということが、将来、どこかで起こりうることだと、イスラエル人はいまだに考えている。この場合、イスラエルがもっとも多幸感に満たされた瞬間とは、おそらく、イスラエルにとってもっとも悲劇的な瞬間である。それは、一九六七年に経験した全能感の蜜の味であった。

一九六七年の戦争[*5]では、全能感が単なる幻想ではなく、実際の可能性であるという感覚があった。そして私はこれこそが、あらゆるイスラエルの政権が自国民に対して自らを正統化するために用いてきた方法の一部――あるいは、その標準的な方法とさえいいうるもの――になったと考えている。一九六七年以後、多くのイスラエル人は、それこそがまさにイスラエルの果たす役割なのだと信じはじめた。「私がここにいるのは、政府が私に全能感を与えてくれるからである」。全能感と政治的虐殺が組み合わさるということは、他の人々と共に生きる能力の欠如を意味する。たとえ、それが自分にとって最低限度の危険でしかない者であっても。ひとりのオーストラリア人として、私も中国が脅威になりうるとか、インドネシアが脅威になりうるとか、そういった幻想と共に生きなければならないかもしれない。私はそうすることもできる。こうした脅威を受け入れることもできる。〔だが〕「中国からの脅威がなくなるまで、安心しない。安心したくない。脅威がなくなったら、やっと安心できるだろう」などとは言わない。私は危機と、共に生きる。この危機は、本当の危機かもしれないし、そうではないかもしれない。重要なのは、私が危機の可能性を想像している人間なのだということであり、それは他者についての不確実性なのである。私は、他者についての不確実性と共に生きることができるのだろうか。イスラエルにおける先鋭的な自己陶酔(ナルシシズム)のあり方とはまさに、他者についての不確実性と共に生きるという、この能力の欠如なのである。他者は安全な状態にしておかなければならず、そこから生じるわずかな脅威さえも、許容できないのだ。

この問題の性質に気づくには、ガザへの侵攻の際にイスラエル国家が用いた言葉を、ほんの少し立ち止まって聴いてみるだけで十分だ。これまでも見聞きしたことがあったかもしれないが、それについて深く考えてこなかったかもしれない。だが、どのような類の想像力が、「私たちの目標はハマースを一掃することだ」とか「イスラエルの第一の課題は、ハマースを壊滅することだ」などと、人々がまったくもって真剣かつ熱心に語るのを可能にするのかを問うことが重要である。こうした文言や、それが達成可能な目標であるという信念から生じる実践の感覚こそ、私がここで論じている問題の、まさにその兆候なのである。

ニーチェは、彼のいう「力への意志（will to power）」と「力の感覚（sense of power）」を区別することが重要だとする。ニーチェにとって、力の感覚という概念は、きわめて重要である。なぜなら力の感覚とは、私が有している力を自ら主観的に知覚することだからである。それは、私が有している力の総量に対する客観的な評価ではなく、それがどこに向かい、それによって私に何ができるのかをめぐる評価である。仮に、私が総量Xの力を有していて、自分自身の力が減退していると感じているとしよう。それで、私の力が減退しているという感覚を補うために、私は自分の力を行使する。私が同じように総量Xの力を有していても、自分自身の力が強まっていると感じていることもありうる。この場合、私は、自分の力を相手に対して寛大に用いるかもしれない。私を苛立たせる物事への対処の仕方の違いは、力の総量によってもたらされるのではない。それは、私のもつ力の感覚によってもたらされるのである。私は、自分の力は安定しているのか不安定だと

＊5　一九六七年六月の第三次中東戦争において、イスラエルは敵対するアラブ諸国に対して圧倒的な勝利を収めた。「六日戦争」とも呼ばれる。

感じているのか。私の力が増えていると感じているのか減っていると感じているのか、といった具合に。

ガザ侵攻中のイスラエルによる、野蛮な形態での力の行使はまさに、自らの力の感覚をめぐり深刻な危機に直面している者たちによる力の行使のあり方だと私は考えている。侵攻中に発表されたイスラエルの声明において、一九六七年の幻想がいかに頻繁に繰り返されたかということについて言及した、おびただしい数の資料がある。イスラエル国家保安局のあるメンバーが「もはやイスラエルを本当に恐れている者など、誰もいないのではないか、という不安な感覚に、ここ数年つきまとわれてきた」という懸念を表明した。この危機は部分的には、南レバノンで起こったことと、そしてヒズボラ（ヒズブッラー）に対するイスラエルの二度にわたる敗北として経験されたことによって、生じたものであった。

ヒズボラのレバノン人シーア派民兵に対する二〇〇六年のイスラエルの戦争が、民兵たちに再びイスラエルを恐れさせるための企てであったことは疑いない。イスラエルの占領からレバノンを解放することに成功したヒズボラは、すでに英雄的なアウラを身にまとっていた。イスラエル兵がレバノンからの撤退を急ぐ光景は、レバノン人とパレスチナ人にとって重要な心理学的見せ場だった。同じように、この出来事はイスラエルにとっては最悪の状態を意味し、その全能感の幻想への打撃となった。二〇〇六年のレバノン爆撃という蛮行は、疑いなく、この出来事を連想させる心理学的激しさを帯びたものだった。そこでは、激烈な勝利が欲されていたのである。〔だが〕ヒズボラは粉砕されず、それどころか、戦争が終わるその日までイスラエルを爆撃し続ける力をもっていることを見せつけ、物理的な破壊を被ったにもかかわらず、疑いようもなく勝利したという感覚を得たのだった。

これは、「抑止力を取り戻すこと」をめぐる言説がイスラエルにおいて遍く人口に膾炙していくのを、私たちが目撃しているということである。ここで再び、ニーチェのいう力の感覚という視角を通じて物事をみることが大事になってくる。というのも、イスラエルは客観的にいって力が弱いということではないからだ。イスラエルは、一九六七年の全能的な自己イメージと同じ状態になるということ以外の、自らについての理想像と共に生きることができないのだ。ここで問われているのは、政治的な正統性である。ネタニヤフ、あるいはバラクも、イスラエルが一九六七年にそうであったようなあり方で存立できるなどと、本当は信じていないかもしれないのだが、多くの人々が一九六七年の自己像なくして、イスラエルは存続できないと信じているのは事実であり、そうした人々はネタニヤフがイスラエルを再び全能にしてくれるに違いないと信頼している。したがって、ネタニヤフにとって、問いは次のようなものになる。「どうすればよいのか。どのようにすれば人々に『よし、イスラエルは再び、疑いなく安全な場所になるだろう』と考えてもらえるだろうか」。自らの「ふつうの状態」とは全能的な状態なのだと、自国民と近隣諸国の人々の双方を説得できないかぎり、この国は存立することができないという発想が、危機の大きさを明確に示している。

このような理由で、ガザでの戦争を通じて、イスラエル国家はふつう(ノーマリティ)の状態を回復させるために闘っているという自画像を描こうと苦心していた。それはまるで「このような国境問題を抱えていることを受け入れる、ふつうの国などあるだろうか」とほのめかすようであった。ふつう(ノーマリティ)であることをめぐる語りが、頻繁にもちだされた。これこそ病理の一部といえる。なぜなら、「イスラエルはユダヤ人国家であると、あなた方は承認すべきだ」などとイスラエル人が主張しているのを人々が聞いているとき、つまり、ふつうであること――すなわち、言うまでもなくそうあるべきであること――が、言うまでもないことではなくなっているとき、人々はそれが言うまでもないことではなくなっていること、それゆえ、ふつうとは程遠い状況であることが、わかっているからだ。よしわかった、私たちはイスラエルをユダヤ人国家であると認めよう、それでいいだろう――この問題は解決だ、と誰かがやってきて言ってくれると真剣に信じている人など、どこにいるというのか、ということである。世界には他者を排除してきた多くの国々があるが――ここオーストラリアで、それを再確認する必要もない――、そうした国々の人々が自分たちが排除した人々のところに出向き、自分たちの国を承認してくれと頼むなどということはない。オーストラリア国家が先住民のところに行って、次のように言うのを見たことがない。「私たちの存在を認めよ。私たちの存在を認めるまで、何もしてあげないぞ。おまえたちの保健衛生問題も何も解決してやらない――私たちの存在を認めるまで、いかなる先住民政策も行ってやらないぞ」。オーストラリアが存在することは、言うまでもない。言うまでもなく、それは存続していて、そして私が思うにイスラエル国家の悲劇とは、それがユダヤ人国家として存在すること自体が、言うまでもないことではないし、言うまでもないことにはなりえない、ということなのだ。これが、私がユダヤ人国家としてのイスラエルの不可能性について述べた際に、まっさきに言いたかったことなのだ。イスラエルは、国民国家を形成する様式としての限界に達しており、それは誰のせいでもないのである。歴史学的に研究して、イスラエルが国民国家になるためには、国民国家の歴史においてその企図が開始されたのがいささか遅すぎたと論じることもできる。あるいは、条件の悪い地域でイスラエルが建国されたともいえるかもしれず、もっとアラブ人が少ない地域であればうまくいったかもしれないと論じるかもしれない。なぜ、イスラエルの企図が暗礁に乗り上げたのか、多くの要因を指摘できるだろう。

私の議論の焦点は、イスラエル人だけが暗礁に乗り上げているということではない。パレスチナ人もイスラエル人と同様に、国民国家形成の企図が暗礁に乗り上げているということだ。これまで認識されてきて、力を獲得するための自己陶酔的（ナルシスティック）な企てとして夢想されてきた、反（アンチ）植民地主義の企図——すなわち、再び安住の地を得るために国民国家が必要だという理念——が暗礁に乗り上げている状況を、パレスチナ人は体現している。おそらく、次のように、オーストラリア風のやり方で、問いを立ててみることが必要である。「中東にもうひとつの国民国家なんぞ、いったい誰が必要としているんだい。よくわからないね。一体全体、なぜ中東に国家（ネイション）がもうひとつ必要だというんだ。納得できる説明をしてみてよ」。

ふたつのナショナルな自己陶酔（ナルシシズム）は、私たちをどこにも連れていくことはない。それゆえに、どこか別の見地から考えることが、知識人の仕事だと感じている。だが、私たちがここで論じてきたのは、国民国家の枠組み全体について根源的（ラディカル）に思考を深めることである——これは何を意味しているのだろうか。私たちは、国民国家の枠組みの外から考えることができているだろうか。国民国家が理想であり続け、たくさんの良いことを達成してきたことはわかっている。私は皮肉をいいたいわけではない。私はそうした主張を受け入れるが、それと同時に、国民国家の枠組みが多くの場所で限界に達しており、それゆえそれを乗り越えることを考えなければならないという、経験的な現実（リアリティ）も受け入れる。私にとって重要なのは、関係論的な要請（relational imperative）である。すなわち、悪い関係性をどのように良い関係性に変えられるのか、ということである。イスラエルとパレスチナに目を向けると、パレスチナ人の一部の集団と悪い関係性を築いているイスラエル人の一部の集団がいるといえる。私はいまや、イスラエル人もしくはパレスチナ人のどちらかが、安全を感じたり、力を与えられたように感じたり、反（アンチ）植民地主義を闘ったりするのを手助けすることには興味はない。私は、双方の人々がお互いに行き詰まっているという事実とともに、生きていきたい。そして私たち研究者は、この重要な問いに対して立ち尽くすべきだ。悪い関係性をどのようにして良い関係性へと変えられるのか。関係論的に考え、そして自己陶酔的（ナルシスティック）な存在の自己肯定という観点から考えないことが、進むべき道なのである。

Appendix to chapter 7: I don't write poems but, in any case, poems are not poems

第7章への追記

私は詩を書くことはないが、どんなときも、
詩は、詩ではない。

以下の文章は、二〇一〇年五月三一日に「ガザ自由船団[*6]」に対してイスラエルが行った軍事作戦によって、マヴィ・マルマラ号に乗船していた九人の平和運動家が殺された際に書かれたものである。

私は詩を書くことはないが、どんなときも、詩は、詩ではない。
遠い昔、パレスチナは、パレスチナではない、ということに気づかされた。
パレスチナ人は、パレスチナ人ではない、ということも教わった。

＊6　二〇一〇年五月三一日、イスラエルによって封鎖されたガザ地区に支援物資を送り届けようとした平和活動家の船団に対して、イスラエル軍はガザ沖の公海上で攻撃を加えた。

あの人たちから、民族浄化は、民族浄化ではない、ということも教えられた。

そして、ナイーブで年老いた私が自由の戦士たちを見たとき、あの人たちは、あれは自由の戦士などではないこと、そしてレジスタンスはレジスタンスではないことを、根気強く示してくれた。

そして私が愚かにも、傲慢さ、抑圧、屈辱に気づいたとき、あの人たちは慈悲深く、傲慢さが、傲慢さではなく、抑圧が、抑圧ではなく、屈辱が、屈辱ではないということを、私にわからせてくれた。

私は、悲惨さ、レイシズム、非道さ、そして強制収容所を目撃した。だがあの人たちは、自分たちは悲惨さ、レイシズム、非道さ、そして強制収容所の専門家だと言うので、私は、これは悲惨なことではない、レイシズムではない、非道なことではない、そして強制収容所ではない、と言うあの人たちの言葉を受け入れねばならなかった。

何年ものあいだ、あの人たちから私はあまりにもたくさんのことを教わった。侵略が、侵略ではないこと、占領が、占領ではないこと、植民地主義が、植民地主義ではないこと、アパルトヘイトが、アパルトヘイトではないこと……

あの人たちは、私の単純な思考を、私の出来の悪い脳みそでは計算すらできないような複雑な真理にさえ、啓いてくれた。たとえば、「核兵器をもつこと」は「核兵器を有していないこと」であり、「大量破壊兵器を有していないこと」が、「大量破壊兵器をもっている」ということであった。そして（ガザ地区での）民主主義は、民主主義ではなかった。（イスラエルに）二級市民がいることが、民主主義であった。

だから、今日、明白なことだと思っていたことが実はそうではなかったことがもっとあると学んだのに、私が驚かなかったとしても、どうか許してほしい。平和活動家は、平和活動家ではなく、海賊行為は、海賊行為ではなく、非武装の人々を虐殺することは、非武装の人々を虐殺することではない。

私は、こんな小さな脳みそしかもっておらず、私の無知には限りがない。そして、あの人たちはクソ賢いよ。マジで。

第8章 占領されざるもの

The unoccupied

この会議の表題になっている、パレスチナの独立というまさにその理念について、シニカルな見方を披露しつつ話しはじめるのは簡単だ[1]。というのも、イスラエルによる植民地主義的支配のもつ全体主義的な特徴ゆえに、そして、占領がパレスチナ社会のもっとも私的な細部の領域にまで浸透しているがゆえに、パレスチナのどこかに「従属と独立のあいだ」という定式化が意味をなすような「独立した」空間などあるものだろうか、と問いかけるのは、至極もっともなことだからだ。にもかかわらず、パレスチナが全面的な崩壊に瀕していると主張する人もいるが、それはいまだ崩壊していないという事実はまだある。占領下にあっても、パレスチナ社会には活力、抵抗（レジスタンス）と自己肯定への意志が、依然として遍く存在する。そうした活力は、占領から自由と自治を守り抜くパレスチナ的な存在のあり方があることを、十分に示してくれている。それは「独立した」存在のあり方、すなわち、私が「占領されざる空間」、もしくはより簡潔に「占領されざるもの」と呼ぶもの——そう呼ぶ理由については後で詳述するが——である。なぜなら、この独立した、占領されざる存在のあり方は単なる空間であるだけではなく、生のひとつの局面でもあるからだ。これから論じていくように、この生の一局面を明確に描写するのは難しく、それを定義し、その重要性を理解できるように議論の方向性を定める必要があるので、事前の説明をいくつか加えておきたい。

抵抗（レジスタンス）と占領されざるもの

この独立した占領されざる状態は存在するが、それを位置づけ、定義し、描写するのは難しい。このようにいうことで私たちはただちに、独立という問題が議論される際に起こりがちなもうひとつの安易な議論の仕方に対して、批判的に関与するという課題に直面させられる。それは、占領されざるものを、抵抗の空間と同一視してしまうことだ。実際、このふたつを同じものだと意識的にしろ無意識的にしろ主張する人々のなかには、独立した空間をパレスチナに見出すことは簡単ではない、という考えそのものによって気分を害される人もいるかもしれない。それは、長く続いてきたパレスチナの抵抗の歴史に敬意を払わず、否定することではないのか。そうした抵抗は一九四八年以来、パレスチナ人の自治に関する意思決定のあらゆる形態を守り育ててきた——それはPLOやハマースを通じて台頭し提起され続けてきた、組織だった政治的抵抗でもあり、パレスチナ人が継続的に関わっている、あらゆる形態のイスラエルによるアパルトヘイトに反対する個人的・共同体的な草の根の抵抗でもある。もちろん、私はそうした歴史を否定したいわけではまったくない。実際、こうした疑問が示唆しているように、抵抗と、抵抗を通じてそれを生み出し、維持するために人々が闘っている自治とを、区別することは有用である。両者を明確に区別することで、分析的・政治的な波及効果が見込めるのである。

ピエール・ブルデューはイルーシオという概念を理論化するに際し、社会的空間においてある位置を占拠したり強奪したりするという意味での「占領（occupation）」と、「先取り（pre-occupation）[2]」という概念について、非常に印象深い関連づけを行っている。ブルデューにとって社会とは、そこに属する人々に、自分の人生を価値あるものにしてくれるさまざまな指針や目標、特定の存在意義を与えてくれるものだ。イルーシオとは、人間がそのような有意味な空間を占領しようとすることで、自分の人生を生きるに値するものにする、その過程を意味する。その場合、人間は、そのような空間を提供しなければならない何かによって先取りされているのだ。

ブルデューの強調した「占領」と、イスラエルによるパレスチナの植民地主義的占領は異なっているが、本章では「占領」としての抵抗の性質のほうに注目している。つまり、パレスチナ人の生を意味あるものにする存在意義としての、抵抗である。パレスチナ人はイスラエルの占領に抵抗することで、自分たちの生に意味と指針を得る。しかし、まさにそのことによって、抵抗は植民地的占領から独立し、それに反対しようとする行為主体性のひとつのあり方を具現化しているのにもかかわらず、存在の「占領されざる」あり方だとみなすことが難しいのである。というのも、抵抗とはその定義上、占領によって完全に先取りされている存在のあり方だからである。実際のところ、抵抗は占領に完全に消費されているのだ。

抵抗は、政治的な理由だけではなく、個人にとって自分にいかなる価値があるのかという問いにとっても重要であるだけに、社会的にも心理学的にも、人々や社会をすり減らす厄介な営みである。それは、消耗させられる存在のあり方なのである。これが、支配された側の人々がただ抵抗するだけでは生き残れない理由だ。彼・彼女らが必要としているのは、占領や支配に対抗するために自治の決定を行う空間だけではない。彼・彼女らは、このまさに問題含みの占領の局面から、つまり占領からだけではなく、占領への抵抗からも、自由になれる空間を、必要としているのである。私が「占領されざるもの」と呼びたいのは、そうした空間のことだ。それは抵抗（レジスタンス）の空間というよりも、レジリエンスの空間だと考えるべきだと、私はいまここで提案したい。

占領されざるもの——戦略的な排除としてのレジリエンス

あるレジリエントな物質について語る、といったような、物理学におけるレジリエンスは、興味深いやり方で定義される。この言葉には、厳密に対応するアラビア語がない。辞書では「ムルナハ（murunah）」と訳されているものの、ムルナハはレジリエンスというより「順応性（malleability）」と訳したほうが適切である。ただ、私は、ムルナハをレジリエンスのアラビア語として訳すのが、とくに気に入っていた。とても示唆に富んでいたからだ。この定義はレジリエンスを、外からの力によって変形させられることなく、その力を吸収してしまう物質の能力だとしている。これこそが

「レジリエンスの実践」の核心にあるものだと思える。スピノザのコナトゥスという概念を念頭におくと、レジリエンスの実践はコナトゥス的だといえる。よく知られているように、スピノザにとってコナトゥスとは、物事がそれ自身の存在を保存しようとする傾向のことである。[3] コナトゥス的な実践について語ることとは、ある特定の存在様式が、変形させられることなく、そのままの姿で、永続し持続することと緊密に結びついた実践について語ることである。そして、ここで思い起こされるのは、パレスチナ人の存在のあり方である。占領はパレスチナ社会を変形させてしまうほどの力であり、抵抗は、パレスチナ社会や個々のパレスチナ人がこの力に対抗する接点である。だが、抵抗の重要性や神聖性などについてどのように考えようが、抵抗する主体は、自分たちが抵抗しているその力によって変形させられていないとはいえない。すでに指摘してきたように、抵抗はそれに関わる人々や社会のあり方に、永続的なダメージを与えてしまう。抵抗の悲劇的な側面は、まさにここにあるといえる。抵抗とはとても英雄的で、不可欠で、それなしで人はまともに生きていけるとは思えないが、生の持続にダメージを与えるものでもある。レジリエンスとはある意味で、このダメージを最小限に抑えるための空間を切り開くことだ。レジリエンスが何を意味するのか、ある事例で説明する。

最近亡くなったパレスチナ人男性殉教者の家族の話だ。死んだ男の妻は、自身と子どもが夫のことをどれだけ覚えていられるようにするかという選択を迫られた。もちろん、それは時とともに変化していった。男性の写真を壁に飾ることは、記憶に留めておく行為である。しかし、それは夫の抵抗を、ひいては抵抗の行為そのものを称えることでもある。家の中には、男性を祀った祭壇のようなものがあり、子どもたちが父親の英雄的な行動をつねに覚えていて、それを受け継ぎ、父親がその一端を担っていた抵抗の文化に身を投じるように仕向けている。にもかかわらず、その未亡人は夜になると子どもたちに、政治とは比較的無関係な児童書を読み聞かせては、子どもたちを寝かしつけ、おやすみ、と温かいキスをする。それによって子どもたちは、父の死に主観的に支配されていない存在の感覚を経験することができる。植民地主義にも、それへの抵抗にも支配されていない、存在の感覚である。すなわち、母親は子どもたちに、植民地主義の対象でもなければ、父親が殉教者でもない子どもたちも経験する、ふつう（ノーマリティ）の経験を与えているのである。これが、レジリエンスの行為を構成するものである。

　レジリエンスとは、英雄的なふつうの空間だといえる。レジリエンスは、英雄的である。なぜなら、そんないかれた（アブノーマル）状況のなかで、ふつうさのかけらを握りしめているのは、たやすいことではないからだ。言うまでもなく、それは抵抗の一側面を構成している。だがそれは、子どもたちが夜になっても英雄的なパレスチナ人反シオニストの偉業の物語を聞かされているような、その存在すべてが抵抗によって規定されているような家族とは、異なるのだといいたい。レジリエンスの空間は、植民地権力が前景化することで統治され、人々がそれに抵抗せざるをえないような空間ではない。冒頭の議論に戻れば、それは「占領とともに先取りされる」生の空間、あるいは一局面ではない。それは、占領されざるものの輪郭を規定する助けになるものなのだ。

　占領されざるものを生み出す一助をなす、レジリエンスの実践の全体像を民族誌的にとらえてみよう。あるとき、私はヨルダン川西岸地区、居住区、分離壁、そして検問所の様子を車に乗せてもらって見て回った。そのときに気づいたのだが、私を案内してくれた若い同僚は、パレスチナに住みはじめてまだほんの数年だったのに、イスラエルの植民地主義者たちが行っているあらゆる驚くべき非道の詳細を、一つひとつ正確に教えることができた。重要なのは、彼は明らかにそうした出来事に大いに心を動かされていたことだった。人生のすべてを占領下で生きるパレスチナの人々は、私の同僚と違って、パレスチナを離れたいと思っても自由に出て行ける恵まれた立場にはない。そうした人々は、自分たちがされてきた非道に対して、よりいっそう心を痛めているに違いない、と私は思わずにいられなかった。だが同時に、パレスチナの人々を見ていると、その同僚と比べてまったく憂慮しているようにも、心を痛めているようにも見えなかった。もうひとりの同僚の伯父が自宅に招いてくれたときに、私はこの疑問について尋ねてみた。彼の答えは、非常に明快で雄弁だった。彼は言った。「私たちには、食べさせて世話している家族がいるだろ。壁だけのことを考えて過ごしている暇はないのだよ。忘れるようにしなければならないのだ」。そして少しだけ沈黙し、こう言った。「私たちは忘れなければならない。そして、決して忘れてはならない」。再び沈黙し、急いで付け加えた。「いずれにせよ、あいつら［イスラエル人］が、決して忘れさせてはくれないのだよ」。

彼との会話は、目から鱗だった。レジリエンスは、占領と、それに伴ういかなる先取りもない様態として機能するためには、その占領を本気（シリアス）になって忘れることを伴わなければならない。だがそれは、とうてい忘れがたいような環境の只中で、そして実際のところ、決して忘れてはいけないことに対して、行われる。この点で、レジリエンスとはフロイトがいうところの「排除（foreclosure）[4]」

に似たものである。フロイトによれば、トラウマを伴う出来事を積極的に忘れることは、心理的に疲弊するほどの感情的な負担となる。ある意味で、忘却とは一種の抵抗のあり方なのだ。だからこそ、こころは忘れようとするだけではなく、忘れようとしていることを忘れようとするのだ。これが、排除の意味するところだ。レジリエンスの実践は、この視角から、排除のひとつのかたちとして考察するのが、より有効だ。つまり、占領について忘れようとしていることを、忘れるのだ。しかし、植民地化によって支配された側の人々にとって、効果的な排除とは単純にいって、植民地主義者たちの勝利を意味する。実際、歴史的に、あらゆる植民地政体の土台となった虐殺、横領、搾取、抑圧を、もっとも効果的に排除することに成功してきたのは、植民者側の社会だ。排除は必要不可欠でもあり、なおかつ不可能であるがゆえに、矛盾したあり方を示している。それを私は「戦略的な排除」と呼びたい。ここでいう戦略的とは、ピエール・ブルデューのいう意味で理解するのがもっともよいのだが、「忘れようとしていることを忘れる」という、まさにその考えを否認するという、ある種の合理的な戦略のことではなく、むしろ無意識のうちに、だが、ふさわしいとき、ふさわしいあいだだけ、行うように身体的に訓練された何かである[5]。

　これは重要であり、さらに論じる必要がある。フロイトに基づいて排除について考察すると、それは、ある主体が歴史上のトラウマ的な出来事を忘れた、ということを忘れることができている、比較的永続的な状態、ということになる。ブルデューのいう戦略（strategy）として排除を考えるならば、それとは異なる考えに行きつく。ブルデューにとって戦略とは、ハビトゥスの産物である。ハビトゥスとは、そのハビトゥスが形成されてきた社会空間の内部で生じた、ある特定の状況に効果的に対処するための適切な戦略を生み出すために社会的・歴史的に獲得された能力である。その場合、排除はもはや永続する状態ではなく、特定の環境に適応するために生み出された、身体の展開の仕方だと考えられる。

植民地社会は、忘却が永続する状況を基盤としている。だからこそ、フロイト的な概念化は、その内部で起こる排除の過程をうまく説明しているように思える。植民地化された側の人々にとって、状況は異なっている。植民地化された側の人々は、永続的に忘れることはできない。彼・彼女らは、忘れる必要（レジリエンス）と、忘れない必要（抵抗（レジスタンス））とのあいだに、困難にも折り合いをつけなければならない。ここでブルデューは、この排除を意識するか（それによって、その排除としての重要性をまさに減じせしめる）、それとも排除が永続的になるか（そうなれば、植民者側の完全勝利の証となる）という二者択一に陥ることなく、排除の実践を行うことが、どのようにして可能になるのかということを理解する糸口を与えてくれる。ブルデューの議論に基づき、これまで論じてきた抵抗とレジリエンスについての議論を再検討することができ、シオニストの入植者植民地主義にさらされてきた歴史を通じてレジリエントなハビトゥスを獲得した人々としてのパレスチナ人について語ることができるようになる。このレジリエントなハビトゥスとは、抵抗の必要性を植民地化された側が忘れるという恒久的な忘却状況でもなく、植民地化に抗するのではなくそこから距離を置いた、人々が必要とするふつう（ノーマリティ）の空間を削り取ってでも、人々に植民地化を忘れることを許さない、という意味で抵抗を意識し続けるというのでもない、レジリエンスの実践を生み出す能力なのである。

結語——抵抗（レジスタンス）とレジリエンスのはざまで

この講演で、私はレジリエンスの実践の特徴とその重要性を、そうした実践が占領と、その占領に対する抵抗に満ちた空間のあいだに切り開く、「コナトゥス的」な占領されざる空間を指摘することで強調してきた。はっきりさせておきたいのは、そのような占領されざる空間の存在を強調し、提唱するために議論をしているわけではないということだ。レジリエンスの実践は植民地化された側の人々の存在のあり方の一部であり、かなりの部分を占める。それは誰かに「提唱」されなければ、発生しないというようなものではない。にもかかわらず、私はレジリエンスの実践を強調することで、その重要性と、それを守り育む志向性を備えた抵抗の政治の重要性も強調している。

私は、英雄的なふつう（ノーマリティ）の生を営む空間としての、こうした空間の心理学的な重要性、そしてパレスチナ人が「自らの存在を守る」ために闘う生の一局面としての、その政治‐存在論的な価値に言及した。抵抗が本来、何よりもまず既存の植民地支配の秩序を否定するものであるからこそ、植民地主義に取って代わりうる、ありうべき別の（オルタナティブ）存在のあり方を定式化する基盤を育むものとしての、そうした「占領されざる」空間の重要性も強調することができる。これが、占領に伴う先取りに留まらなければならないなかでも、抵抗の政治がレジリエンスの実践を守り、育んでいくことを重視しなければならない理由のひとつなのである。

この講演を通して、レジリエンスが抵抗の政治との関わりを忘れ、それがレジリエンスであるという感覚自体が失われ、そして植民地秩序の勝利の予告としての、単なるふつう（ノーマリティ）の生活になる、というレジリエンスの可能性にたびたび言及してきた。しかし、次のことは、よく知られている事実である。歴史的にはそれほど知られていないにしても、抵抗の歴史のなかでやはり起こってきたことは、抵抗それ自体が守るべき本質を失い、自己目的化してしまうことだ。そうなると、抵抗それ自体が植民地主義者側の原理、後には何ひとつ残らない、あらゆるものを貪り尽くす先取りになるのである。矛盾したことに、抵抗とは社会に「占領を伴うその先取り」を促し広めることで、さらなる植民地的占領を促す呼び水となる。あらゆる社会秩序や支配の形式は、そうした広範に広まった、完全に取り込まれた抵抗集団の周囲にうちたてられてきた。「占領されざるもの」の重要性を強調することは、そのような抵抗の文化の蔓延に抗うためなのだ。というのも、それ自身が目的化し、占領と占領への抵抗の両方から守られた空間をもたない抵抗は、すでに植民地支配との闘いに敗れているのだから[6]。

第9章 反（アンチ）レイシズムをリコールする——根絶可能性の批判的人類学に向けて

Recalling anti-racism: Towards a critical anthropology of exterminability

奴隷状態への反抗から、反（アンチ）植民地主義の闘争、米国の公民権運動、南アフリカの反アパルトヘイト運動へと続き、今日——それは庇護希望者への支援や、イスラエル／パレスチナにおけるパレスチナ人に対するイスラエルの処遇への反対といった闘争に、もっとも顕著に表れているが——にいたるまで、反（アンチ）レイシズムは思想や社会運動における核心的で重要な潮流であり続けてきた。それは、あらゆる人間の価値のなかでもっとも崇高なもの、すなわち、どこからきても、どのように序列づけられていたとしても、あらゆる人間は何はともあれ尊厳と尊敬をもって扱われる権利をもつ、という信念を体現している。

しかしながら、反レイシズムはその長い歴史のなかで、さまざまなかたちでのレイシズムの力に対して特筆すべき勝利を収めたこともあったが、社会的、文化的、そして政治的な力として特別に成功してきたとはいえない。私たちは今日、いたるところで、レイシズムの台頭を目撃している。オーストラリアで、また米国やカナダでも、先住民族や第三世界から来た移民への処遇、刑務所にいる黒人の割合などあらゆることが、依然として厳しいレイシズムがあることを根拠づけている。同じようなことが、世界中の庇護希望者への扱いについてもいえる。もっとも重要なのは、レイシズム的で非寛容な、有害な民族‐宗教的ナショナリズムの大規模な台頭が見られることであり、イスラエルにおけるシオニスト・ナショナリズムは例外どころか、あっという間に、ありがちではあるがその極端な事例ということになってしまった。私は文化的形式としてのレイシズムの核心について、二〇一四年に南アフリカを訪問したときにとりわけ腑に落ちた。理論と批評に関するヨハネスブルグ・ワークショップに招聘されて、他の多くの研究者とともにヨハネスブルグからケープタウンにバスで移動しながらワークショップを行い、その地域の歴史を学び、さまざまな人々と出会った。はっきりわかったのは、反レイシズムの力こそが疑いなく、自国におけるもっとも偉大な勝利であると記録されている、かの国ですら、それにもかかわらずレイシズムは依然として根深い社会勢力であり、南アフリカの人々の生活の多くの側面に刻み込まれているということであった。このことを念頭において、私が本章で検討したいのは、反レイシズムを「リコールする＝呼び覚ます（recalling）」可能性についてである。

「リコールする」とは、近代を批判的に省察する方法として、ブリュノ・ラトゥールによって提唱された。それは、私たちが過去に成し遂げたことを守っていくためにそれを忘れずにいる感覚を呼び覚ますという意味と、欠陥があることが発覚した製品を、それを製造した企業が回収して修理するという意味を、掛け合わせた言葉である。ラトゥールは、以下のように強調している。

このリコールの目的は製品(プロダクト)を壊すことではないし、もちろん市場でのシェアを失うためでもない。むしろ、それとは正反対の戦略である。消費者にそうした配慮を示すことで、その企業は自社製品の品質を管理して消費者の安全を保証し、進取の気性を示し、メディアの信頼を再構築し、そしてあわよくば、いささか早く停止しすぎたその製品の生産を再開するのである。(1)

私が反レイシズムをリコールして、それをより効果的なあり方でもう一度世に問うための分析の最初のステップを始めたいと願うのは、こうした心意気からなのである。

反レイシズムの機能

反レイシズムとは、「近代」よりもよく定義された機能を伴う「生産物(プロダクト)」である。だから、それがどのように機能するのかを、その言葉が通常意味するところにおいて、実際に思い出してみること=リコールすることが重要である。まず、その「当初の理念」に立ち戻るために、そしてまた、それにもかかわらず反レイシズムの歴史のなかで生じ、――欠点はあるものの――積み重ねられてきた含意を発展させるために、六つの主要な機能を強調したい。これらは実践において明らかに重なり合うが、説明のためにあえて個別に列挙していく。

1．レイシストの実践の発生を抑える

これは、レイシストが社会のいたるところで（日常的レイシズム）あるいは制度の中で（構造的レイシズム）、レイシズムを顕在化させるのを難しくする、ということを意味する。この反レイシズムの営みには、とりわけ長い歴史があり、その一部は、特定のレイシズムのあり方を禁止するか、少なくともいくつかの類例を非合法化する法制度を導入することをめざす、さまざまなかたちの法的アクティヴィズムを通じて実践されてきた。これは、単純にいってレイシストがいない状況を実現することが必要であるが、それが達成されるまでは――そして、こうした目標の達成に資するものとして――少なくとも、レイシズムを実践しようとする人々の力を削ぐか、それを思いとどまらせることが必要である、という信念から出発している。同様に、こうした闘争は、みなが「レイシストであることは、よくないことだ」、と理解する一般的な風潮を生み出すことをめざす文化的活動を伴ってきた。これは、人種差別のすべてではなくとも、実際にはその大半が、法律で対処するにはあまりにも微妙で、はびこりすぎていると認識されているためである。こうした増殖に対する最低限の防御策として、反レイシズムの営みは自己検閲の文化を重視している。

自己検閲を重視するこうした闘争は、そう簡単にはいかなかった。そのような自己検閲にしばしば「ポリティカル・コレクトネス」というレッテルを貼り、それと逆の方向に露骨に向かう保守的な勢力があったからである。たとえばオーストラリアの現職の法務大臣が、オーストラリア人には

「偏屈者（bigots）になる権利」があると宣言したとき、彼は自らを言論の自由の確固たる擁護者だと考えていた。[2] 彼はそのように宣言することで、人々に「リラックスして気楽で」いようと勧めたことで名高いジョン・ハワード首相（一九九六―二〇〇七年在職）に端を発する、オーストラリア自由党内の系譜に連なることになった。このように表明することで、保守派は、リラックスして気楽でいることと、何でも話したいことを話せるということが、あたりまえのことなのだと人々に信じさせたいのである。ポリティカル・コレクトネスは人々が「自由に」表現するのをやめさせることで、そんなあたりまえのことに逆らっているのだとみなされる。それは「サヨク（the Left）」が、人々が「自分が言っていることに注意して」、自分の感情や感覚を自己検閲するように仕向けることで、文化的空間を統制しようとする企てなのだとされる。結果的に、保守派はレイシズム的な表現を、自らを抑圧から解放する「英雄的な野望」であるかのように経験するような状況を生み出すことに成功することもしばしばだった。「俺は、こういうことを言うのが政治的に正しいわけじゃないってことは知ってるが、ムスリムが嫌いだし、あいつらは俺たちの生活を脅かすものだって思っていて、いまじゃみんなが、俺と同じようなことを言っているのもわかっているんだ」。

反レイシストたちの見方は、これとは異なっている。それによれば、ポリティカル・コレクトネスとは、自分が思いついたり表現したいと思ったりすることのすべてが、つねに良いことだとは限らないのだ、と人々に気づいてもらうように促すものなのだ。「自由に自己表現する」どころか、自己検閲こそが、私たちが普段から、他人と関わるときにしていることなのだという事実を、それは再確認することなのだ。自分自身が傷つくのを防ぐために、私たちは自己検閲している。失業しないために、自分の上司に自分が思っていることを言わない。あるいは自分に駐車違反の切符を切っている警官にも、それ以上のもめごとになるのを避けるために、思っていることを言わない。けれども他人を傷つけないために、思っていることを言わないこともある。まっとうな人ならたいていは、他人に対する思いやりのしるしとして、慎重に自己検閲をしているものだ。たとえば、愛する人が重い病気になったら、彼や彼女が重病人に見えると思っていたからといって、本人に面と向かっては言わないものだ。より重要なことに、人々は自分が「感じている」ことがいつも「正しい」ことではないということをわかっている。私たちが自分の言いたいことを言わないからといって、その言わないでおいたことが至高の真実であるとは限らないのだ。実際のところ、私たちが言いたいことを言うというのは、自分に関わりがある人々の幸福について配慮していないということの証拠であって、それはまさにレイシズムの特徴のひとつなのである。それゆえ反レイシズムは、人種的ステレオタイプやレイシズム的態度に対する自己検閲の文化が強化され普及することの重要性を再確認する。また、こうしたステレオタイプや態度は、人種化された他者と長期間にわたり接触した経験から起こるというよりは、無反省に受け継がれていくものであるため、この自己検閲はとりわけ適切なことだとみなされる。

2．非-レイシズム的文化を促進させる

先述したことと関連するが、反レイシストは地域行政や教育、芸術などの場や制度を活用しつつ、

一般市民を対象としつつもとりわけレイシストを標的とした、さまざまな文化的戦略を展開するべく懸命に活動してきた。レイシスト的な見解がもたらす帰結について教育したり、レイシストが人種化されたコミュニティの人種化された人々を、人間としてみることができるように両者の交流を創出したり、安易で否定的なステレオタイプがつくられるのを防ごうとしたり。こうした活動は、レイシストによるレイシズムの表明をやめさせるために必要な文化的活動とは異なっている。人間は本来、レイシストではないという前提を維持しようとする、より難しい活動が含まれるからである。それとは違った、同じことをめざしているがより重層的な活動には、レイシズムと、それを助長し強化する他の権力編成との連関や結びつきを——交差（intersection）理論の成果を参照しつつ——切り離すための闘争も含まれている。

3. レイシズムの被害者を支援する

これには、レイシストによる暴力や虐待の犠牲者を保護し、シェルターを提供し、カウンセリングを行う、といったさまざまなことが含まれる。こうした反レイシズムの活動には、支援者の社会的ネットワークの創出や、肉体への暴力に対処するための医療支援の提供があり、また心理的な支援も含まれることがある。学問の領域においては、この心理的な支援をめぐって、反レイシズムの研究者、とりわけ心理学者による、ある重要な研究領域が要請されてきたし、いまでも求められている。それは、人種化された主体がレイシズム的な攻撃に対してとりわけ傷つきやすくなる心理学的な分岐点の、社会的・歴史的特徴についての適切な理解が、どのようにしたらもたらされるのかということである。たとえば、もしあなたが黒人であり、フットボール場で誰かにサル（ape）と言われて傷ついたとしたら、あなたの白人の監督が、それは他の誰かが「サル」と言われたのとは違うことなのだということ、そして「なぜ、そんなに気にしすぎるんだ。俺がそう言われても、別に気にしないぞ」と言うのは不適切なのだと、理解することが重要である。この場合、反レイシズム研究は、その監督に黒人の経験の特殊性を伝えることができなければならない。つまり、奴隷制の時代から歴史的に「サル呼ばわり（aped）」されてきた人々の精神構造がどのように形成され、受け継がれてきたのか、そして、このような「サル扱い（aping）」が、いまも続く権力と支配の植民地主義的関係と結びつくとき、何を意味するのか、といったことである。今日、こうした植民地主義的な特殊性に注目して理解することは、「逆差別」などと主張してレイシズムを陳腐化し、脱歴史化する動きに対抗するために、とりわけ重要である。

4．人種化された主体を力づける（エンパワリング）

反レイシズム法の導入や連帯のネットワークの創出のための闘争には、レイシストを押しとどめて被害者を救済する効果があるだけではない。それらは人種化された人々をより自律させ、レイシズムに抵抗し、逆襲できるようにすることもできる。そのような活動の効果は、より長期にわたって持続し、「私の友人に触れるな（touche pas à mon pote）」というフランスの反レイシズムの不朽のスローガンのように、それ自体がしばしば依存関係という逆効果をもたらす、犠牲者を助ける活動よりも重要である。多くの人が論じるように、そうしたスローガンについては反レイシストには称賛されるべき点もあるものの、私の（人種化された）友人が自身の身を守るためには、（人種化されていない）私が必要である、という発想が内に秘められているのである。

5. レイシズム的関係をより良い関係に変える

フェミニズムのように、反レイシズムもまた両義的な闘争である。それは必然的に、支配的で抑圧的でときに暴力的な集団としてのレイシストに対する戦争めいた敵意（enmity）の感情を伴う。しかし同時にそうした敵意に、根絶（extermination）というエートスが含まれてしまうことに、無警戒であってはならない。その代わりに、反レイシストは自分たちを人種化している人々に、フェミニストの女性がセクシストの男性に対して行っているのと同じように、支配的なレイシストあるいはセクシスト的な関係性とは別のあり方（オルタナティブ）で成り立っている、共存と関わりの様式を提案する必要がある。レイシスト自身が根絶のエートスをもっているときでさえ、そうする必要があるのだ。この意味で、反レイシストはレイシズムを、（ネルソン・マンデラ――白人‐黒人の悪い関係性を良い関係性へと変えるための、終わりなき闘争に身を賭した人物――が擁護した、称賛されるべき反レイシズムのエートスの背後にまさに存在するような）良い関係性に変えていくべき、悪い関係性だとみなす。

6. 人種とは無縁の文化（a-racist culture）を育てる

最後に、そしておそらく究極的に、反レイシストがめざすのは、人種が自己同一化（アイデンティフィケーション）の基準として重要な意味をもたなくなる社会を創ることである。批判的知識人による反レイシズムの長い伝統が教えてくれるように、私たちは人種的な自己同一化が自然なものだとされる社会――それは、依然としてレイシズム的な社会だといえる――に留まる必要などない（この点については、若干異なるもののより類型化された議論が、ボブ・マイルズの重要な研究で示されている）[3]。私たちは、人種的な自己同一化がもはや自己同一化の妥当あるいは顕著なあり方ではない、という状況をめざすことができるし、めざすべきである。たとえば先述したように、白人と黒人の悪いレイシズム的関係を良い関係性へと変えていくように努めるのは、良いことである。けれども、この反レイシズムの伝統の地点から、人々がいかなる意味でも人種的アイデンティティを気にしなくなるという境地へと到達すればなおよく、それはまさに、黒人と白人の関係性という発想自体が無意味になるということである。つまり、人種とは無縁になるということ（a-racial）は、人種というものに根本的（ラディカル）に無関心であることによって特徴づけられる社会空間という理想なのである。

このような機能と目標を概観したとき、まさにラトゥール的な意味で反レイシズムを「リコールする」ことの必要性が明確になる。反レイシズムが目標を達成し、一定の特筆すべき成功を収めたこともあるが、先述したように、その成果は効率的でもなく、無謬とは程遠いものであった。反レイシズムは、目の前の状況に対処し、改善するのに失敗することもしばしばだった。実際のところ、レイシズムと反レイシズムの成果（プロダクツ）を比較すれば、歴史を通じて、レイシズムのほうがはるかに成功裏に「呼び覚まされ＝リコールされ」、さまざまな社会経済的・文化的な状況に有効に適応してきたといえよう。それは変化しつつ、さまざまな人々を、ときにはいくつも同時に、標的とすることができることを示してきた。黒人、アジア人、アラブ人、ユダヤ人、ロマ、そしてムスリムなどである。レイシズムは分断の道具として、条件つきの統合の道具として、そしてもっとも劇的には、根絶の道具として、活用されてきた。レイシズムはその時々の、外見、生物学的なもの、文化的なもの、あるいはそれらや他の要素が組み合わされた支配的な類型化のあり方にうまく適応しつつ、効率的に標的を定めてきた。

それに比べて、反レイシズムは概念としてははるかに硬直的であり、絶えず変化するレイシストの類型化のあり方をつねに後追いしている。反レイシズムの研究者は確かに、おそらく活動家に比べれば、こうした概念の硬直化に与してきた。レイシストがある形態から別の形態のレイシズムへと、その主張の論理的矛盾や不一致やズレなどたいして気にも留めずに嬉々として乗り換えるというのに、あまりにも多くの反レイシズムの研究者が、まさにそのような論理的矛盾や不一致やズレといった基準でそのレイシストを評価しようとして、おびただしい時間を費やしている。ピエール・ブルデューが「対象に自己投影しながら、対象と取り結ぶ関係性」と呼ぶ古典的な例に照らしてみると、反レイシズムの研究者はあたかも、現実をどのように解釈するかについて自分と意見が一致しない同僚の研究者を大学の教室で批判しているかのように、レイシストを批判している。(4) レイシストの言明の行為遂行性、そしてよりあからさまなレイシストの実践は、レイシスト自身にとってはもっとも重要なものだが、それについてはまったく不十分にしか注目されない。その代わり、レイシストのもっとも大きな罪は、解釈において、あるいは知的な意味において誤っていることだ、ということになるのだ。レイシストは誤った思想家として、つまり「本質主義者」であり、

「時代遅れの（クラシカル）」生物学的レイシズムへと道を踏み外した者として非難される。すなわち、反レイシズムの研究者が、それが誤りだということを証明するたくさんの統計データを示すことで、実証的に間違いを正すことができるような、現実についての誤った言明を行っている者として、非難されるのである。「いや、入国しようとしている庇護希望者はそれほど多くはない」とか、「いや、ここはゲットーではない。人口学的なデータを見てください」といった類の議論だと、みなされているのだ。

社会を変えようとするあらゆる運動や思想のあり方と同じように、反レイシズムにも「抵抗（アンチ）」と「別のあり方の模索（オルター）」の両方の側面がある。つまり、物事のある特定のあり方に対して反対しようとするとともに、新しい、何か異なったより良い物事のあり方を創り出そうとするのである。このふたつの側面は、はっきりと分かれているわけではないが、先述した反レイシズムの機能の最後のふたつは、それより前に挙げた機能よりも、別のあり方の模索という側面を、より考慮しているといえる。そういう意味では、反レイシズムはどちらかといえば、「別のあり方の模索（オルター）」よりも「抵抗（アンチ）」の運動として、より成功を収めてきたともいえるが、それは反資本主義や反植民地主義など、近代における他のあらゆる「抵抗」の闘争と何ら変わることはない。

レイシズムのグローバルな再編成について

こうした状況のゆえに、反（アンチ）レイシズムをリコールすることはつねに重要な課題である。しかもレイシズムそれ自体が今日、ネオリベラルな資本主義的蓄積の論理やニーズと緊密に融合しつつ、重要なリコールを再び施されている最中であるがゆえに、なおのことである。いま、こうした変容のさなかで反レイシズムをリコールすることは、それが対抗しようとするレイシズムに継続的に応答する——継続的に後追いするのではなく——ように、反レイシズムを発展させることにつながるかもしれない。そして、その別のあり方を模索する側面について深く考える時間がより得られるかもしれない。ここでも再び、議論の整理のために、こうした変化の重要な特徴を個別に論じるのが有益である。

1．国民国家の解体とエスノナショナルなイデオロギーの再興

新たな「ネオリベラル・レイシズム」を形成したもっとも重要な変化のひとつに、ほとんどの国民国家において、その相対的な結束を確保するために、民族(エスノ)的ナショナリズムのイデオロギーが果たす役割が次第に重要になってきたということがある。経済のグローバル化が意味したのは、その国の人々がどのように考え、信じていようが、ネイションにおける共生（togetherness）を保障する堅固な基盤として機能するだけの主要な国民経済の基盤が残されている西洋諸国など、ほんのわずかしかないということであった。この意味で、西洋国民国家は、自分たちがかつての植民地化の過程で人工的に建設されるのに手を貸した第三世界国民国家と似てきている。これが意味することのひとつは、国民国家の実践的かつイデオロギー的な一体性を保障する求心力としての、イデオロギー的なもの（たとえば、国民的価値観、国民の歴史など）の機能の重要性が相対的に増大してきたと

いうことである。たとえば、オーストラリアに労働者として移住すれば、ただ労働者であるという事実だけでネイションの中に構造的に編入される時代があった。この構造における位置づけを支持することが、イデオロギー的なものの役割だった。今日では、〔移住労働者たちは〕グローバルな経済構造のほうにむしろ組み込まれがちである。自分たちが存在しているネイションへの帰属を保障する、イデオロギー的なものの役割は、はるかに大きくなっている。こうしてイデオロギー的なものが中心的地位を占めることで、エスノナショナルなイデオロギーを守る役割を担う社会的勢力が、アイデンティティや生活様式における他者性(アザーネス)のあり方に対するレイシスト的な不寛容を助長させ、それが社会解体に向けた遠心力として次第に台頭してきた。結果的に、反レイシズム勢力は、本質的な「国民的価値観」としてしきりに喧伝されるものを複数化させようとするその企てに反対する、はるかに激しい国家的敵意に直面することになった。

2．西洋経済の脱工業化と根絶のレイシズムの支配

西洋におけるレイシズムの支配的形態を形づくる、ネオリベラルなグローバル化の第二の特徴は、脱工業化である。レイシズムは歴史を通じて多様な形態をとってきたものの、それはつねに、ふたつの傾向のあいだを揺れ動いてきた。すなわち、搾取のレイシズム（racism of exploitation）と根絶のレイシズム（racism of extermination）である。前者は、奴隷や移住労働者の例のように、人種化された人々に価値があるとみなされたときに展開される。後者は、反ユダヤ主義や植民地における遭遇の一部の事例のように、人種化された人々が有害であるか、少なくとも有益であるよりは有害であ

る側面が大きいとみなされた場合に支配的となる。第一の場合、レイシズムは社会の内部で人々を周辺化し、搾取を確固たるものとするため、たとえそこが不安定(プレカリアス)な場所であったとしても、そうした人々に社会の中での居場所を確保する。奴隷の所有主が「黒人は出ていけ」というプラカードを掲げることはない。自分の黒人奴隷に、そこにいてほしいのだから。これは、自分たちが人種化した人々に何の用もなく、いかなる社会的、それどころか物理的な存在すら、何があろうと許容せずに社会から周辺化しようとする第二のレイシズムとは異なっている。これこそが、脱工業化されたネオリベラルな地景(ランドスケープ)において、根絶可能性(exterminability)のレイシズムの台頭が好まれる理由であり、そこでは他者は、ネイションへの流入を一致団結して防ぐべき――庇護希望者のような――、招かれざるもの、不要なもの、重荷であると認識される。あるいは、アラブ系/ムスリム住民の場合のようにすでに物理的にネイション内部にいるのであれば、レイシズムの支配的形態はそうした他者たちを象徴的に自分たちの外部に位置づけ、不要で、究極的には根絶可能なものとして描き出そうと懸命になる。根絶可能なものとして分類されることは、根絶のプロセスがすでに作動していることを意味するわけではないが、もしそれが起こったとしても、人々がそれに憤慨するとは限らないということを意味している。この点についてエティエンヌ・バリバールは、フーコーとハンナ・アーレントについて述べながら的確に論じている。

> アーレントとフーコーが驚くほど似ているのは、……歴史上、とくに近代史における大量虐殺、もしくは、より一般的な排除の過程が、……その犠牲者があたかも排除を受けるために

準備された、すなわち、漸進的かつ制度的に、潜在的な将来の犠牲者として狙いを定められ、全き「生者」でもすでに「死んだ者」でもない一群の人々としての「生ける屍」として位置づけられ、象徴的な社会の片隅にまとまって追いやられることなしにはありえなかったと、どちらも信じていることだ。……フーコーもアーレントも、この排除のためになされる準備が、近代ヨーロッパと関係していることを認めている……それが「人種」というカテゴリーが使われることによってなされてきたことに……。ふたりとも、……それぞれの流儀で、ある特異な出来事に「帰結する」長い系譜を描き出している。［しかし］準備とは、政治的な介入が必要な、政治的なるものの変容であるところの実際の排除あるいは集合的排除の過程を実行することとは異なり、何気なく説明されたり、少なくとも解釈されたりしうる類のものである、という事実を強調している。準備なしには、排除することはできない。しかし準備することは排除することとそれ自体ではなく、その可能性の条件でしかない[5]。

人々を根絶可能なものとして人種的に構築することには、それをとりわけ複雑で多次元的なものにしている、情動的で実存的な不安が投影されている。それはいかなるレイシズムにも当てはまるものを、つねに劇的で激烈なものにする。すなわち、そうした人種的構築が単なる道具的な分類以上のものだという事実を。それは反レイシズムを、先述したような、それがとどまりがちな理性の殻（例の「さあ、レイシズムを事実（ファクト）に基づいて論破しよう」式の主張）の外側に連れ出すことの重要性を示している。

3. 特殊主義的／レイシズム的な反レイシズムの台頭

歴史を通じて、人種化された人々はその人種化に抗するために、ふたつの異なる方法で対処してきた。彼・彼女らは「レイシズムが間違っている」と主張することで、誰が人種化を行おうとも、誰が人種化されようとも、その人種化に反対することがある。そしてレイシズムとただ闘うためだけに、他の反レイシズム勢力と力を合わせる。それが、普遍主義的な反レイシズムと呼べるものに参画することである。しかし、彼・彼女らは自分たちの文化が「きわめて優れている」から、人種化などされるべきではない、と強調することで、自分たちへの人種化に抗することもある。そうした人々が暗黙のうちに、あるいはときにはあからさまに強調するのは、一般論として「レイシズムが間違っている」ということではなく、自分たちに向けられたレイシズムはとくに間違っている、ということなのだ。そのような人種化された人々は、レイシズムそれ自体は気にかけない。自分自身がレイシズムの標的になることを気にしているのだ。実際、そうした人々は、自分自身が人種化されているときですら、しばしば他者を人種化する。自分たち自身がレイシズムの標的になっていることの埋め合わせとして、すなわち、自分たちは人種化される側どころか人種化する側に属しているのだと誇示する一環として、他者を人種化することがある。これこそ私が、特殊主義的／レイシズム的な反レイシズムと呼ぶものである。残念なことに、ネオリベラルな資本主義がもたらした不確実な世相と、それが煽りたてる、先述した過度に自己陶酔的（ナルシスティック）な民族‐宗教的ナショナリズムが、この種のレイシズム的な反レイシズムが次第に世界中に広まっていくことを促してきた。「私の文化がどれほど重要なものか、知らないのか」とか、「私を人種化するな。私の文化はとても優れているのだから、むしろ私があなたを人種化すべきだ」といった物言いは、歴史的にいって、多くの移民文化における上層から下層にいたる中流階級の人々に共有されてきたレイシズムの形態である。こうした特殊主義的な反レイシズムが、レイシズムがその人自身を人種化することから免れるためのあり方として経験される場面における、防衛的なレイシズムの中に、次第に含まれるようになっている。攻撃的な植民地主義的レイシズムの長い歴史があるヨーロッパ、米国、カナダ、そしてオーストラリアの白人でさえ、こうした防衛的なエートスを嬉々として採用し、自分たちは「逆差別」の標的になっているのであり、自分たちがムスリムに不寛容なのだとしたら、それはムスリムのほうこそ何よりもまず、みなに対して不寛容な人々だからなのだと主張したりする。しかしイスラエル国家以上に、こうした特殊主義的／レイシズム的な反レイシズムが、自分たち自身への人種化に抗するという名の下に他者を人種化するという力とともに、強力に発現して制度化されている場所はどこにもない。

実際、今日のイスラエル国家は、ここまで述べてきた三つの傾向すべてによって支配された国家の貴重な実例だといえる。それは次のように定義される。

(a) トランスナショナルな論理に支配された経済構造。とくにアメリカ経済からの流れ（フロー）に支配されており、国民統合の努力が、国家によって煽動され、次第に悪質になっている民族（エスノ）－宗教的ナショナリズムだけに、ほぼ依存したままになっている。

(b) ローカルかつグローバルな反ユダヤ主義に対する防衛というかたちの古典的で特殊主義的な

反レイシズムの様式によって正当化された、増長するアラブ／ムスリムへのレイシズム。今日のシオニズムは、ホロコーストの悲劇から引き継がれた普遍主義的な闘争として「このような根絶的なレイシズム自体を、誰によっても、どこでも、決して繰り返させるべきではない」という意味で、「決して繰り返さない」を理解しようと望んでいた、ユダヤ人やユダヤ人ではない人々による反レイシズム勢力が敗北したことを表しているといえる。その代わりにシオニズムは、「このような悲劇が私たちユダヤ人に再びふりかかるのを防ぐという名の下に、自分たちが他の誰かにそれと同じような仕打ちをする立場に立ったとしても、このような悲劇をユダヤ人に対しては決して繰り返させるべきではない」という自己陶酔的（ナルシスティック）な「決して繰り返さない」を意味する、特殊主義的な反レイシズムが勝利したことを表している。

(c) 搾取のレイシズムから根絶可能性のレイシズムへと、ますます変化していること。過去において、あるいはよりその傾向は弱くなっているが今日でも、パレスチナ人労働者の搾取に基づいていたパレスチナ経済のあり方の痕跡は最低限度残されていて、そこではパレスチナ人労働者は「有用な他者」として序列化される余地があり、搾取のレイシズムを特徴づけていた。しかし今日、パレスチナ人に対するレイシズムの支配的なあり方は、パレスチナ人を完全に不要なものとみなしている。イスラエルによるパレスチナ占領の空間的側面を、ある種のアパルトヘイトだとみなすアナリストや政治評論家が増えている。しかし、黒人が何よりもまず低賃金労働力の供給源だとみなされていた南アフリカの事例とは異なり、イスラエルのアパルトヘイトはもっぱら、排除のアパルトヘイトであり、パレスチナ人を無用で有害なものとして序列化し、なによりもまず、どうしたら彼・彼女らを空間的に封じ込め、イスラエル社会から――イスラエル社会の中で、ではなく――周辺化させておくかに関心を向けている。しかしそれと同時に、パレスチナ人を「実存的な脅威」とみなすシオニストの発想は、こうした根絶可能性の「理性の外部」としての様相を帯びるようになっており、それは先述したように反レイシズムが喫緊に取り組む必要があるものである。

本節を締め括るにあたって、イスラエルについての私の分析は、イスラエルは例外的なのではなく、むしろ範例であると強調していることを、再確認しておくべきだろう。私がここで関心をもっているのは、あらゆる西洋国民国家の空間に浸透し、新たなレイシズムの編成を生み出してきた、風潮なのである。こうした風潮が、イスラエルにおいてより先鋭的なあり方で現れているからといって、イスラエルが特別だというわけではない。むしろ、イスラエルのレイシズムのあり方と強さが、西洋国民国家の内部における将来のレイシズムのイメージを提供しているかもしれないのだ。

根絶可能性を理解し、非-人種的なものを反レイシズムに導入すること

これまで考察してきた風潮、つまり、根絶可能性のレイシズムと特殊主義的な反レイシズムの台頭は、おそらく、反レイシズムがリコールされ、その過程で何らかの別の（オルタード）あり方をもち、その新たな局面に適応していくことが必要な、ふたつの重要な領域を表している。これまで論じてきたよう

に、根絶可能性は、他者性（アザーネス）を序列化するあり方として複数の側面をもつがゆえに、反レイシズムがつねに自らをその内部に位置づけてきた近代の空間をもっぱら歪めてきた。そこでは、なぜレイシストに何の道理もないのかを理性的・実証的に示すことが反レイシズムの役割であった。それゆえ情動的で、非理性的で、不合理ですらあるレイシズムの側面を理解し、それと似たような土俵に立って対峙できる、反レイシズムのあり方を模索することが望まれる。他方で、特殊主義的な反レイシズムの台頭は、反レイシズムの抵抗（アンチ）と別のあり方（オルター）の模索という側面の緊張関係を浮き彫りにする。それは、ある種のレイシズムに反対することそれ自体が、レイシズムのない社会への移行をもたらすわけではないという事実を突きつける。すなわち、より道徳的にいえば、何か悪いことに反対することそれ自体が、何か良いことを生み出すわけではないということだ。これが、特殊主義的な反レイシズムは単なるレイシズムの変種であり、それ自体に反対すべきだと認識しなければならない理由である。また、そのようなレイシズム的傾向に陥るのをなるべく避けるために、反レイシズムはつねに、人種とは別の何か（オルター・レイシャル）、つまり人種的ではないか人種とは無縁な（アレイシャル）社会という想像力と結びつく余地を残しておかなければならないし、それは反レイシズムの闘争のあらゆる段階において、絶えず想起される必要がある。

どんな製品をリコールするにしても、修理のためにいったん返品されたら、刷新（オルタレーション）を完了するのに特化した、その企業内の違った部署に送られる必要がある。同じように、反レイシズムをリコールすることも、反レイシスト勢力（アセンブラージュ）のなかでも特化した部門、少なくとも反レイシズムの活動家以外の誰かによって、担われる必要がある。本章の冒頭で論じたように、私自身、反レイシズム企業の研究者部門、とりわけ人類学というさらに特殊な部署に属しているという事実を意識しつつ、このリコールのプロセスを始めているのだと自覚している。それゆえ根絶可能性と人種とは別の何か(オルター・レイシャル)という問いについて考える有益な方法を批判的人類学が提供することで、このリコールのプロセスを手助けできる何らかの方法を示して、本章の結論としたい。それがあらゆる反レイシズムの活動家に、反レイシズムをさらに刷新(オルタレーション)・洗練させていくための材料を提供することを願っている。

おそらく、人類学におけるもっとも豊かで批判的な側面のひとつであり、そしてそれを、以前別稿〔本書第三章〕で論じたように、別のあり方(オルター)を模索する政治的な問いを考察するのにとりわけふさわしいものにしているのは、人類学がもつ、私たちの資本主義的近代の植民地主義的拡大とともに私たちが接触し、にもかかわらずさまざまなかたちで資本主義的近代の外部に留め置かれている諸文化について考察してきた、長い伝統である。人類学は、私たちとは根本的に異なっているがゆえに私たちに衝撃を与える、思考や存在のあり方を探究しようとする。だが、それと同時に、こうした根本的な差異が実際に私たちにどのように語りかけてくるのかを記述しようとする。すなわち、私たち自身の生と、エキゾチックな存在だと思われて記述され、分析されてきた生のあり方とのあいだに、にもかかわらず共通の何かが確かに存在するということに、私たちは気づいてきたのである。これぞまさに、人類学が批判的になる瞬間である。人類学は、その現実(リアリティ)が私たちの生活世界をつねに構成する要素であったとしても、そこには私たちからは見えない現実(リアリティーズ)の全体あるいは諸側面があるのだ、ということを私たちに理解させてくれる。そのようにして、批判的人類学は私たちの現実(リアリティ)が自分たちが考えていたよりもはるかに多層的で差異に満ちており、ある現実(リアリティ)のなかに文配的な勢力と支配される勢力が存在するのと同じように、支配的な現実(リアリティーズ)と支配される現実(リアリティーズ)が存在するという事実への気づきを促してくれる。

人類学の伝統が、ここで紹介したい人間のふたつの存在様態に注目してきたことをここで強調するのは、それらがそもそも重要なものだというだけではなく、私たちが議論してきたレイシズムと反レイシズムをめぐる問いにとりわけ関連しているからである。ここで参照するのは、互酬的な(reciprocal)および相互的な(mutualist)存在様態のことである。これらは、私たち自身の近代において支配的である、飼いならし(domesticating)と私が呼ぶ存在様態とは区別されうる。人間の存在様態を論じることは、世界を構成する一部分であり、人間がそこに絡めとられ関わっている、居住のあり方を語ることである。ここでは私の関心に従い、これらの存在様態を、他者性(アザーネス)を認識し、創造し、それと関わるあり方に基づいて定義することにする。

飼いならしの存在様態とは、私たちにはもっともなじみのあるものであり、人間の周囲を道具化することに囚われてしまった――蹂躙され尽くしたわけではないことを強調する必要はあるが――世界のことである。それは、もっぱら功利主義的な目的のために支配されるべき対象とみなされるような他者性(アザーネス)を生み出す。物理的・象徴的な価値の抽出の論理が、この世界にはびこっている。飼いならしへと節合されるあらゆる差異は、二項対立の形態をとる。人間-動物、男-女、白人-黒人といったように。自己と他者の境界は、他者に対していかにして主権を独占し、あるいは維持するかという問題によって占められている。

互酬的な存在様態は、贈与という論理に根ざした、異なった関係性をもたらす。贈与交換に特有の根本的（ラディカル）な違いは、最初に、そして古典的に、この主題についてのマルセル・モースの著作において注目された。贈与秩序をめぐる難しさは、飼いならしの領域を支配する道具化という動機と、贈与の論理がどのように異なっているのかが、一見するとわかりにくいということである。というのも、実際、ある意味では、贈与交換を特徴づける計算された利己的動機の論理を明らかにするのに、それほど鋭い観察力は必要とされないからである。モースの業績のすばらしさは、こうした利己的動機の論理のみが贈与において見出されるとしたら、別の異なる側面が見落とされているのだと看破したことである。それがまさに、私たちを根本的（ラディカル）に異なる局面に導くものである。そこにおいては、物事は単に戦略的な動機に基づく行為において、贈与として「提供される」のではない。それどころか互酬的な贈与の関係とはつねに、道具的で計算された関係以上の関係なのである。人間、動物、植物、事物は、互いにとっての贈与として現れる。互いの前にただ置かれた贈与は、ある種の間-贈与性（inter-giftness）によって構成される。これを例証する良い方法は、子どもが部屋に入ってきたときの人々の反応を取り上げることである。人々は、子どもの存在を贈り物として受け止める。子どもが単に存在していることが、贈与として扱われる。この同じ「存在という贈与」の論理は、他の例でも見出される。出会ったときにレバノン人がお互いに表現する、はなはだ熱心な挨拶の仕方にである。'Ahhlaaan'——「ようこそ」というのがおおまかな意味だが、家に迎え入れるときとは限らない。というのもそれは「私の腕のなかへようこそ」というような意味だからだ——は、腕を広げて、「おお！　あなたがここに、私の目の前にいるということは、なんと素晴らしいことなのでしょう。まるで太陽が輝いているかのようで、いまここで起こっていることは、いままで起こったことのなかで一番素晴らしいことだ」というような情熱と愉快さを込めて表現される。レバノン人による近代の受容と、互いを、あらゆることを道具化するその能力がとても極端であるので、そうした行動を取り繕うために、あいさつの仕方がそんなふうなのだ、などと、批判的かつシニカルにとらえるのも、あながち的外れとはいえないだろう。しかし、ここで核心的に重要なのは、そのような挨拶をすることで、レバノン人たちはその存在自体が贈与であり、互酬性への要請であるような存在様態を垣間見せていることである。同様に、宗教的思考の形態のなかにも、人間の生と存在するあらゆる物事を神からの贈り物とみなし、それら自体や、それらを神からの贈り物だと認識し感謝する気持ちを求めることとまさにそれ自体が、贈与の互酬的な形態であるような側面をもつものがある。贈与交換についてのモースの分析は、こうした互酬的な贈与に基づく存在様態は私たちの社会では主流ではなく、実際のところ、次第に支配的になっている計算づくの道具的な論理によって無視されるようになっているが、依然としてそれがはるかに顕著な社会もあるのだということを示した。飼いならしの秩序が、ある人の主権を定義し強化する固有の要素としての境界という経験をもたらすとすれば、互酬性の秩序においては、自己と他者の境界は何よりもまず、交換と間-関係性の場だと認識されている。

相互的な存在様態もまた、間-関係性に関わるものだ。しかし、それは、ある異なる秩序の間-関係性においてである。私がここで相互性（mutuality）という概念を借りてきているのは、親族関係に関するマーシャル・サーリンズの近年の著作からである。[6] そこでは、人間（そして動物、植物、モノなど）が存在している場における、存在の秩序が注目されている。レバノン人は自分たちと誰かとの強いつながりを強調するとき「彼は私たちのところの生まれで、私たちと暮らしている（He is from us and in us）」と言う。この意味での相互主義とは、他者がただ私たちの外部にいるのではなく「私たちの中に（in us）」いるということだ。相互的な存在様態についての人類学的調査は、アニミズムについてのタイラーの初期の業績に端を発するといえる。[7] だが、その批判的人類学における分派は、「融即（participation）」についてのリュシアン・レヴィ゠ブリュルの著作によって、さらに発展していった。それは、私たちが自分自身と他者との存在が、互いに融即しあっていると感じるような場面、人間の生きる力と、私たちの周囲の人間ではないものの生きる力が、私たち自身の生きる力に資すると感じられるような場面における、生活と思考のあり方のことである。[8] 飼いならしの存在様態が主権の及ぶ空間の叙述に関わる境界の感覚を強調し、互酬的な存在様態が交換の領域としての境界と境界線に注目するとすれば、相互的な存在様態は自己と他者、人間と動物などの境界が絶対的なものではなくなり、あるいは存在していないような場面、自己と他者の相互浸透が経験される場面における現実（リアリティ）を重視する。

レイシズムと反レイシズムを理解する際にこうしたことが何を意味するかを把握するためには、批判的人類学によるこうした存在様態への言及に再び注目することが重要である。人類学が他者性（アザーネス）の植民地主義的なエキゾチシズム化に与してきたと熱心に非難したがる人々による安易な主張とは裏腹に、マルセル・モースもレヴィ゠ブリュルも、また彼らの業績を真剣に取り上げた人類学者であれば誰であれ、「私たちを見なさい。私たちは近代的で合理的だ。そして、私たちとはとても違っていて、贈与交換の世界、あるいは相互性の世界に住んでいる、あの他者たちを見てみなさい」などといった単純な主張は決してしていなかった。ふたりとも、自分が考察している社会に、合理的で道具的で計算高い思考や生活のあり方が存在していることを強調していたのだ。ただしそれはそれとして、贈与の論理や融即の論理が、それぞれの社会では自分たち自身の社会よりもよりあからさまであったと主張したのである。それゆえ彼らはそもそも、融即の論理も贈与交換の論理も、私たちが当初考えたかもしれないほど、私たちにとってなじみのないものではない、とも主張していた。私たちの世界は複数の存在様態によって成り立っているに違いないし、もし贈与交換や相互性といった存在様態が私たちに語りかけてくるとしたら、それらがつねに、すでに、私たちが創りあげ、関わっている多くの存在様態のひとつであるからなのだ。モースとレヴィ=ブリュルは、エドゥアルド・ヴィヴェイロス・デ・カストロがその概念を導入するはるか以前から、多現実主義者（multi-realists）であったといえよう。彼らの人類学が批判的人類学であったというのは、まさにこの意味においてである。それは社会文化考古学さながら、私たちの生活においてはあまり目立たないが、にもかかわらずまさにその一部であるところの存在様態を発掘し、明らかにするのである。飼いならし、互酬的、相互的な存在様態は、ある特定の社会的・歴史的・個人的状況においてはそのうちのひとつがその他に優越していたとしても、私たちみなの生活の一部として同時に存在している。だから、私が一本の木を見つけて、それを道具化する必要があって、木材を「伐採して」自分で家を建てるためにそれを切り倒したとして、その意味ではその木は私にとって飼いならしの秩序という現実（リアリティ）の中に存在している。しかし、モースや他の論者ならこういうだろう。私がその木と関わる別のあり方があり、それは共時的に起こっていて、そこでは木の存在そのものが、その木材としての価値にかかわらず、ひとつの贈り物なのだと。私は木を見て、こう言う。「君を切り倒さなければいけなくてごめん。それでも、存在していてくれてありがとう」。同じように、私は意識的に、あるいは無意識に、木の存在と、その生きる力が私自身の存在と融即し、私自身の生きる力を強めてくれると感じるかもしれず、木を切るとき、やはり意識的にか無意識にか、私がその木を切り倒したときには私自身の生きる力が衰えると感じるかもしれない。私は、この三つすべての存在様態を同時に生きて、それらに関わっている。そしておそらく、私が気づいていない他の存在様態もたくさんあるのだ。

これを念頭において、根絶可能性のレイシズムが、これまで検討してきた三つの存在様態すべてのなかで、いかに特殊な経験をもたらすのかということを、次に論じることにしたい。私たちと同じように、レイシストも多現実主義を実践しているが、私たち反レイシストだけは理論上、単一現実主義的で「合理主義的な」存在様態に長く固執しすぎてきた。レイシストが誰かを根絶可能だと認定するとき、彼・彼女たちはただ、道具的／打算的な合理性という視点からのみ、そのように認定するのではない。確かなのは、レイシストはそうした人々を、不要で有害なものとみなすことで、根絶可能だと認定するということだ。しかし、それだけでは、根絶可能性の致命的で本能的な特徴を十分に説明できない。レイシストは人種化された人々を、互酬性の領域においても経験し、認定するのである。先述したように、部屋に入ってきた子どもに私たちが挨拶をするやり方は、何者かの存在それ自体を贈り物として扱う好例である。ここで付け加えるべき重要なことは、まさにこの過程において、自分には価値があるのだという健全な自己愛的(ナルシスティック)感覚を、私たちは子どもに植え付けるということなのだ。言うまでもなく、それを十分にしないことも、やりすぎることもあるわけだが、とにかく、ただ他者が自分をどれだけ「役に立つ」と考えているかどうかにかかわらず、自分が価値ある存在だということを潜在的に認識しながら生きていくことが良いことだというのは、真実である。

自分に価値があるというこの生得的な感覚こそが、私たちのまさにその存在にとって固有のものなのであり、それは道具的な理由を越えて、その外部にあるものなのであり、レイシストが自分たちが人種化する人々から奪いとることで、互酬的な存在様態から放逐しようとするものなのである。この放逐こそ、根絶可能であることの意味にひとつの重要な基層を加えるものなのだ。実際、庇護希望者の場合、この生得的な贈与性を奪うことと、それに伴う象徴的／心理的な外傷が、レイシストとの遭遇におけるもっとも重大な側面のひとつなのである。

すでにここまでの議論で、根絶可能性の重大性への私たちの理解は深まり、より複雑なものになったが、レイシズムが相互性の経験にも影響を与えるあり方を理解することによっても、レイシストによる認定のまさに情動的な側面に現出している真に残忍な意図を、いっそうよく理解することが可能になる。これまでの議論ですでに明らかなように、相互的な存在の秩序には、他者が私たちの、そして私たちが他者の、まさに存在に融即するものとみなされるという、相互浸透の感覚が伴う。それを例証するのに、他者の生きる力が私たち自身の生きる力を増幅するという、ポジティブな例を挙げた。しかし、レイシズムのもっとも卑劣な表れのひとつは、この相互性のネガティブな経験からもたらされる、黒魔術か邪術のようなものに近い経験なのである。すなわち、その人の生きる力を強めるのではなく弱めるような、他者の悪意ある力の存在のなかに見出されるのである。これは実際のところ、レイシズムのもっとも不快で直観的な形態である。つまり他者にとってレイシストは、ローリングが描く『ハリー・ポッター』の小説に出てくる「吸魂鬼（dementor）」の姿で想像される。それは、黒人、アジア人、アラブ人、ユダヤ人などと認定された人々のただ近くにいるだけで、その人たちの命や魂を吸い取ってしまい、抜け殻にしてしまうのだ。そのような他者の存在は贈り物などではなく、それどころか、私たちを根絶しようとする波動を発する、実在する「存在に対する脅威」なのである。

これまで明らかにしようとしてきたのは、根絶可能性の多くの側面を題材とすることで、多現実主義的な複雑性を提起しうる反レイシズムについて構想していくことが可能になるということである。というのも、もしレイシズムそれ自体が、飼いならし、互酬的、相互的な存在様態の内部で構成されるものであるとするなら、こうした存在様態が本質的にレイシズム的であるというわけではない、というのは確かなことだからだ。存在様態は、あらゆる社会的世界、闘争の空間のようなものだ。レイシズムは、そこで蔓延するための資源を見出すが、反（アンチ）レイシズム、あるいは──私たちにとってもっとも重要なことだが──レイシズムとは別のあり方（オルター・レイシズム）を構想することにとっても、それは可能である。贈与の秩序が、道具的な価値づけによる飼いならしの秩序からの脱却を含意するように、互酬的な存在様態は、多文化主義的な反レイシズムに特徴的な「他者の価値づけ」を越えた反レイシズムをもたらしてくれる。さらに重要なことに、相互的な存在様態は、自己と他者の区別まさにそのものが消滅するという経験をもたらし、人種（アレイシャル）が存在しないユートピアが確かな土台に根付くことの、もっとも重要な基盤のひとつを提供してくれる。

社会的現実（リアリティ）全般が諸現実（リアリティーズ）のごった煮のようなものでありえて、反レイシズムは意図的にこの複数性の内部で活動しうること、反レイシズム的な著作も、意図的にそのような複数性において出現し、活動しうること、という事実を強調し、本章を閉じたい。すなわち、反レイシズム的な著作自体は、飼いならし、互酬的、相互的のいずれの領域のスタイルや内容も伴うことがありうる。それはレイシズム、レイシスト、そして人種化された人々を、分析的な飼いならしの対象として過剰に分析してしまうことがある。この場合、私たちがめざすのはもっぱら、現実を「とらえる」ことである。しかし反レイシズム的な著作それ自体が、それが分析する人々と互酬性の関係に入ろうとすることもできる。多くの人類学的著作における省察は、こうした問いを投げかけようとしてきた。最後に、反レイシズム的な著作は、それが気にかけている人々の人生を活気づけ、そこに融即する、生きる力を促進するものとして働くこともできる。それはときには、スタイルについての問いでありうる。すなわち、反レイシストやフェミニストの活動家にとって、支配されている人々のあいだにある問題を強調し、比較考量できるようにすることは、意外なことでも何でもない。人々の行為主体性と抵抗（レジスタンス）やレジリエンスのための力を増大させるために、そうした問題を強調することができる。反レイシスト的な著作というものは、それが学問的なものであれ運動のかたちをとるものであれ、しばしば——現実（リアリティ）そのもののように——こうしたさまざまな傾向のごった煮のようなものでありうる。こうした現実（リアリティーズ）により注意深くなることで、反レイシズム的著作は定義上、それが到達しようとするものに、より戦略的に深く入り込むことができ、融即する。この意味で、反レイシズム的著作のあり方を再考することは、反レイシズム全般をリコールする過程で欠かせないことだといえる。

Appendix to chapter 9: Against colonial rubbishing

第9章への補論 人をゴミのように棄てる(ラビッシング)植民地主義に抗して

私のフェイスブック友達なら知っているように、私は自分のフェイスブックの近況を真剣(シリアスリー)に更新している。これは、私が真面目(シリアス)な話題を扱っているから、あるいは私自身が生真面目であるからというだけの理由ではない。実際には、私は軽薄になることもできるし、いついかなるときも、自分の身に起こるどんなことでも前向きに、健全なシニシズムをもつようにしている。自分のフェイスブックの投稿が真剣だというのは、そこで私のすべて——あるいは、少なくともほとんどすべて——をさらけだしているという意味だ。投稿のなかで、私は理性的であり、感情的であり、知的であり、そして政治的で、公的で、私的で、理論的で、実証的であり、その他いろいろなのだ。

このようにいうのは、過去数ヶ月のあいだに投稿したいくつかの文章を再考するところから、ここでの議論を始めるからである。だから読者には、とりわけせっかちな読者には、少なくともこの文章を読み終わるまで、私のフェイスブックの投稿があらゆる真面目な省察にとって大変有益であると私がうぬぼれているのだ、と考えるのは待ってもらいたい。こうした投稿をふりかえることでもたらされるのは、少なくともいくつかの投稿が、異なる主題を扱っているのにもかかわらず、とてもよく似た感情や情動に基づいていたという気づきである。厭わしさ、憤怒、怒り、痛み、悲しみ、といったものだ。こうした類似性の源泉について、省察してみたい。
最初の投稿は、二〇一三年九月の日付で、ヨルダン川西岸の占領地区にあるビルゼイト大学で開催された学術会議の基調講演者として招聘されたときのものだ。会議が始まる前日に、私はラマッラやエルサレムを巡る見学ツアーに参加した後に、次のように書いた。

私はこの会議の主催者に、自分が「従属と独立のはざまのパレスチナ」というテーマについて基調講演を行うのにふさわしくないと思っていること、自分がこのテーマについて、実証的な知識をもつ第一人者であるとはとてもいえないことを告げた。しかし、彼はこう主張した。「あなたは外部の視点から問題提起をすることができると、みなが言っています。それが私たちには必要なのです」。彼がそう言うので、私は得意になった。しかし、「入植」と分離壁を一日経験しただけで、私はすでに心底、うちのめされてしまった。分離壁と入植について、入手できるものはすべて読んで、やはり私は心底衝撃を受けてしまった……このようなことが、現代においてなぜ可能なのか？　まるで、力の限り荒れ狂う植民地主義のようではないか。人々をやりたい放題に壁で囲み、やりたい放題苦しめて、丘の上に入植地を築き、そして文字通り、入植地の外側へと続く下水道から丘の下へと糞尿を垂れ流し、そこにいる他者に処理させている。パレスチナの人々が、この状況下でなんとかして生き続けているというのは、なんと英雄的なことだろうか。それ以上に、薄っぺらに聞こえない何かを言えるとでもいうのだろうか。正直言って（シリアスリー）、この基調講演は、とても楽しめそうにない。

二番目の投稿は、『ハアレツ』紙に載った、ヴァルター・ベンヤミン生誕一二〇年の行事について、ベンヤミンがマルセイユで、ナチスから逃げおおせる希望を失って自殺したいきさつに絡めて紹介した記事を読んだ後に書いたものだ。ヴァルター・ベンヤミンのような、偉大で洗練されて繊細な思想家が、あれほどの屈辱にまみれ、やがて自殺へと追い詰められる結果となった顚末は、いつも私の心に響く。

この記事を読むと、いつもとても悲しくなる。「ファシズムなんて、反ユダヤ主義なんてくそくらえ。二度と起こしてはならない」と思うだろう。ファシズムと反ユダヤ主義という悪は、凡庸であったが、とどまることを知らず、純粋なる悪のかたちに近づいていった。そして、ファシスト的反ユダヤ主義への抵抗の闘いは、およそ考えられるかぎりの「純粋なる善」である――それにシオニストによるファシズムを正当化する役目を負わせることで、汚す人々がいないかぎりは。すべてのシオニズムがそのようなものだとは言わないが、イスラエルにおいて支配的なシオニズムのあり方は、まさにこれなのである。反ユダヤ主義との闘いを汚しているものなのだ。

三番目の投稿は、〔オーストラリアの〕ラッド首相が、私たちにめがけてやってくる何十億もの第三世界風の怪物たちによってオーストラリアが包囲された危機的状況に対処して、悪名高い「パプアニューギニア・ソリューション[*1]」を導入した後、しばらくして書いたものである。

ラッドの庇護希望者政策が訴えかけていることを望んでいる文化について考えるために役立つのは、いくつかの文化的・辞書的な定義を創造的に修正することである。

「けちくさい（stingy）、さもしい（mean）」――両方とも、金銭、物品、所有物、利益を分けあうのを嫌がる様子を意味する。共有したり、所有物や利益を与えたり消費するのを嫌がるということ。「さもしい」はまた、気が小さく、卑しく、恵まれない人々に対して狭量で物惜しみをし、陰気であるかカラ元気で、生きているさまをいう。

「闘士（battlers）」――古いオーストラリア英語では、労働者階級の人々のこと。新しいオーストラリア英語では、上層ミドルクラスになりたくて、自分にはなる価値があると思っている下層ミドルクラスの人々のこと。古いマルクス主義の英語では、取るに足らないクソみたいなブルジョアのこと。恒常的に不安な状況に置かれ、より多くの特権を飽きることなく望む恒常的な感覚によって特徴づけられる。「オーストラリア経済は好景気である」という新聞記事を信じていて、隣人のXさんやYさんに比べて、自分は決して物事が景気よく進んでいないと感じていることが多い。

「ふつうのオーストラリア人（ordinary Australians）」――オーストラリアに生まれたこと、または移住できたこと、そして代償を支払うことなく先住民族の土地を占拠し、使用できていることを、信じられないくらい幸運だと思っている、オーストラリア生まれの人または移民（比較のために、「イスラエル人入植者」の項を参照）。その愛の感覚を振り払うことができず、「取り憑かれた喜び」の感覚に不安を覚えている。この感情は、ハージの前著で「盗人の敏感さ」と呼ばれたものである。(9)

「幸運な憂慮するオーストラリア人（lucky-worried Australians）」――不平等に共有された「経済の好景気」のもうひとつの産物（プロダクト）。幸運な憂慮する主体の原型は、（たいていは）とても短いフライトでビジネスクラスにアップグレードしてもらえる人である。信じられないくらい幸運だと感じるが、その幸運を楽しむよりも、エコノミークラスの連中がビジネスクラスの客室に入ってきてトイレを使うのを、フライトのあいだずっと憂いている。

最後の投稿は、実際にはこれらの省察の一番はじめに書かれたものだが、自分のフェイスブックのプロフィール写真に、私自身のものではなく「いまは亡き人類学者たち」の写真を使うという、

＊1　船で漂着する庇護希望者問題によって労働党政権への支持が低迷するなか、二〇一三年六月に首相に返り咲いたラッドは、オーストラリアに船で非正規入国しようとした庇護希望者全員をパプアニューギニアとナウルにある抑留施設に送致して審査し、難民と認められた場合でもオーストラリアへの入国を認めない措置を打ち出した。

私の最近の習慣について、ある同僚がお気楽なコメントをくれたときのやりとりである。私は、マルセル・モースの著作『贈与論』に関連する科目を教えていて、当初、私の写真の代わりにモースの立ち姿の写真を使った。いまは、クロード・レヴィ゠ストロースの思想に『贈与論』が与えた、よく知られている影響についての講義をしていて、私の気まぐれなプロフィール写真の欄はレヴィ゠ストロースになっている。私は同僚に、特定の思想家について読んだり教えたりしているときに、このちょっとしたアイデンティティ変更をするのは便利だし、楽しいことだよと返信した。そしてちょっとしたついでに、モースもレヴィ゠ストロースもユダヤ人の思想家だから、彼らの精神を具現化したり、私の肉体に宿らせるのには、ちょっとあまのじゃくな喜びを感じるとも、付け加えた。しかしその後、ある晩モースの個人史を読んでいて、彼もまた終生、ナチスの迫害の対象であったことを知ったときのことを思い出した。それで、返信を修正してこう付け加えた。実際は、いつも楽しいことではないね。マルセル・モースも人生の最後の日々に、上着に黄色い星を付けて歩かなければならなかったことに気づいて、正直（シリアスリー）、参ったよ、と。

それはベンヤミンの死について学んだときと、似ていないわけはなかった。なんなら、より驚かされたことだった。私はいつだって、彼の叔父であるエミール・デュルケムより、マルセル・モースのほうにはるかに思い入れがあった。デュルケムは私にとっては、ちょっと「修道僧」風なのである。マルセル・モースは人生を愛していた。食いしん坊であり、料理が上手で、偉大なるユーモアのセンスがあった。だから、この偉大な知性の持ち主までもが、残忍で凡庸なナチの組織によって貶められていたことに、私はとても驚いた。それを読んだあの晩、私は本当に、ベッドの中で泣いた。それは、ナチズムの犠牲になった知識人が、ほかの犠牲者よりも大事だと思っているからではなかった。それはむしろ、私がひとりの研究者として自己と重ね合わせて理想化していたような人々について、考えていたことだった。

　こうしたことを思い出していた（リコーリング）とき、厭わしさ、怒り、痛みといった先述した感情――それは、モースやベンヤミンについて読んだときに経験したものでもある――は、「パプアニューギニア・ソリューション」をラッドが発表した後にやってくる庇護希望者について考えはじめたときに私が経験した感情と、似ていないわけではない、という考えが頭をよぎったのだ。そしてパレスチナの占領地を見学したときに私が感じたことも、確かにそれと似たようなものだったのである。

　実際、あのパレスチナのツアーの後も、私は部屋に引きこもり、涙にくれた。この非人道的な扱いを実際に受けている人々が、私の傍らで自分を抑えて耐え忍んでいるのに、自分が泣かずにはいられないのが恥ずかしかった。だから、私は部屋に引きこもらなければならなかった。パレスチナで私は、入植者たちがパレスチナ人の村まで、下水管を伸ばしているありさまを本当に見た。あるパレスチナ人の村を二度、車で通りかかったとき、イスラエル人の糞尿が「着弾している」すぐ近くで悪臭にいきなり襲われたのだ。歴史の流れと倫理の筋道が、ここそこで交錯している、と私は内心で考えていた。「おまえたちは植民地化し、抑圧する。そう、おまえたちは昔、そうした。だがそれだけではなく、おまえたちが植民地化している人々の上に、文字通り、糞尿を垂れ流しているというのは、植民地化が異なる局面に達しているということだ」。こうして私は、実際のところ、イスラエル人植民者の眼には、糞尿とパレスチナ人がおそらく同じようなものに見えているのだという事実に、衝撃を受けた。南アフリカのアパルトヘイトとイスラエルのそれを分かつのは、南アフリカの白人は実際には南アフリカの黒人を低賃金労働者として必要としていたのに対して、イスラエル人はパレスチナ人労働者を必要としていないということだ。実際、パレスチナ人をまったくもって、必要としていないのである。そしてそれゆえ、植民地主義者からみれば、パレスチナの土地はつねに、すでに、ある種の社会的なゴミ捨て場であり、糞尿を注ぎ込むのにふさわしい場所なのである。

奴隷制を研究する歴史家がしばしば指摘してきたように、奴隷制を特徴づける卑劣なレイシズムであっても、奴隷所有者は自分たちの奴隷の福利（ウェル・ビーイング）に関心を抱いていた。結局のところ、奴隷は彼・彼女らの所有物であり、それゆえ有用なものなのである。パレスチナ人に対するイスラエルの関係には、これは当てはまらないとわかった。パレスチナで私に去来した感情と、モースやベンヤミンがナチの犠牲になったことについて読んだときの感情が似ているのは、まさにこの点なのだと思い至ったのは、このときである。それは、私がとても高い価値を置いている人々が、極端に無価値なものとされているということなのだ。人々をまるでゴミのように扱うというのは、物言わぬ、何も感じない、機械じみた、そして容赦のない、無価値化なのである。

そして、オーストラリアの「パプアニューギニア・ソリューション」に関して、とりわけ卑劣なことはないのだろうか。難民を直視し、彼・彼女たちの悲劇的な経験を認識して言及することを拒んでおきながら、その代わりに難民を輸送し、たらいまわしにしようと企てる密航斡旋者たちの「ビジネスプラン」に言及するという、難民についての語り方のなかに、その卑劣さは宿っている。

それが、ラッドとその取り巻き連中があたかも、ただ不法投棄された化学物質か何かについて論じるのと同じような安易さで、この問題を論じているかのような気分にさせるのだ。

だから、植民地化とは人々を「ゴミのように棄てる様式（mode of rubbishing）」でありうるという言い方は、華麗なメタファーとしての表現には留まらないのである。「ゴミのように棄てること（ラビッシング）」は、実際のところ、植民地主義の技法なのである。実際、オーストラリア先住民に対する植民地化でさえ、植民地化された労働力として搾取する形態というよりは、先住民をゴミのように棄てる形態を採用したのだ。「人々をゴミのように棄てる」ことによって根絶することは、それが虐殺によって遂行されるよりは劇的ではないことが常である。それは、誰かが壊したトラックを、その人の所有地内のどこかに遺棄して、トラックがゆっくりと錆びて、腐食して、バラバラになっていくのに、どちらかといえば似ている。これはおそらく、オーストラリアにおいて支配的な人種的根絶の様式なのだが、植民地化された世界のいたるところで、同じテーマのバリエーションがあるのだ。

フランスの知的生活を研究する歴史家であるディディエ・エリボンは、次のような逸話を紹介している。

ジョルジュ・デュメジルが戦時中に、彼の師であり友人であったマルセル・モースを訪ねていき、彼の服に縫い付けられた黄色い星を初めて見たときのことを、私に語ってくれたことを思い出す。この恐るべき烙印（スティグマ）から、彼は眼をそらすことができなかった。それで偉大なる社会学者は、彼に告げた。「君は、僕の“gob of spit”を見ているのだよ」。長いあいだ、私はこの言葉を、もっとも直截な意味で理解していた。モースは、この黄色い布切れを、汚らしいしみ、自分の顔に吐きかけられた汚物だとみなしていたのだと。しかしその後、誰かが指摘してくれたのだが、私は間違っていた。モースは間違いなく、「勲章（decoration）」という意味で、この「crachat（直訳すれば、「吐いた唾（gob of spit）」になる）」という言葉を用いていた。そして実際、「crachat」という言葉の古い俗語的な意味は、記章、メダル、勲章といったものである。(10)

象徴的交換の分析の泰斗であるモースは、少なくとも個人的な象徴的視座（パースペクティヴ）からは、自分に向けられた一撃を受け止め、それを自分への贈り物へと変える方法を知っていたのだと確信できる。究極的に、彼は彼だけのやり方で、昔からある劇的な対処法を私たちに何とか送り返してくれている。ある人にとっての屈辱を、名誉の勲章のように身にまとうという行為を。この文章を、次のような問いとともに締め括ろう。今日、この両義的な名誉のバッジを受け継いでいるのは誰なのか。今日、黄色い星と同じようなものを身に着けているのはだれなのか。確実に、それは自分たちをゴミのように棄てる植民地主義にあらゆるところで英雄的に抗っている、こうした庇護希望者であり、先住民なのである。自分たちこそがもっとも優れた黄色い星の継承者なのだというシオニストの主張にもかかわらず、パレスチナの事例においてさえ、これは真実なのである。

というのも、イスラエルの内外のたくさんのユダヤ人が知っているように、黄色い星から連想される名誉とは、民族的に継承されうるものではないからだ。それは換喩的な意味で、悲劇的経験を生き延びたという崇高さによって得られるものだ。これが、この星はいまでも黄色くなければならないが――今日の世界でも、反ユダヤ主義は依然として、実在する喫緊の危険なのだから――、それにもかかわらず、パレスチナの色や、歴史のなかで「ゴミのように棄てられてきた」他のあらゆる先住民や難民たちの色が、そこに付け加えられている理由なのである。

第10章 ユートピア的思想という現実に住まうということ

Dwelling in the reality of utopian thought

長いあいだ——近代西洋思想の歴史を通じて、とりわけ、そこで傑出した存在感があったラディカルな政治思想の歴史において——「ユートピア」という概念は、「ロマンティックな」、「あいまいな」、「夢のような」、「理想主義的な」、そして「感傷的な」といった類の言葉とひとくくりにされてきた。こうした言葉に共通しているのは、現実（リアリティ）との乖離、すなわち現実とのつながりの欠如という含意である。実際、「非現実的な（アンリアリスティック）」という言葉を、それらと同じくくりに含めることは簡単である。ユートピアについて語ることは、存在論的に実在しない空間、非-現実（ノン-リアリティーズ）について語ることである。ユートピアは理想化された過去や空想の未来に触発されることもある。それはまた、現在の否定的な側面を、空想のレベルで否認しようとする。しかし、ユートピアはいま現在の現実（リアリティ）に節合されてはいない。実際、より真剣（シリアスリー）にユートピア主義者であろうとするほど、そのユートピアについての「リアリティ・チェック」がよりいっそう必要となる。

こうしたユートピアという概念の背後にある主な存在論的想定は、私が呼ぶところの単一(モノ)・現実主義(リアリズム)というものである。これは、私たちの思考がつながっていたり、つながることができるのは、ひとつの、たったひとつの現実(リアリティ)だけである、という発想である。この単一現実主義は、マルクス主義に触発された唯物論と観念論という政治的分断を反映しており、そこでは現実に対応する思想は唯物論として、そうではないものは観念論として記述される。こうした対比に基づけば、ユートピア的思想は観念論の一種であるとされる。

近代における存在論的な想定の核心を問うてきた人類学の長い伝統に根ざした、比較的新しい思潮では、単一現実主義がそうした想定のひとつであることが示唆されてきた。とりわけブリュノ・ラトゥールとエドゥアルド・ヴィヴェイロス・デ・カストロによる多自然主義(マルチ・ナチュラリズム)に関する著作をめぐって展開したこうしたアプローチによって、私たちは自分自身が、空間性(スパティアリティーズ)と現実(リアリティーズ)の交差する複数性の中につねに住んでいるのだと考えることができるようになった[1]。これにより、私たちが「現実(リアリティ)」と呼ぶものが単なるひとつの支配的な現実にすぎないのであり、やはり私たちが絡めとられている、周縁化された現実(マイナー・リアリティーズ)がつねに存在するという可能性が提起される。そのさらなる帰結として、ユートピア的思想を含む思想全般は、たとえ支配的な現実(リアリティ)に言及しないときであっても、あるひとつの現実からやはり派生し、あるひとつの現実について語っているのである。ユートピアとは、消え去った理想化された過去によって想起された空間というよりは、あるいは、いまだ存在しない未来を想像することというよりは、私たちがいますでに住まう、周縁化され抑圧された空間の換喩なのである。

批判的人類学――他者の現実から、他の現実へ

あらゆる社会科学のなかで、人類学は間違いなく、一次資料を用いながらユートピア的思想を提案してきたという点でもっとも重要であった。人類学者は私たち自身が偶発的な存在であることを知らしめる、存在の複数の様式の証人を担う、とレヴィ＝ストロースが系統立てて言明したように[2]、そして私はこの言明を人類学という思惟の様態の根幹に据えているのだが、人類学は私たちが実際はそうであるものとはまったく異なるものとして、私たち自身を想像することを可能にする。実際、私たちはそのように想像することができる。なぜならば、ある意味、私たちはすでに自分たちがそうであるものとは、確かに異なっているからである。人類学的な他者は、私たちにとっての他者であると同時に、私たち自身でもある。私たちの他者性は、私たちの内部に住まうのである。まさにこの点において、こうしたユートピア的思想と批判的人類学の親和性がもっとも明白になるのだ。

人類学が、私たちは私たち自身の他者であること、パトリス・マニグリエがいうところの「私たちが自分自身だと気づいていない自分自身の鏡像[3]」を示してくれるものである、というこの考えは、見かけ以上に挑戦的である。人類学が登場するずっと以前からすでに、世界を旅して、自分たちとは異なる生活をしている人々の文化や慣習の存在を記述しはじめた人々の語りに対応するために、そうした土地への想像力が要請されていた。だが、人類学はそれ以上のことを主張しだした。人類

学は、こうした根本的（ラディカリー）に異なる存在様態が、私たちと関連していると主張したのだ。そうした存在様態は、私たちに語りかけてくる。そしてここにこそ、この命題の複雑さがある。人類学は他者の文化の存在を記述するだけでなく、私たちについて、私たち自身の近代的文化について、私たちが住まう空間についての命題も提起する。すなわち、もしこれらの文化における他者性（アザーネス）が私たちに語りかけてくるのだとすれば、そこで語られていること、つまり、すでに他者であるところの私たちに関する何かとの親和性のなかに関係づけられた、私たちについての何かがあるということになる。それゆえ、人類学はつねに、ここではないどこかの他者の文化の存在を、私たちのあいだにある他者性とつなげることを意図しているのである。

　私たちの内部やあいだにあるような、――異なる文化形態や存在様態といった――「他者性（アザーネス）の存在」について語ることには、どのような意味があるのか。これはおそらく、人類学が生み出したもっとも生産的な問いのひとつではないだろうか。この他者性は、社会的現実（リアリティ）の内部に仮想あるいは潜在的な状態で存在するのだろうか。そして人類学者は、自分たちが研究するシャーマンのように、そうした仮想を存在に持ち込んで、私たちが世界に住まう支配的な様式を混乱させたり、それにつきまとわせたりするのだろうか。あるいは、この他者性は、その前提として「人類はひとつ」といった想定と結びついているかもしれない、ある種の心理的性向もしくは精神構造のかたちをとって存在しているのだろうか。エドゥアルド・ヴィヴェイロス・デ・カストロとブリュノ・ラトゥールの多自然主義とラディカルなパースペクティヴ主義は、こうした他者性について、それまでとは異なったやり方で考える道を切り開いている。それにより、より支配的なものに脇に追いやられたとしても、仮想現実としてではなく——周縁化されたものであったとしても——持続的に現れている現存する現実（リアリティーズ）へと節合されたものとして、他者性を考えることが可能となる。

こうした視座（パースペクティヴ）から考えると、世界におけるもうひとつの存在のあり方の可能性は、現実（ザ・リアル）から切り離された純粋な想像の営みの類であるとみなされる必然性はもはやない。その代わりに、そうした可能性は、周縁でまったく「影に隠れて」しまっているにもかかわらず、なお存在しているのであり、批判的人類学はそうした現実（リアリティーズ）が前景化されるための助けになると考えられるのだ。愛に基づく強い関係性、有機的な社会的連帯、自然との「ロマンティック」な交わりの関係など、これまでのさまざまなユートピア的な企図（そして、そのなかでも本章でとくに焦点を当てるもの）の情動的ないし想像上の礎となってきた「理想化された存在様態」についても、同様のことがいえる。私は、多くのユートピアを構成している、ある特殊な社会的-情動的思考の例を詳しく考察する。それは、自然との非-道具主義的な関係性という発想である。私は、存在しない現実を空想するような「理想主義的」あるいは「ロマンティック」な展望としてではなく、私たちがすでに絡めとられている、ある現実（リアリティ）について語ることとして、このユートピア的思想をどのように理解できるのか論じる。しかしその前に、この「現実（リアリティ）」——とりわけ「周縁化された現実（マイナー・リアリティ）」と私が呼んだもの——という概念の、「複数的現実（リアリティーズ）」または「多自然主義」という視座から見えてくる含意を、さらに探求していくことにする。

主観的視点から存在論的パースペクティヴ主義へ

多自然主義という概念は、ヴィヴェイロス・デ・カストロの著作において、彼が民族誌的研究のなかから導き出したアメリカ先住民のパースペクティヴ主義という概念を論理的に補完するために提唱された。彼が論じるところでは、アメリカ先住民のパースペクティヴ主義は私たちの「現実について（オン・リアリティ）」のさまざまな視座（パースペクティヴ）に異議を申し立てるだけでなく、自然という現実（リアリティ）に対する主観的／文化的な視座としての視座を私たちが有しているという、まさにその発想自体に異議を申し立てている。その帰結として、――決まり文句となった人類学の定式がいうように――「住民たち（ネイティブズ）の視点（ポイント・オブ・ビュー）から」現実（リアリティ）を理解しようと試みる前に、そうした住民たちが何を「視点」だと考えているのかを、まず考える必要がある。すなわち、視点についての現地住民の視点についてである。(4) その対極にあるのが、「視点（ポイント・オブ・ビュー）」とはこういうものだという西洋的な考え方を無批判に受け入れることである。しかし、ヴィヴェイロス・デ・カストロの標的はまさに、視点についてのこの支配的で西洋的な考え方なのである。私が以下で簡潔に述べるように、西洋文化の内部において、アメリカ先住民のパースペクティヴ主義に少なくともある点では近い、――それゆえそれをより理解するための橋渡しになりうる――パースペクティヴ主義のいくつかの類型があるのだ。

西洋文化における「視点」という考えの理解の仕方でもっともありがちなのが、それは主観的なものであるという理解であることは間違いない。すなわち、「視点」はたいていの場合、ある単一の客観的現実（リアリティ）として明示的あるいは暗黙のうちに措定されることについての、主観的な把握の仕方を意味する。これが、「貴方には貴方の視点があり、私には私の視点がある」といった言明において暗黙のうちに想定されているものだ。そして、ある「状況（situation）」について「異なる視点」または、ある「異なる理解の仕方」を有していると語られるときには、それはあまり黙示的ではない。この考えは、政治学の領域でとりわけ普及している「利害関心」という、やはり主観的な概念と密接に結びついている。人々は自分たちの利害関心に基づき、「物事」や「紛争」――双方とも、単一の「現実」を含意している――を理解している。

こうした単一現実主義者による客観主義的な見解に対するもっともありがちな反論は、相対主義的で「社会構築主義」的な、複数の主観性という考え方である。こうした考え方では、客観的現実というものは、いかなる事柄に関してであれ、存在しないとされる。重要なのは、それ自体が問題となっている現実それ自体を構成する、複数の主観性なのである。しかしながら、これらの両極端のあいだには、いくつかのバリエーションがある。たとえば、「社会構築主義」のすべての形態が、相対主義で観念論だというわけではない。客観主義的な社会構築主義という概念に帰着する、主観的な利害関心や視座に関する概念は存在する。ここでは、利害関心という発想は、現実を構成している特定の要素とのあいだに選択的な相互作用をもたらすものだと理解される。

最近、私の妻がイタリアからやってきた環境保護主義者のホスト役として世話をしていて、私はその客人をシドニーのオペラハウス見物に連れていった。この有名な建築の素晴らしい眺めを楽しめる植物園で彼女を自動車から降ろすと、私は泳ぎに行った。戻ってくると、その客人はとても興奮していた。植物園を歩いているあいだ、どれほど多くの珍しい種類の鳥を見ることができたかを、彼女は話してくれた。彼女は一度たりとも、オペラハウスについては話さなかったのである。まるで、オペラハウスが彼女にとって存在すらしていないかのようであった。明らかに、彼女は私が見ているもの（そして、彼女にも見て欲しいと思っていたもの）を、見ていなかったのである。彼女の主観的な興味関心（インタレスト）が、彼女にとっての現実を非常に異なるものにしていたのである。しかし、彼女の現実（リアリティ）は主観的ではなかった。鳥や鳥が構成する世界は、私たちふたりにとって十分に客観的であった。彼女の主観的な興味関心が彼女に現実を見せ、ある特定の方法で現実を構築したわけであるが、この構築された現実は決して主観的ではなかった。

同じように、ある渓谷を見ている芸術家と道路技師は――一方はそれを描くために、もう一方はそこに道路をつくるために――見ている対象についての異なる視点（ポイント・オブ・ビュー）と視座（パースペクティヴ）をもっているといえる。それゆえ、いまそこにある現実に関して、異なるものを見て、異なる場面に注目するだろうが、どちらの現実（リアリティ）の社会的構築も十分に客観的である。ここで現実が社会的構築物であるというのは、木と違って椅子は社会的構築物だというのと違いはない。椅子は社会的構築物だから、木よりも客観的であるとかないとか、そういうことは決していえない。それゆえこの例では、主観的な利害／興味関心（インタレスト）が、現実（リアリティ）との相互作用を経て、主観的な視点（ポイント・オブ・ビュー）を生み出しているわけではないことがわかる。そうではなく利害／興味関心が、ある特定の現実の客観的構築の中に人々を位置づけるのだ。

このパースペクティヴ主義という概念は、依然としてかなり異なっているが、多自然主義的な観点に近づいている。その理由は、個々人の現実を所与のものとしてではなく、個人とその周囲との関係性の産物として理解するからである。以下で述べるように、関係性としての現実（リアリティ）というとらえ方は、多自然主義にとってきわめて重要である。しかし多自然主義においては、関係性とは先述の例のような、主観的な利害／興味関心（芸術家としてであれ、技師としてであれ）と私たちの周囲とのあいだの相互作用というよりも、存在すること、住まうこと、そして私たちの身体と周囲とが関わることの客観的なあり方のあいだにあるものとして理解される。

先述したパースペクティヴ主義は、次の点においても多自然主義と異なる。多自然主義は依然として、私たちが現実と相互作用している、その外部に、ひとつの、唯一の現実（リアリティ）の存在を仮定しているのである。それゆえ先述の例でいえば、画家でも道路技師でもない、ただふたりを見ている私たちには、ひとつの現実（リアリティ）の局面に両者が位置づけられていることを、難なく理解できている。にもかかわらずその現実は、部外者としての私たちがその現実＝ザ・リアリティとして把握できる、ひとつの現実（リアリティ）の一部である。私たちの身体的ハビトゥスとその周囲との相互作用から生み出された、こうした現実（リアリティーズ）を超えたところにあるものは知覚できず、象徴的に「把握する」ことができず、精神分析家のジャック・ラカンが「現実界（the Real）」と呼んだものに近い、あらゆるものを包含する要素である。現実（リアリティーズ）は、この現実界と私たちとの相互作用であり、この現実界に身体的に挿入され、関係づけられた、客観的な様式に基づいた相互作用である。すなわち、現実界への多元的（プルーラリティ）な絡めとられ方と、私が呼ぶものである。

複数的現実の批判的・政治的波及効果

明らかに、多自然主義という議論は批判的人類学の議論である。つまり「アマゾンの人々には彼・彼女たちの現実があり、私たちには私たちの現実がある」という以上の議論である。確かに、私たちには私たちの現実があるが、同時に彼・彼女らの現実が私たちの現実に関与してくるということでもある。そこには、私たちもまた同じように、複数的な現実を生きているという可能性がつきまとうのだ。ヴィヴェイロス・デ・カストロのパースペクティヴ主義は、人間の身体、ジャガーの身体といった、身体の複数性の周囲に構築された自然の複数性という、アマゾンの人々の感覚に注目する。しかし、その複数性が私たちに関わってくるとき、それは誰のどの身体の内部にもある複数性にも注目する——つまりこれを、あれかこれかどちらかの一方で、という発想で考えないことが肝要である。もし、ある現実が、身体の情動的、体位的（postural）、リビドー的そして肉体的な潜在的可能性と、現実界（the Real）の潜在的可能性との遭遇であるのなら、私たち自身を現実の複数性の中に住んでいる存在だと考えることは、人間の身体の潜在的可能性の複数性を認識することである。つまりそれは、身体が環境に絡めとられているあり方の複数性を、認識することでもあるのだ。

手短に、個人的な例を話そう。私は耳が不自由である。聴力を失いはじめたのは二〇代の頃だった。聴力を失う以前、私は「悪癖」を身につけていた。それは盗み聴きであった。この悪癖を、私は子どもの頃、何年ものあいだ、両親に仕事や昼食に連れていかれ、話の内容を理解できないか興味関心(インタレスト)もなかった大人たちと一緒にいるうちに身につけた。私はこの盗み聴きのハビトゥスを上達させていき、やがてそういう状況に置かれなくなった後も盗み聴きをするようになり、どこにいても、周囲の会話に聴き耳を立てるという強い性向をもち続けた。

複数的現実(マルチプル・リアリティーズ)という視角からいえば、盗み聴きとは、自分の周囲に絡めとられた存在のあり方なのだと考えてほしい。確かに、盗み聴きは非常に特殊な性質を伴った、非常に特殊な現実(リアリティ)を生み出す。たとえば「実際のところ(イン・リアリティ)」、音に近ければ近いほど、よりはっきりと聴こえる。自分が聴き耳を立てているという現実においては、それは真実ではなく、その逆が真となる。自分から遠い音が、近くの音よりも鮮明に聴こえるようになるのだ。耳が不自由になりはじめたとき、最初に失いはじめたのがまさにこの能力だった事実以上に、盗み聴きへの私の性向が独自の現実(リアリティ)を創り出していた良い証拠になることはない。そして盗み聴きの能力を失ったとき、私はそれに付随する現実全体を失ったのである。現実に対する主観的な視点(ポイント・オブ・ビュー)を失ったのではない。あるひとつの現実全体を、失ったのである。もし完全に耳が聴こえなくなっていたら、おそらくこうもいうだろう。私はすべての現実を失ったのだ、聴くという能力によって生み出される、音の世界のすべてを、と。なぜならば、聴くことは、その人の身体が周囲に絡めとられる、ある特殊なあり方だからである。実際、これは私たちのあらゆる感覚に当てはまる。それぞれの感覚はそれぞれ特有のやり方で私たちを周囲に絡めとると同時に、その絡めとられ方に特有の現実(リアリティ)を生み出す。私たちが感覚的現実と呼ぶものはまさに、周囲に身体感覚的に絡めとられることによって生み出される、独立した現実(リアリティーズ)の融合なのである。こうした感覚のうちのひとつを失うと、ひとつの現実(リアリティ)が失われる——現実についての特定の解釈や、現実のあるひとつの側面ではなく。

現実（リアリティーズ）の複数性に持続的かつ共時的に没入することで、「私たちは、いま私たちがそうであるものとは別の、何かになることができる」という批判的人類学のエートスを、より確固たるものにすることができる。他のものではないひとつの現実（リアリティ）の中に私たちが住まうよう促してきた歴史的、社会的諸条件によって、こうした他の現実により深く没入する可能性が奪われ尽くされたわけではない。その可能性はあいまいな感覚でしかないかもしれないが、私たちはこうした他の現実（リアリティーズ）に影響され、その只中に絶えず存在しているのであり、さらにはそうした他の現実の中にただ存在することを超えて、私たちの存在を拡張していくことができる。こうして、批判的人類学は批判的政治へと変貌を遂げる。「私たちがいまそうであるものではないもの」は、ただ観念的に可能なだけではない。それは、私たちがすでにそこに住まうものであるがゆえに、実質的に可能なのである。

こうした複数的な現実（リアリティーズ）という概念は、支配をあるひとつの現実（リアリティ）内部での闘争の結果としてだけではなく、現実（リアリティーズ）のあいだの闘争の結果としても理解する可能性を開く。支配的集団が、ある既存の現実（リアリティ）を支配するだけではなく、自らにとっての現実を強要する、という発想は、社会理論ではすでに存在する。もっとも明白なものは、ピエール・ブルデューの業績である。[5] 近代性を論じるあらゆる社会科学者のなかで、世界を多現実主義的にとらえる発想にもっとも近づいているのがブルデューであることは、驚くにあたらない。その理由は、ブルデューの思想がスピノザに由来しているだけでなく、フッサールの「周囲世界（Umwelt）」という概念も取り入れているからである。これは、まさに社会的現実を引き起こす一部としての、身体化されたハビトゥスという概念である。

ヴィヴェイロス・デ・カストロの多自然主義の背景には、身体についての類似した発想があり、それは彼がこの多自然主義の考え方を説明するために「ハビトゥス」の概念を用いたことからも見て取れる[6]。

ブルデューのいう異なる諸世界は、あくまでも近代的な現実の概念化の内部における、異なる利害関心と方向性の競合によって生み出される。それ自体は、ヴィヴェイロス・デ・カストロの仕事に見られるような根本的な他者性の包含というよりは、先述した「社会構築主義」の客観主義的なあり方により近い。にもかかわらず、ハビトゥスの概念化を通じて、ブルデューは利害関心を、自己の「主観的」な次元としてではなく、現実における身体の存在様式だと理解していた。さらに、異なる現実のあいだの闘争としての政治という概念を提案することで、ブルデューは彼がいう象徴暴力が、存在論的な暴力の形式でもありうるということを理解する道筋を示した。すなわち、ある特定の現実が他の現実を支配することによって「現実」になり、支配の過程としての歴史を、そして現実が複数的であると考える可能性まさにそれ自体を、あらかじめ排除する（foreclosing）のだ。グラムシ的な用語を用いれば、ある特定の勢力が、あるひとつの現実の内部でヘゲモニーをもつようになる過程があるが、あるひとつの現実が他の現実に対してヘゲモニーをもつようになる過程もある、ということである。

予告しておいたように、多現実主義的な視角を通じて見えてくるユートピア的でエコロジカルな想像界のいくつかの次元と、その現実との関係性について、以下では例証したい。

エコ・ユートピア的思想の現実(リアリティ)

生態系(エコロジカル)の危機は、それが地球温暖化であれ、環境悪化であれ、または私たちの惑星を構成する人間および非‐人間的要素からの過剰な搾取であれ、エコロジカル・ユートピア的思想の連綿と続く潮流を生み出してきた。この思想のなかで、人間の自然との関係は、私たちの生活を支配するようになった道具的で搾取的な関わりあい方以外の、さまざまなあり方で想像されている。多くの場合、こうしたユートピア的な人間と自然の関係性に関する概念化は、ただの空想(ファンタジー)だとされてきた。それが現実(リアリティ)と関連づけられるとしたら、それは否定的な関係性であり、そこではユートピアとは生態系をめぐる厳しい現実(リアリティ)を思想として乗り越えて否認しようとする試みだとされる。ユートピアは、マルクス主義的なイデオロギーと「虚偽意識」の定義がまさに具現化されたもの、すなわち、実践のレベルでは乗り越えられない、思想レベルでの乗り越えの試みにすぎないとされがちである。

にもかかわらず、こうしたエコロジカル・ユートピアの理念は、もうひとつの現実とつながってもいるということを、やはり明確にしておくべきである。すなわち、それは西洋の歴史を通じて旅行者や人類学者の語りのなかで描かれてきた、未開部族が自然の中に住み、自然と関わるあり方という、ありうべき別(オルタナティブ)の現実である。フィリップ・デスコラの近著『自然と文化を越えて』は、自然との関わりについてこれまで人間が考えてきたことの複数的なあり方をまとめて分析した、おそらくもっとも重要な業績である。(7) それを読めば、次のようなことが容易に理解できるだろう。自然世界に住み、それを認識するこうしたありうべき別(オルタナティブ)のあり方のどれほど多くが、人類学者その他によって記録されることによって西洋においても根付きはじめ、いまや西洋におけるエコロジカル／ユートピア的想像界へと連なっているかということを。それがトマス・モアに端を発する全体論的な知識人によってうちたてられたユートピアであれ、文学、舞踊、彫刻など、さまざまな文化様式――おそらく、そのうち今日もっとも重要なのはSF映画だが、そうした部分的なユートピア的想像界についてであれ。そのようなありうべき別のあり方（オルタナティブ）の想像は、大ヒットしたSF映画『アバター』でのナヴィ文化の描写の中にあふれている。[8] この映画の中の、ある特有の想像された関係性について省察してみる。それはナヴィ族の乗り手たちが自身を「ダイアホース」や「マウンテン・バンシー」のような動物たちと「つながり（plug）」連結する能力のことであり、それによりある種の融合し、調和した集合体（アセンブラージュ）が形成されるのである。

この〈映画という〉「純粋な空想」の産物（プロダクト）から距離をおいてみると、自然世界のある特定の一部との深い結びつきや一体化というのは、「融即」という存在様態について述べたリュシアン・レヴィ＝ブリュルによる独創的な研究の主題であった。この存在様態は自己と他者を明確に区別せず、それゆえ存在の境界についての根本的（ラディカリー）に異なる概念を必然的に伴う。レヴィ＝ブリュルの到達点のひとつは、おそらく人類学にとって画期的なことだが、カール・フォン・デン・シュタイネンの民族誌に描かれた有名な語りについての彼の解釈であった。それは、アマゾンの住人であるボロロの部族民がフォン・デン・シュタイネンに「ボロロはアララ（その土地に生息する鳥のこと）である」と語ったことだ。レヴィ＝ブリュルは、この「私たちは鳥である」という語りを西洋的思考で安易に包み込んで説明することを避けつつ――「自分たちは鳥だと言ったときにボロロが本当に言わんとしていたのは、彼・彼女らが隠喩を使いこなす人々であるということだ」といったように——、それに向き合った。レヴィ＝ブリュルの姿勢は、「その人々は、自分たちは鳥であると言う。もしあなたが人類学者なら、自分たちは鳥であると人々が確信しているような世界で、人々がどのように存在しうるのか理解するように努めるか、さもなくば彼・彼女たちがそう言ったことを忘れてしまうか、どちらかだ」といったものであった。

　融即という概念を展開するに際し、レヴィ＝ブリュルは、私たちの生を支配する道具的な存在のあり方よりも、世界における他の存在のあり方を記述しようとした——そして、かつてそのようなものが存在していたことを示そうとした。それゆえ彼は、自己と他者の区別に依拠し、それを生み出し、世界に住む道具的／理性的なあり方の一部である「論理的心性」と、自己と他者が融合した関係性の状態にあるところでの、融即の過程の眼目である「神秘的心性」とを区別した。しかし重要なのは、他者性（アザーネス）についての人類学的概念について先述した議論の延長線上で、レヴィ＝ブリュルの明快な「心性」の概念は、「文明化された」人々と「未開」の人々にそれぞれ固有に具象化された思考様式ではなく、あらゆる個人のうちに混在する動的な様式を表していることである(9)。それゆえレヴィ＝ブリュルにとって、神秘的に考えることに、「未開」であること特有の性質というものはなく、論理的に考えることに「文明的」であること固有の性質もない。彼は、未開人が私たちのまったく知らない神秘的な世界で生きていたといっていたわけでもない。むしろ、——そして、とりわけ彼の後期の著作では「心性」ではなく経験についてより言及されるようになったように——その違いはまさに、現実界に絡めとられた心的態度（モダリティ）という意味での経験された現実（リアリティ）のうちのどれが、他の経験された現実を支配するようになるのか、ということになる。

　つまり、もし私たちがレヴィ＝ブリュルをして複数的現実（リアリティーズ）という言葉で語らしめようとするなら、私たちと未開人はともに、私たちを取り巻く環境に身体的に絡めとられており、そこで私たちは現実（リアリティーズ）の複数性を生み出し、その中で生きる。その中に、レヴィ＝ブリュルが関心を抱いた、論理的心性と神秘的心性の両方と連関する現実（リアリティーズ）があるのだ。重要なのは、私たちの近代における支配的な性質となった論理的心性に連関する現実（リアリティ）に絡めとられ、その中に住まうからといって、私たちは融即という現実（リアリティ）と、それと連関する神秘的心性を含む他の現実（リアリティーズ）の複数性に絡めとられ、その中に住まうことができないということでは、決してないことだ。結果的に――本章の当初の問題意識であったユートピアに話を戻せば――、融合の状態としてのユートピアという思想は、「純粋な」空想などではまったくなく、私たちがその中で、自然との融合の状態において現に存在していて、そこに住み続けているのに、資本主義的近代によってあいまいにされてしまってきた、ひとつの現実（リアリティ）について、語っているのである。

　しかし、レヴィ＝ブリュルの主張は、私たちの自然との関係が見かけとは異なるような空間に私たちがすでに存在している、という考え以上のことを意味している。おそらく、より重要なのは、レヴィ＝ブリュルが、道具的理性と連関した近代性と、融即の状態と神秘的心性と連関した未開性とのあいだで起こりがちな、政治的・倫理的なあらゆる二項対立を解体していくように、私たちをいざなっていることである。実際、レヴィ＝ブリュルは道具的理性を近代特有のものだとは考えていない。むしろ、おそらく近代性をもっとも特徴づけるのは、道具的理性とそれが連関する現実（リアリティ）を、唯一可能な存在のあり方で、唯一可能な理性のあり方であると、私たちがますます考えるようになってきたそのあり方なのだ、と私たちが考えるようにレヴィ＝ブリュルは促してくれる。その意味で、西洋的近代のもっとも偉大な「到達点」とは、道具的理性それ自体ではなく、私たちが単一現実主義者にさせられ、私たちがその内部に存在している現実（リアリティーズ）の複数性への気づきを最小化し、私たちのユートピア的思想を、実はそれはつねに現在に根ざしたものであるのにもかかわらず、過去や未来についての思想にすぎないと、信じ込ませてきたことなのである。

第11章 もうひとつの帰属のあり方

Other belongings

妻のキャロライン、ふたりの娘と一緒に知人の誕生日パーティへ参加するため、ニューサウスウェールズ州西部のカウラに向かっている途中、バサーストを自動車で通り過ぎたときのことだった。バサーストは、一九三〇年代後半に私の祖父母が移住した土地である。祖父母はサント・ドミンゴ（ドミニカ共和国）に短期間移住し、そこで私の母が生まれ、それからバサーストに移り住んだ。祖父母一家はカリブ海で多少は稼いでいたが、ある同郷の友人が、もっと金を稼げるぞと言って誘った。それで一家は再び移住し、シドニーにしばらく滞在し、そしてバサーストへと向かい、そこで小さな縫製工場を開業した。私のふたりの叔父と叔母は、後にシドニーに引っ越したのだが、みなバサーストで生まれ育った。私の母は一四歳まで、バサーストにある学校へ通った。いちばん年上の子どもとして、母は家庭と工場で両親を手伝うために学校を辞めなければならなかった。母は工場の仕事が大好きで、一家が所有していたスチュードベーカー車〔米国の自動車ブランド〕で長年にわたりニューサウスウェールズ州のあちこちを巡り、遠くはリスゴウやヤングの町まで、バサースト周辺のさまざまな地方の小売店に衣服を配送したのが良い思い出だと言っていた。だが、一九五〇年代中頃――母が三〇歳のとき――、ちょっとした旅行のつもりでオーストラリアを離れ、レバノンへと旅立った。彼女が結婚相手を探すためにレバノンに行ったのかどうかは、私にはわからない。しかし、母が言うには偶然――当時は強勢を誇った憲兵将校だった――、私の父を紹介され、恋に落ち、そしておそらく彼の地位や軍隊式のふるまいにも惹かれ、レバノンに残ることとなった。

私は子どもの頃、一度もオーストラリアを訪れたことはなかったものの、バサーストという地名にはもちろん慣れ親しんでいた。母はたびたび、その地名を口にした。私たち一家宛てにベイルートの港に届く船便の、たくさんの大きな箱に貼られた送り主の住所が記載された紙にはその地名が書かれていて、その箱にはたくさんの品物とともに、よくあるコアラやカンガルーのぬいぐるみが入っていて、それらはわが家のあらゆる場所を占拠していくのだった。それらは間違いなく、私たち一家とオーストラリアのつながりを表していた。母が英語を話すときの、独特なアクセントもそうだった。金髪のドイツ系レバノン人の隣人であったカーラ――一〇代の初めの頃、密かに想いを寄せていた相手だった――が、よく私に尋ねたものだ。「あなたのお母さんはなぜいつも『エイ(eehy)』ではなく『アイ(aahy)』と言うの?」と。*[1]

しかし、私にとってぬいぐるみやアクセントよりもはるかに重要だったのは、母が箪笥の引き出しの中に入れておいたバサーストの祖父母の写真であり、私はときどき、それを取り出して注意深く眺めていた。オーストラリアでの暮らしがどのようなものか、と私が思いを馳せるようになったきっかけは、主にこれらの写真だった。私のお気に入りのフランス語漫画雑誌『スピルー』に掲載されていた、サンディとその友人でカンガルーのホッピーの冒険は、私の想像をさらに広げてくれた。ヨーロッパ的な陳腐な表現ではあったが、サンディとホッピーは確かに、私をオーストラリアのアウトバック〔内陸部の人口が少ない地域〕とその文化へと、初めていざなってくれたのだった。だが今日でさえ、ベルギー人作家のウィリー・ランビルが描き出したその挿絵は、オーストラリアの風景を表現しようとした真剣（シリアス）な試みのように思える。サンディとホッピーはさまざまな場所で冒険し、その多くはヴィクトリアとニューサウスウェールズの州境あたりが舞台だが――「マーレー川の探検（*Poursuite sur la Murray*）」がそのハラハラドキドキの冒険譚のタイトルのひとつだ――、その挿絵は家族の写真と混ざり合い、私だけのバサーストのイメージを生み出していた。

一九七六年、当時一九歳だった私はレバノン内戦のさなか、ついにオーストラリアに渡った。私はシドニーで暮らしていたのだが、バサーストの祖父母のもとを訪れた。祖父母はすでに年老いていた。縫製工場はもう閉じていて、残されたものといえば、祖母が営んでいた「婦人服店」だけだった。祖母はそこで稼いだ小銭を、彼女が「賭け屋（bookmaker）」と呼んでいたが、私にはよくわからない者との短い電話につぎ込んでいた。このバサーストの賭け屋についてはいまだにまったくわからず、私にとっては謎めいた存在のままである。私がシドニーに到着してすぐに、祖父母はバサーストの家と店を売り払い、子どもたちに面倒を見てもらうためにシドニーに引っ越してきた。

それから二五年が過ぎ、カウラまでの道すがら、あれほど頻繁に訪れていたバサーストの家を見つけ出そうとしたのだが、まったく思い出せなかった。それは驚くことではなく、私はオーストラリアへ移住して最初の数年間のことを、あまり覚えていないのだ。私は当時、ほとんど完全に現実（リアリティ）から引き離された心境だった。それはよく言う「わが心ここにあらず（elsewhere）」といった感じではなかった。それは「わが心、いずこにもあらず（nowhere）」に、より近い状態であった。思い出せるかぎり、私は宙づりにされたような心境で、それは故郷を失った（ディスプレイスメント）だけでなく、「向かうべき方向を見失った（ディレクションレスネス）」という深刻な感覚によってもたらされたものでもあった。子どもなりに、オーストラリアに行ったらどんなだろうかと夢想してはいたが、それは住みたいという希望を伴ったものではなかった。単純な話、オーストラリアは自分が人生を送ってみたいと願っていた場所には含まれていなかった。私はきわめてヨーロッパ中心の見方をしていたので、オーストラリアは世界の最果ての風変りな土地だとしか思えなかった。パリ、ロンドン、モントリオール、シカゴ、ニューヨーク。そう、それらはまさに、私のベイルートの友人たちが向かった場所だった。しかし、オーストラリアとは。いまは違うが、当時、ベイルートの中流階級の人々——世間の悪評をいつも気にしていた——は、オーストラリアへの移住について話すときは農民風のアクセントの口真似をしていた。「彼は『エストゥローリオ』に行くらしいよ」みたいに。これは、オーストラリア

＊1　オーストラリア英語では、アメリカ英語やイギリス英語で「エイ」と発音される箇所を「アイ」と発音することがある。

に行くなんて、レバノンの未発展の地域出身の農民ぐらいなものだ、ということを表現していた。一九七〇年代中頃までは、それはほぼ事実だった。そのうえ私はその語源は言うまでもなく、対蹠地（Antipodes）という概念すらまだ知らず、オーストラリアについて考えるときには依然として、ガリレオ以前の蒙昧なイメージを脳裏に浮かべていた。すなわち、地球は平らで、オーストラリアに到着するや否や、人々は巨大な崖から落ちていくのであった。私は、ある有名な崖を、そのように神秘的に空想していたのだった。

だから、レバノン内戦から逃れ、大学教育を続けるために、私はオーストラリアへ行くべきだと両親が言ったとき、私は自分が生きるべき空間から引き離され、待つこと以外に……永遠に……何もすることがない、世界の片隅へと追いやられたように感じた。それで、私にとって、オーストラリアは定住目的や長期的人生設計には向かない、過渡的な空間となった。おそらく、それはピエール・ブルデューが「社会的重力が停止した」空間と呼ぶものだ。ブルデューによれば、私たちが「生の必然性」だと考えるようになるものを通じて、私たちは社会的現実（リアリティ）へと引き込まれていく。この「必然性」は、所与のものではない。必然性は、私たちがどれだけ「真剣（シリアス）」か、――すなわち、私たちを取り巻く社会的環境で起きていることに、私たちがどれだけ深く関わり、関心を払うか――に応じて、発展していく。もし、自分が存在している社会的現実（リアリティ）に何の関心（インタレスト）もなければ、その現実は意味をなさなくなる。その重要性は失われ、それゆえ一貫性も失われ、さらには物理的環境の物質性さえも失われていく。

これこそまさに私が最初にオーストラリアを経験したあり方であり、バサーストではとくにそれが顕著であった。パノラマ山での自動車レースを一度見て、ピーター・ブロックが私のオーストラリアでの最初のヒーローになったこと以外で、バサーストが私の心に大きな印象を残すことはまったくなかった。バサーストへ行かなくなったときも、特段何かを恋しいと思うこともなかった。しかしカウラへ向かっていたあの日、キャロラインと子どもたちはテイタ（娘たちにとってのおばあちゃん）が育った場所を見たがった。それで私は、長い商店街のパノラマ山側にあったことを思い出しながら、当時の家を見つけようとしたのだった。

そして、記憶に残るパノラマ山を見ながら、明らかにそれらしい家を探しあてるのはそれほど難しくはなかった。その隣には、ほぼ間違いなく、祖母の古い婦人服店だと思しき建物があった。それでもなお、私はやや迷っていて、家族みんなで車を降りても、間違ってないよな、と自分に言い聞かせていた。そのとき、店からひとりの女性が出てきて、ドアに施錠した。彼女は通りを歩いて行こうとしたが、そこに立っていた私たちに気がついた。彼女は「あら、何かお探しかしら」と言った。

「ここは、デブスさんの家ですか」と私は彼女に尋ねた（デブスとは私の母の旧姓である）。

「ええ、そうでしたよ」とその女性は言った。「だけど、デブスさんの家ではなくなってから、もうずいぶんと経つわね」。なぜですかと尋ねられて、ここで私の母が育ったのだと言った。するとその女性は、母を覚えていると言って、続けざま「中に入って、少しご覧になりますか」と言った。私が答える前に、キャロラインが「ええ、ぜひ」と答えた。

私たちは中に入り、周囲を見回した。「当時から何も変わってないわよ」と言われたものの、私は何ひとつとして思い出せなかった……家の間取りも、店の内装も、家具一つひとつも……まったく。私はちょっと失望した。女性は「デブス夫人の頃から」あるという衣服を何枚か見せてくれたものの、何も感じなかった。裏庭に行くまでは。そこへ行ったときに、驚くべき何かが起こった。裏庭は、とくに手を入れられず無造作に放置されていた。芝はなく、高低の雑草が混沌とした様子で生い茂っていた。それにもかかわらず、その混沌のなかでも見誤りようのない三本を見出すことができたのだ。いちじくの木、オリーブの木、そしてザクロの木——地中海世界を象徴する三位一体の木々……少なくとも、このなかのどれかはそうみなされているはず。まさにそれらの木々が生えている場所で、その足元に生えている植物のように野生的な、感情の複雑な網の目が私の中に湧き起こった。一瞬、ベイルートの北にあった私の一家のビーチハウスの前で長椅子に腰かけている母が、誰かに向けて話している光景が目に浮かんだ。それは祖母が祖父と口論しているという話で、祖父はまさにこれらの木々を植えると言い張って聞く耳をもたない、と祖母が呆れているという話だった。その光景を覚えているのは、母がその話をしたとき、笑ってはいたけれど、悲しそうに見えたのも覚えているからだった。それは私にとって、母がオーストラリアやそこにいる家族に対して抱く郷愁の念に面と向かって接した、めったになかった出来事だった。

以前ここを訪れた際にも、これらの木々を見ていたに違いない——覚えていないとしても——ことを考えれば、なぜこの木々の光景が私にそのような感情を喚起させたのかはわからない。おそらく、いまでは私はオーストラリアにこのうえなく真剣(シリアスリー)に没入し、関心(インタレスト)をもっているから、その社会的重力に引き寄せられ、それまではバサーストに対して抱くことのなかった重要性や物質性を感じたのかもしれない。おそらく私がいま調査し、関心をもって考えているのが、移住することに付随する感情や、移民たちが愛着を抱き、育んでいく物質的現実の小さな断片だからかもしれない。あるいはおそらく、単に私が年を取り、より「実存主義」的になり、蘇る記憶や感情の数々を、より理解できるようになったのだろう。しかし、オーストラリアで、シドニーからカウラへ向かう道中、バサーストの裏庭の真ん中で、祖父が五〇年以上前に植えた木々の隣に、私が立っているという考えは、一〇代だった私の娘ならば「イケてる（awesome）」とでも言っただろうものだった。根付くこと（root）、旅路（route）、レバノン、家族、宇宙（コスモス）、ハイデガーそしてその他多くのもの、それらすべてが私の心になだれ込んでくるようだった。

　これらすべての感情のうち、とりわけ明確に感じ取ることのでき、ここで着目したいものがある。私にとってもっともレバノン人らしい人物だった祖父が植えた、まさにレバノンらしい木々の傍らに立ちながら、私はその場所に根付いている（rooted）と感じ、それまでのどんなときより、自分をオーストラリア人である、と感じていたのである。この感情の驚くべき点は、その逆説的な性質ではない。むしろ、それは極端なまでに逆説的ではなく、あるいは感情的領域における逆説を表す同義の言葉を用いるのであれば、オーストラリアに根ざしているというこの感覚は、極端なまでに両義的ではないものだった。私は普段、さまざまな場面で、自分がオーストラリア人であるとも、レバノン人であるとも感じるのだが、そのレバノンの木々は私がオーストラリア人であり、なおかつレバノン人でもあると感じさせたわけではない。あるいは、それらが私をレバノン人らしさとオーストラリア人らしさのあいだで引き裂いたということでもない。それらの木々は、先述したように、単純に、自分がよりオーストラリア人であると私に感じさせたのだ。そのことを省察するとき、私にそこに根付いていると感じさせるのは、木々それ自体でも、バサーストに私の祖父が住んでいたことでもないのだと、次第にわかってきた。もしこれらの木々を単純に、オーストラリアの土地に植えられたレバノンの木々として見たのなら、私はおそらくレバノンに郷愁の念を抱いたであろう。しかし、そうではなかった。また、これらの木々は、祖父がそこに暮らしていた頃に私の時間を引き戻す、祖父についての記憶を表象していたわけでもなかった。私の経験の核心をなすのは、祖父がこれらの木々を植えていたという、まさにその記憶であると思えた。それは、その土地との特別な関係性を象徴する実践であり、それが私をここに根付いていると感じさせ、そしてそれらの木々は、そうした実践や関係性の換喩的な拡張として、そこに立っていたのだ。

　こうした高揚感がそのとき私を圧倒していたが、それでも私はオーストラリアの歴史をよく知っていたから、白人によるオーストラリア植民の中心地であった町〔バサースト〕に私はいるのだという事実を忘れることはできなかった。また、私は裏庭にいた。裏庭とは考えられるかぎりこのうえなく典型的な英国式（アングロ）の、土地をしるしづけ、形づくり、そこに人々を根付かせるやり方である。だから私は、かつて他者が彼・彼女たちの実践を通じてこの空間に来て、異なるやり方で異なる時期に、ここに根付いていたこともよくわかっていた。そして、もちろん私は非常に、なおかつ誇りをもって政治的に公正（ポリティカリー・コレクト）だから、「私の」レバノンの木々と、それが植えられている英国風の裏庭が、ともに「アボリジナルの土地」の上にある、という事実を見過ごすことはできなかった。私の祖父によって五〇年前に植えられた木々を見て感傷にふけるのも良いかもしれないが、それに先立つ何千年も前からそこに根付いていた人々がいることを視野（パースペクティヴ）に含めておくのも良い。
　というわけで、私はそのとき――そう、私が祖父の木々への強い畏敬の念を抱いていたまさにそのとき――、この木々が生えている土地に痕跡を留める暴力、支配と領有、英雄主義とその克服、抵抗（レジスタンス）、敗北、そして忍耐をめぐる争いの歴史について、十分にわかっていた。しかしここでも、そのような認識が、木々によって私にもたらされた、根付いている（ルーテッドネス）という感覚を弱めることはなかった。なぜなら、その感覚は、それが生じた空間の占有を主張する、独占的な根付きの感覚ではなかった――し、とは言ったもののそんな感覚にはなりえないものだった――からだ。ここで注目したいのは、まさにこの、根付き（ルーツ）の重層的な複数性をもたらす、開かれて排他的ではない根付きの感覚である。

　ルーツ＝根付くことは、一部の知識人界隈では評判が悪い言葉だ。それは停滞、保守性、偏狭な思考などと結びつけられている。ルーツが、こうしたものとして経験されることがあるのは間違いない。とくに、自分自身のルーツに埋没し、根付くことと、その人のルーツのなかに位置づけられることとの違いを理解できない――つまり、「根付くこと（being rooted）」ではなく、いかなる意味であれ「根であること（be a root）」を主張する人々にとっては。そうした人々にとって、それ根付いていること（ルーテッドネス）とは、領域的かつ閉所恐怖症的なものである。ルーツは、ある人が占有し、それゆえ共有が難しい空間となる。だから、ルーツという概念のそうした否定的な一面を踏まえておくだけの理由は確かにある。だが、それを普遍化するべき理由はない。

　私がこれまで世界中で出会った多くの移民にとって、はるかに強い根付き（ルーテッドネス）の感覚とは、空間を静的に占有し、そこに縛り付けられて身動きが取れないような感覚ではなかった。反対に、彼・彼女らのルーツは逆説的にも、一対の翼のようなものとして経験されていた。これは、ドゥルーズが「リゾーム」という概念でいわんとしたことではないかと、私には思える。彼は「反ルーツ」的な思想の持ち主に仕立て上げられてきたが、それどころか、ドゥルーズは肯定的かつ移動という観点から、根付くことの異なるあり方を記述していたのである。そしてこれがまさに、私が「私の木々」について経験したことであった。私は、それらの木々に駆り立てられているように感じたのだ。

「駆り立てている（propelling）」とはどういうことか、ここでいったん十分に理解する必要がある。私たちがある力によって押されるとき、その力は私たちを前に進ませることができる。私たちを駆り立てている力にも、同じことがいえる。しかし、ひとつ大事な違いがある。私たちが駆り立てられるとき、私たちを動かす力は私たちと共に在る、ということだ。ここに、私がいうルーツの重要性と力が存在するように思われる。それは、私たちを束縛するルーツではない。それは、私たちと共に在り、共に動くルーツなのである。ガートルード・スタインが「自分のルーツを共にもっていくことができないとしたら、それに何の意味があるのか」という有名な言葉を残しているが、彼女はこのことをよくわかっていたのだ。この「共に（with）」は、ハイデガーが「共同現存在（mit-Dasein）」を概念化する際に「共に」に与えようとした力と似ていると思う。この、共に在ること（ウィズ・ネス）が、私たちの存在に力を与えるのだ。それは、誰かに「神と共にあらんことを」とか「フォースと共にあらんことを」などと呼びかけるとき、その人と共にあってほしいと願う「共に」なのである。同様に、レバノンの農民階級出身の移民には、海を渡る際に「聖母マリアの眼差し」や、それに類する護符的な首飾り――十字架やコーランの一部だとされている――を携えていく人々がいるのだが、それらもまた、彼・彼女らと共に在り、彼・彼女らを信仰へと根付かせてくれるものなのである。こうしたさまざまな駆り立てる力には、私たちに外部から働きかけ力を与える父性的／男性的な側面と、内部から私たちを抱擁し、保護する母性的／女性的な側面が備わっていることが明らかに示唆される。この双方が融合することで、この駆り立てる力は私たちをいっそう力づける（エンパワリング）ものになる。

こうした議論は、なぜ私が私の木々の傍らであのような高揚を経験したのかを、ある程度説明してくれると思う。私にはあの木々が、実存的にいえば「人生を歩んでいく」私の潜在能力を強めてくれるように、私に働きかける力として感じたのであり、それと同時に、心地よい抱擁を与えてくれるようにも感じられたのだ。あの木々は、私の存在と繁栄のための推進力であった。身体を駆け巡り、……望むことは何でも……、もっともっとできるようになると感じさせる、エネルギーの充溢であった。

私は、これがスピノザの呼ぶところの「喜び」の定義に近いものであると思わざるをえないが、それを論じはじめるとおそらく、必要以上に理論的な議論になってしまうだろう。手短に、こう簡潔にまとめたい。私のルーツが、私にとって良いものであったことは、疑いようのないことだった、と。

こうした根付くこと（ルーテッドネス）のあり方と、その肯定的な性質を強調したい。なぜならば、そこにはただひとつの根付くことのあり方だけではなく、先ほど批判的に言及した、悲しみや被害妄想をしばしば生み出す、偏狭で領域的な根付くことのあり方に対応する支配的で偏狭な領域的な帰属のあり方に対抗しうる帰属のあり方も、垣間見えるからである。これらはまさに、植民地主義的な帰属のあり方である。それは植民地主義の領土をめぐる排他的な心性を継承しており、二者択一の論理で展開する。すなわち、私のルーツか、あなたのルーツか。この土地は私のものか、あなたのものか。あなたはここに帰属するか、あそこに帰属しているのか。あなたは主権者か、それとも私が主権者なのか、などである。私を元気づけた根付きの経験は、私たちすべてが内に秘めている、それとは異なる帰属のあり方を示しているように思われる。しかし、それは二者択一あるいは二元論という植民地主義の論理を共有する反（アンチ）植民地主義ではない。時期尚早にも植民地主義を超克されたものとみなす、ポストコロニアリズムでもない。あえていえば、植民地主義への対抗を超越したもの（supra-counter-colonialism）であり、それは外部の空間から——植民地主義において敵対する当事者たちが閉じ込められている、いつもの対立を引き起こす決定の、まさに外部にある空間から——植民地主義に対抗し、それを乗り越える。これがおそらく、バディウがその初期の著作でhorlieu——「外空間」——として言及しているものである。そして彼の後期の著作においては、出来事という、よく知られた概念が出現する領域となる。それは異次元界からやってきて、既存の事物を変革させる可能性をもたらすのだ。

　これまで述べてきた根付くこと（ルーテッドネス）のあり方の潜在的な力が、ここに見出される。それを明確にするために、繰り返させてほしい。根付くことと帰属のそのようなあり方は、植民地主義的な意味での対立ではない。それは、植民地化された者の帰属を植民地化した者の帰属と対立させるものではない。すでに述べたように、植民地主義が超克された帰属のあり方を想定するという意味での、ポストコロニアルでもない。そうではなく、それは植民地主義的な権力関係の存在、植民地主義的な帰属のあり方、そして反植民地主義的闘争の重要性を認める帰属のあり方であると同時に、それらと並行して、そうした権力関係から抜け出すことができる、他の経験的な生と帰属の領域の存在をも構想する、帰属のあり方なのだ。それは、こうした権力関係を忘れ去ることでも、ごまかすことでもない。そうではなく、そうした権力関係の外部から、そうした権力関係の超克へとつながる、異なったやり方で遂行される権力との関係性が可能となる空間を見出すことである。植民地主義が、より一般的な政治でさえもが太刀打ちできない、そして私たちが探求し、たどり着かなければならない、人間の異なる潜在的なあり方をもたらしてくれる、別の経験の空間があるということである。これが、ありうべき別のあり方を模索する政治として、本書を通じて私たちが論じてきたことの、重要な側面なのである。

原注

日本語版への序文

（1）Ghassan Hage, 'Afterword: The end of nostalgia: waiting for the past-to-come', in M. Janeja & A. Bandak (eds.), *Ethnographies of Waiting Doubt, Hope and Uncertainty*, Bloomsbury Publishing, UK, 2018, pp.203-8.

（2）以下を参照。Ghassan Hage, 'Introduction: States of Decay', in G. Hage (ed.), *Decay*, Duke University Press, New York, 2021, pp.1-16.

（3）Lauren Berlant, *Cruel Optimism*, Duke University Press, New York, 2011, p.7.

序章

（1）Sarah Ahmed, *The Cultural Politics of Emotions, Elspeth Probyn, Blush: Faces of Shame* と、より近年のものとしてLauren Berlant, *Cruel Optimism* は、私の著作の感情的側面に重要な影響を与えた。

（2）Hage, 'Thesis Eleven'.

（3）Weber, *Economy and Society*, p.507〔武藤一雄・薗田宗人訳『宗教社会学』創文社、一九八八年、一六一頁〕.

（4）Colletti, 'Marxism, Science or revolution?'

（5）Hage, *White Nation*〔保苅実・塩原良和訳『ホワイト・ネイション――ネオ・ナショナリズム批判』平凡社、二〇〇三年〕.

（6）Hage, *Against Paranoid Nationalism*〔塩原良和訳『希望の分配メカニズム――パラノイア・ナショナリズム批判』御茶の水書房、二〇〇八年〕.

第1章

(1) Hage, *Against Paranoid Nationalism*〔『希望の分配メカニズム』〕.
(2) Hannerz, *Transnational Connections*.
(3) Brague, *The Law of God*.
(4) Agamben, *State of Exception*〔上村忠男・中村勝己訳『例外状態』未來社、二〇〇七年〕.
(5) Ibid., p.3〔同上、一〇-一一頁〕.
(6) Nietzsche, *The Will to Power*〔原佑訳『権力への意志(上・下)』〈ニーチェ全集一二・一三〉ちくま学芸文庫、一九九三年〕.
(7) Bourdieu, *Distinction*, p.345〔石井洋二郎訳『ディスタンクシオン——社会的判断力批判(Ⅱ)』藤原書店、一九九〇年、一四二頁〕.
(8) Nietzsche, 'Genealogy' pp.508-9〔木場深定訳『道徳の系譜』岩波文庫、一九六四年、八三頁〕.
(9) たとえば以下を参照。Wacquant, *Punishing the Poor*; Harvey, *A Brief History of Neoliberalism*〔渡辺治監訳『新自由主義——その歴史的展開と現在』作品社、二〇〇七年〕.
(10) Agamben, 'For a theory of destituent power'.
(11) Bourdieu, *Sur l'État*, p.582.
(12) Comaroff et al., *Millennial Capitalism and the Culture of Neoliberalism*.

第2章

(1) Bourdieu, *Sur l'État*.
(2) Hage, 'A not so multi-sited ethnography'〔塩原良和訳「存在論的移動のエスノグラフィ——想像(イマジンド)でもなく複数(マルチ)調査地的(サイテッド)でもないディアスポラ研究について」伊豫谷登士翁編『移動から場所を問う——現代移民研究の課

題』有信堂高文社、二〇〇七年、二七－四九頁〕.

（3）Hage, *White Nation*〔『ホワイト・ネイション』〕.

（4）以下の論集を参照。*Actes de la Recherche en Sciences Sociales*, 'L'insécurité comme condition de travail', vol.175.

（5）Williams, 'Structures of feeling'.

（6）*World Trade Center*, directed by Stone〔ストーン監督『ワールド・トレード・センター』【映画】〕.

（7）Sartre, *Critique of Dialectical Reason*, pp.256-7〔竹内芳郎・矢内原伊作訳『弁証法的理性批判Ⅰ』〈サルトル全集二六〉人文書院、一九六二年、三〇一－三〇六頁〕.

（8）Badiou, *Petit Panthéon Portatif*, p.30.

（9）Ibid., p.31.

（10）Chalandon, 'Le Visiteur', p.26.

第3章

（1）本章における引用の翻訳〔英訳〕はすべて著者〔ハージ〕自身によるものである。

（2）Hardt & Negri, *Commonwealth*, pp.123-4〔水島一憲監訳、幾島幸子・古賀祥子訳『コモンウェルス――〈帝国〉を超える革命論』ＮＨＫ出版、二〇一二年、二〇三－二〇五頁〕.

（3）Bourdieu, *In Other Words*, p.15.

（4）Freud, 'A Difficulty', p.135.

（5）Trouillot, 'Anthropology and the savage slot'.

（6）Lévi-Strauss, *L'Anthropologie Face aux Problèmes du Monde Moderne*, p.51〔川田順造・渡辺公三訳『レヴィ＝ストロース講義――現代世界と人類学』平凡社、二〇〇五年、五四－五五頁〕.

（7）Diamond, 'The search for the primitive'; Marcus & Fisher, *Anthropology as Cultural Critique*〔永渕康之訳『文化批判としての人類学――人間科学における実験的試み』紀伊國屋書店、一九八九年〕; Povinelli, 'Routes/worlds'.

(8) Bourdieu, *Pascalian Meditations*〔加藤晴久訳『パスカル的省察』藤原書店、二〇〇九年〕.

(9) Foucault, 'Governmentality'.

(10) Povinelli, 'Geist'.

(11) Hage, 'Multiculturalism'.

(12) たとえば Bamyeh, 'On humanizing abstractions' を参照せよ。

(13) Graeber, *Debt*〔酒井隆史・高祖岩三郎・佐々木夏子訳『負債論――貨幣と暴力の五〇〇〇年』以文社、二〇一六年〕.

(14) Pignarre & Stengers, *La Sorcellerie Capitaliste*.

(15) Hardt & Negri, *Commonwealth*, p.103〔『コモンウェルス』一七二頁〕.

(16) Viveiros de Castro, 'Introduction', p.18.

(17) Viveiros de Castro, 'Intensive filiation and demonic alliance', p.220.

(18) Viveiros de Castro, 'Introduction', p.34.

(19) Viveiros de Castro, *From the Enemy's Point of View*.

(20) Ibid., p.4.

(21) Ibid.

(22) Viveiros de Castro, 'Perspectival anthropology', p.4.

(23) Ibid., p.2.

(24) Viveiros de Castor, *Métaphysiques Cannibales*, p.4〔檜垣立哉・山崎吾郎訳『食人の形而上学――ポスト構造主義的人類学への道』洛北出版、二〇一五年、一四頁〕.

(25) Viveiros de Castro, 'Introduction', pp.14-5.

(26) Ibid., p.15.

(27) Latour, *Politics of Nature*.

（28）Viveiros de Castro, *Métaphysiques Cannibales*, p.25〔『食人の形而上学』五二頁〕.
（29）Ibid., p.39〔『食人の形而上学』七四頁〕.
（30）Ibid., p.40〔『食人の形而上学』七五頁〕.
（31）Viveiros de Castro, 'Perspectival anthropology', p.3.
（32）Swancutt, 'The ontological spiral', p.237.
（33）Viveiros de Castro, *Métaphysiques Cannibales*, p.13〔『食人の形而上学』二九－三〇頁〕; Bryant, Srnicek & Harman, *The Speculative Turn*.
（34）Latour, 'Whose cosmos, which cosmopolitics?', p.454.
（35）Simondon, *Du Mode d'Existence des Objets Techniquies*.
（36）Keck, *Lucien Lévy-Bruhl*, p.7.
（37）Lévy-Bruhl, *How Natives Think*, p.131〔山田吉彦訳『未開社会の思惟（上）』岩波文庫、一九五三年、一六二－一六三頁〕.
（38）Latour, 'Whose cosmos, which cosmopolitics?'; Stengers, *Cosmopolitiques* も参照。
（39）Carrithers et al., 'Ontology is just another word for culture', p.175.
（40）Hage, 'Dwelling' を参照。
（41）Viveiros de Castro, *Métaphysiques Cannibales*, p.40〔『食人の形而上学』七五頁〕.
（42）Graeber, *Debt*, pp.94-102〔『負債論』一四二－一五四頁〕.
（43）たとえば以下を参照。 Wolfe, *Settler Colonialism and the Transformation of Anthropology*.
（44）Balandier, Steinmetz & Sapiro, 'Tout parcours scientifique comporte des moments autobiographiques', p.58.

第４章

（１）本章は、二〇一三年三月にベイルートにて開催された第一回アラブ社会科学協会での基調講演を基にしている。

（2）Bentham, *Bentham's Handbook of Political Fallacies*, p.9.
（3）Eagleton, *After Theory*, p.5〔小林章夫訳『アフター・セオリー――ポスト・モダニズムを超えて』筑摩書房、二〇〇五年、一一頁〕.
（4）Latour, *An Inquiry into Modes of Existence*.
（5）Viveiros de Castro, *Métaphysiques Cannibales*〔『食人の形而上学』〕.
（6）Derrida, *Of Grammatology*〔足立和浩訳『根源の彼方に――グラマトロジーについて（上・下）』現代思潮社、一九八三年〕.

第5章

（1）Hage, 'A not so multi-sited ethnography'〔「存在論的移動のエスノグラフィ」二七–四九頁〕and 'Migration'.
（2）Spinoza, *Ethics*, Part III, proposition XVII〔畠中尚志訳『エチカ――倫理学（上・下）』岩波文庫、一九五一年、一八六–一八七頁〕を参照。
（3）これらに関する先行研究の概観については、次を参照。Lutz & White, 'The anthropology of emotions'; Milton & Svasek, *Mixed Emotions*.
（4）Hage, *White Nation*, and *Against Paranoid Nationalism*〔『ホワイト・ネイション』・『希望の分配メカニズム』〕.
（5）Kristeva, *Strangers to Ourselves*〔池田和子訳『外国人――我らの内なるもの〈新装版〉』法政大学出版局、二〇一四年〕.
（6）Chodorow, *The Power of Feelings*.
（7）Gilsenan, *Lords of the Lebanese Marches*.
（8）Bourdieu, *Ce que Parler Veut Dire*〔稲賀繁美訳『話すということ――言語的交換のエコノミー』藤原書店、一九九三年〕.
（9）Deleuze & Guattari, *Anti-Oedipus*〔宇野邦一訳『アンチ・オイディプス――資本主義と分裂症』河出書房、二〇〇六年〕.

(10) Jackson, *The Politics of Storytelling*.

(11) Bourdieu, *Distinction*, p.438〔『ディスタンクシオン(Ⅱ)』二九七頁〕.

(12) Kulick, 'Theory in furs'.

(13) Volkan, *Bloodlines*.

(14) Kakar, *The Colors of Violence*.

(15) M. Rosaldo, *Knowledge and Passion*; R. Rosaldo, *Ilongot Headhunting*; Abu-Lughod, *Veiled Sentiments*; Lutz, *Unnatural Emotions*.

(16) Myers, *Pintupi Country*, p.105.

(17) Kleinman & Kleinman, 'Suffering and its professional transformation'; Good & Good, 'Ritual, the State, and the transformation of emotional discourse in Iranian society'; Obeyesekere, *The Work of Culture*.

(18) Besnier, 'The politics of emotion in Nukulaelae gossip'; Reddy, *The Navigation of Feeling*; Svasek, *Postsocialism*.

(19) Spinoza, *Ethics*〔『エチカ(上)』〕.

(20) Gatens & Lloyd, *Collective Imaginings*.

(21) Nietzsche, *The Will to Power*〔『権力への意志(上・下)』〕.

(22) Bourdieu, *Pascalian Meditations*, pp.164-5〔『パスカル的省察』二八二―二八四頁〕.

(23) Lacan, *Ecrits*〔宮本忠雄ほか訳『エクリ(1~3)』弘文堂、一九七二年〕.

(24) Kapferer, *The Feast of the Sorcerer*.

(25) Kakar, *The Colors of Violence*.

(26) この会話の中のIEとはインタビューを受けている人物を意味し、IRはインタビューを行っている人物を指す。ドット記号は会話中に暫くの間があったことを意味している〔IEを「インタビュー協力者」、IRを「調査者」と訳出した〕。

(27) Greimas, 'On anger'.
(28) Spinoza, *Ethics*, Part III, Proposition 58〔『エチカ（上）』二三三頁〕.
(29) Lingis, *Dangerous Emotions*〔中村裕子訳『汝の敵を愛せ』洛北出版、二〇〇四年〕.
(30) Saint-Hilaire, *Acclimatation et Domestication des Animaux Utiles*.

第6章

(1) Fanon, *Black Skin, White Masks*, p.62〔海老坂武・加藤晴久訳『黒い皮膚・白い仮面〈新装版〉』みすず書房、二〇二〇年、一〇七頁〕.
(2) Ibid., p.112〔『黒い皮膚・白い仮面』一六八頁〕.
(3) Ibid., p.22〔『黒い皮膚・白い仮面』五八頁〕.
(4) Hardt & Negri, *Commonwealth*, p.103〔『コモンウェルス（上）』一七二頁〕.
(5) Ibid.〔『コモンウェルス（上）』一七二頁〕.
(6) Fanon, *The Wretched of the Earth*, p.155〔鈴木道彦・浦野衣子訳『地に呪われたる者〈新装版〉』みすず書房、二〇一五年、二一〇頁〕.
(7) Hardt & Negri, *Commonwealth*, p.103〔『コモンウェルス（上）』一七三頁〕.
(8) Fanon, *The Wretched of the Earth*, p.160〔『地に呪われたる者』二一七頁〕.
(9) Hardt & Negri, *Commonwealth*, p.103〔『コモンウェルス（上）』一七三頁〕.
(10) Ibid., p.104〔『コモンウェルス（上）』一七三－四頁〕.
(11) Bhabha, 'Foreword: Framing Fanon', p.xvii.
(12) Fanon, *Black Skin, White Masks*, p.3〔『黒い皮膚・白い仮面』三三頁〕.
(13) Bhabha, 'Foreword: Framing Fanon', p.xv.
(14) Fanon, *Black Skin, White Masks*, p.86〔『黒い皮膚・白い仮面』一三五頁〕.

（15）Ibid., p.82〔『黒い皮膚・白い仮面』一二九頁〕.
（16）Ibid., p.22〔『黒い皮膚・白い仮面』五八頁〕.
（17）Ibid., p.20〔『黒い皮膚・白い仮面』五五頁〕.
（18）Ibid., p.23〔『黒い皮膚・白い仮面』五九頁〕.
（19）Ibid., p.24〔『黒い皮膚・白い仮面』六〇頁〕.
（20）Bourdieu, 'the philosophical institution' を参照のこと。
（21）Hardt & Negri, *Empire*, pp.44-5〔水嶋一憲ほか訳『〈帝国〉――グローバル化の世界秩序とマルチチュードの可能性』以文社、二〇〇三年、六八頁〕.
（22）Chakrabarty, *Provincializing Europe*, pp.xvii-xviii.
（23）Fanon, *Black Skin, White Masks*, p.23〔『黒い皮膚・白い仮面』五九頁〕.
（24）Shohat, 'Black, Jew, Arab', p.48.
（25）Hage, 'Analysing multiculturalism today' を参照のこと。
（26）Althusser, *Lenin and Philosophy, and Other Essays*, p.160〔西川長夫訳『レーニンと哲学』人文書院、一九七〇年〕.〔なおこの箇所の訳出にあたっては、西川長夫ほか訳『再生産について――イデオロギーと国家のイデオロギー諸装置（下）』平凡社ライブラリー、二〇一〇年、二三二頁を参照した。〕
（27）Fanon, *Black Skin, White Masks*, p.85〔『黒い皮膚・白い仮面』一三二頁〕.
（28）Ibid., p.84〔『黒い皮膚・白い仮面』一三一頁〕.
（29）Ibid.〔『黒い皮膚・白い仮面』一三一頁〕
（30）Duboris & Garrigus, *Slave Revolution in the Caribbean, 1789-1804*, p.172 から引用。
（31）Butler, *The Psychic Life of Power*, pp.132-50〔佐藤嘉幸・清水知子訳『権力の心的な生――主体化＝服従化に関する諸理論』月曜社、二〇一二年、一六六―一八八頁〕.
（32）Guex, *La Névrose d'Abandon*, p.13.

（33）Fanon, *Black Skin, White Masks*, p.83〔『黒い皮膚・白い仮面』一三〇－一三一頁〕.
（34）Ibid., p.86〔『黒い皮膚・白い仮面』一三五頁〕.
（35）Ibid., pp.82, 84-6〔『黒い皮膚・白い仮面』一二九、一三二、一三四頁〕.
（36）Fanon, *The Wretched of the Earth*, p.236〔『地に呪われたる者』三一〇頁〕.〔原文では Ibid. p.236 とあるが、誤記と思われる。〕
（37）Shohat, 'Black, Jew, Arab', pp.46-7 に引用されている Fanon, *The Wretched of the Earth*, pp.312, 15-16〔『地に呪われたる者』三〇九、三一三頁〕を参照のこと。
（38）Curthoys, 'The refractory legacy of Algerian decolonisation', pp.109-29.
（39）Mbembe, *De la Postcolonie*, p.xvi.
（40）Fanon, *The Wretched of the Earth*, p.2〔『地に呪われたる者』三七頁〕.
（41）Malik, *From Fatwa to Jihad*, p.25.

第7章

（1）本章は、レイモンド・ガイタにより企画されたセミナーでの公開講座として報告され、後に『ガザ（*Gaza*）』というガイタの編著に収録されたものである。
（2）Windschuttle, *The Fabrication of Aboriginal History*.
（3）Hage, *White Nation*, pp.55-67〔『ホワイト・ネイション』一一一－一三一頁〕.
（4）*Waltz with Bashir*, directed by Folman〔フォルマン監督『戦場でワルツを』【映画】〕.
（5）Herzl, *The Jewish State*, pp.28-9〔佐藤康彦訳『ユダヤ人国家――ユダヤ人問題の現代的解決の試み〈新装版〉』法政大学出版局、二〇一一年、三一頁〕.
（6）Kimmerling, *Politicide*〔脇浜義明訳『ポリティサイド――アリエル・シャロンの対パレスチナ人戦争』柘植書房新社、二〇〇四年〕.

第8章

（1）本章は二〇一三年三月九日、パレスチナのラマッラーにあるビルゼイト大学（Birzeit University）イブラヒム・アブー゠ルゴド国際学研究所で行われた学術会議「依存と独立のはざまで――パレスチナの未来とは」での基調講演として発表したものである。

（2）Bourdieu, *Pascalian Meditations*, p.142〔『パスカル的省察』二四二頁〕. 以下も参照。Hage, 'Social gravity'.

（3）Spinoza, *Ethics*, Part III, Postulate VI〔『エチカ（上）』一七七頁〕.

（4）Freud, 'Wolfman', p.282.

（5）Bourdieu, *Logic*, p.106〔今村仁司・港道隆訳『実践感覚（1）』みすず書房、一九八九年、一七八頁〕.

（6）Diana Allan, *Refugees of the Revolution* は近年出版され、パレスチナ人の生活が、それをさまざまな政治的主張へと構築しようとする政治的論理につねにあふれているあり様を描き出した、優れたエスノグラフィを提示している。

第9章

（1）Latour, 'Recall of modernity', p.11.

（2）Wilson, 'People have a right to be bigots, says Brandis', p.5.

（3）Miles, *Racism after 'Race Relations'*.

（4）Bourdieu, *Logic*, p.27.

（5）Balibar, 'Difference, otherness, exclusion'.

（6）Sahlins, *What Kinship is—and is Not*.

（7）Tylor, *Primitive Culture*〔奥山倫明ほか訳『原始文化』国書刊行会、二〇一九年〕.

（8）Keck, 'Causalité mentale'.

(9) Hage, *Against Paranoid Nationalism*, p.152〔『希望の分配メカニズム』二六六－二六七頁〕.

(10) Roudinesco, *Philosophy in Turbulent Times*, p.137 より引用。

第10章

(1) Latour, *Politics of Nature*; Viveiros de Castro, *Métaphysiques Cannibales*〔『食人の形而上学』〕.

(2) Lévi-Strauss, *L'Anthropologie Face aux Problèmes du Monde Moderne*, p.51〔『レヴィ＝ストロース講義』五四－五五頁〕.

(3) Maniglier, 'La parente des autres', pp.773-4.

(4) Viveiros de Castro, 'Perspectival anthropology'.

(5) とりわけ、以下を参照。Bourdieu, *In Other Words*; *Pascalian Meditations*〔『パスカル的省察』〕.

(6) Viveriros de Castro, *Métaphysques Cannibales*, p.40〔『食人の形而上学』七五頁〕.

(7) Descola, *Beyond Nature and Culture*〔小林徹訳『自然と文化を越えて』水声社、二〇二〇年〕.

(8) *Avatar*, directed by Cameron〔ジェームズ・キャメロン監督『アバター』【映画】〕.

(9) Keck, *Lucian Lévy-Bruhl*, p.7; Lévy-Bruhl, *How Natives Think*, p.131〔『未開社会の思惟（上）』一六二－一六三頁〕.

解　説

もうひとつの思考と政治に向けて——ガッサン・ハージの人類学を基礎づけるもの

齋藤　剛（文化人類学）

はじめに

グローバル化が進む現代世界は、二〇〇〇年代以降を振り返ってみただけでも、9・11をはじめとする「テロ」、貧困や格差の拡大、内戦、紛争の勃発と難民の増加、福祉国家の反転と極右政党の欧米諸国での台頭、レイシズムの顕在化、排外的なナショナリズムの亢進など、社会の分断や対立を生み出す事態が各地で進行している。

だが、ガッサン・ハージによれば、新たなレイシズムの広がりがみられる今日的な状況の中で、反レイシズム運動をはじめとした社会変革をめざした運動、それらの運動を理論的に支えてきた批判的社会学、ハージがアンチ・ポリティクスと呼ぶ対抗／抵抗の政治は、かつての求心力を失っている。

オーストラリアにおけるレイシズム、多文化主義、白人至上主義などを批判的に論じたことで知られ、「精神分析人類学」を標榜するハージ[1]〔保苅・塩原 二〇〇三：三五二〕は、今日の世界や学問の窮状をこのようにとらえ、それを乗り越えるための可能性を「批判的人類学」(Critical Anthropology) とハージが呼ぶ人類学の思考に見出している[2]。そして、その思考を援用しつつ「もうひとつの政治」(alter-politics) を希求する。ただし、批判的人類学の援用は、あくまでも批判的社会学やアンチ・ポリティクスを補完するためととらえられている。

本書は、二〇〇五年から二〇一三年にさまざまな機会に発表された論考を収めたものである。そのため、個々の議論は明瞭である一方で、多様な主題が扱われており、内容の連関がとらえにくいところも時としてあるように思われる。こうした点に留意し、この解説では、本書の位置づけを確認したうえで、筆者なりにハージの議論のつながりをとらえなおし、骨格となる議論を浮かび上がらせてゆく。同時に、議論の特質や意義について私見を提示する。これらの作業を通じて、読者の方々の一助となるよう心がけたい。ただし、限られた紙幅の中で本書の議論すべてを網羅するのは不可能なので、言及できなかった論点も多数ある[3]。

1　本書の位置づけ

ガッサン・ハージは、二〇二一年一二月までに、本書を含めて五冊の単著を公刊している。①保苅実氏と本書の監訳者である塩原良和氏によって翻訳され、日本でも広く知られている『ホワイト・ネイション――ネオ・ナショナリズム批判』(*White Nation.* 1998)、②同じく塩原氏の手によって翻訳された『希望の分配メカニズム――パラノイア・ナショナリズム批判』(*Against Paranoid Nationalism*. 2003)、③本書 *Alter-Politics: Critical Anthropology and the Radical Imagination* (2015)、④イスラモフォビアとレイシズムを主題とした *Is Racism an Environmental Threat?* (2017)、⑤レバノン移民の民族誌 *The Diasporic Condition: Ethnographic Explorations of the Lebanese in the World* (2021) である。

本書は、『ホワイト・ネイション』や『希望の分配メカニズム』における問題意識、議論、分析概念を継承しつつ、それらの著作において提示されたレイシズムやナショナリズム批判、批判的知識人のあり方をあらためて問いなおす一方で、批判的人類学に依拠したもうひとつの思考と政治の探究を新たな中心的課題に据えている点で前二書と大きく異なる(4)。

このような大きな変化が本書に認められるのは、現代世界に関するハージの認識の転換が背景にあるのであろう。本書の元となる諸論考が発表されたのは、二〇〇一年に起きた9・11、それに起因する「テロとの戦い」が新たに生み出したイスラモフォビアの高まり、イスラエルによるパレスチナへの軍事的圧力の高まりとパレスチナが置かれた惨状の深刻化、移民や難民の増加と移民排斥やヘイトクライムの増加など、他者を排除しようとする動向が世界的に深刻化した時期である。同時に、アラブの春にみられた超地域的な社会的・政治的運動の展開やオキュパイ運動、環境問題への世界的な関心の高まりに、ハージはそれまでの社会運動とは異なる可能性と思想的転換を感じとっている。このような状況の中で、ハージは、アンチ・ポリティクスを補完する可能性を批判的人類学に求め、思索を深めている。

2 現代世界についてのハージの診断

現代世界における分断や対立が生み出されている状況を読み解く際に、ハージは危機という言葉を手がかりのひとつとしている（六五頁）。資本主義の終焉を説く議論もあるが、資本主義経済は危機を媒介にして再生産され、貧富の格差は拡大しているとハージはみる。他方で、社会における危機や脅威が増大しているという認識の普及は、新自由主義的な政治体制下での統制や管理の強化を支えている。社会生活の次元においても、危機の感覚は、自己と他者の差異を強化し、かつ他者を排除しようとする動きをもたらしうる。

危機や脅威への対応が必要であるという要請がもたらすのが、「戦時社会」（warring society）化や、「後期入植者状況」（late colonial settler condition）である[5]（第一章）。国家の戦時社会化は、敵か味方かという差異の強化と、敵たる他者の排除や否定という帰結をもたらす。ただし、ハージは、敵として他者をとらえる際にもグラデーションがあることに留意し、「敵意」（enmity）と「敵対性」（adversariality）というふたつの概念を提出している（五四－五五頁）。このふたつの概念は、第七章で提示される「自己陶酔的なナショナリズム」と「健全なナショナリズム」というふたつの分析概念の区分とも重なり合う（二五〇－二五二頁）。

敵対性において他者は、対立したとしても社会の再生産に関与するのに対して、敵意において他者は、同一の共同体内部での存在が容認されない。また、ハージがいう健全なナショナリズムには、他者との共生や共存の余地が残されているが、自己陶酔的なナショナリズムには他者を受け入れる余地はない。

自己陶酔的なナショナリズムを駆動するのは、自分が帰属するホームとなる空間の創出であるが（二四七頁）、ホームの創出を妨げるのは、敵対意志をもった「他者」（other）である。ハージは「政治的虐殺」（politicide）（二四九頁）という概念を援用して、他者の客体化と彼らの政治的意志の否認をとらえているのだが、他者の政治的意志の否認は、他者の非人間化に帰結する（二四九－二五〇頁）。この非人間化という状態を劇的なかたちで示すのが、移民排斥運動やレイシズムにおける、人間を動物や他の生物種になぞらえた表象である。

第九章への補論において、ハージは、糞便の入り混じった下水をガザ地区に垂れ流すというイスラエルの非人道的な行為について記しているが、そのような衝撃的な行為の実行は、「政治的虐殺」「他者の非人間化」「他者の否認」を伴った自己陶酔的なナショナリズムが辿り着く極点である。

このような自己陶酔がナショナルなレベルだけでなく、微細な次元にまで弥漫していること、一方的で暴力的な支配が独特の被害者意識を伴いうるものであることを、ハージは、第五章において、支配欲に満ちた自らの父親について赤裸々に語ることで示している（一六二－一六四頁）。同時に、第七章において入植者が現地住民殲滅後に示す後悔の念や「実存的な不安」（二四二頁）に着目することによって、自己陶酔の屈折した思考をとらえている。自己陶酔的なナショナリズムは、他者（の意志）の支配・排除・抹殺を通じて他者不在の状況を自らつくり出しておきながら、それに伴う罪悪感を受け流すために、あるいは、虐殺という行為の非人間性を否認・隠蔽しつつ自らの人間性を再確認するために、後悔や反省、冷静な分析という「贖罪」行為をアリバイとして伴う。

自己陶酔的な他者否認の思考は、さまざまなかたちで広がりうるものでもある。そのことをハージは、第七章ではパレスチナ人のナショナリズム（二五一―二五三頁）、第九章ではレイシズム的な反レイシズム（二九三―二九六頁）などにも目を向けながら論じている。

以上のような国民国家の戦時社会化、入植者状況の出現、自己陶酔的なナショナリズムとも密接に関連しつつ、新たに顕在化しているのがネオリベラルな「根絶のレイシズム」である（第九章）。人種化された人や庇護希望者を、「招かれざるもの、不要なもの、重荷」と認識する根絶のレイシズムは、奴隷や労働者などを搾取の対象とした「搾取のレイシズム」とは異なり、人種化された人の存在自体を否定することによって特徴づけられる。

『ホワイト・ネイション』『希望の分配メカニズム』に比してパレスチナ問題に紙幅が多く割かれた本書の特徴のひとつは、イスラエルの暴力を直視しつつも、批判的知識人として、自らの感情の揺れ動きに注意深い眼を向け、批判対象としてイスラエルを安易に他者化してとらえるという暴力の発動を避けようとしている点にある（第五章）。ハージは、自己陶酔的なナショナリズムと根絶のレイシズムによって駆動されたイスラエルという国家とシオニズムの暴力を、それらのナショナリズムのひとつの極点をなすものとみる一方で、それを特殊なもの、例外的なものとはとらえてはいない（二九頁、二九四―二九六頁）。むしろ、ハージは、大量虐殺を可能にする根絶のレイシズムが近代の産物であり、新自由主義経済のグローバル化が進む二〇世紀末に、その世界的な波及が加速化しており、状況はより深刻になっているとみている。

3　批判的知識人と開かれた知性

現代世界の戦時社会化にはもうひとつの帰結があるとハージはいう。それが、知識人の役割の軽視である。戦時下において求められるのは、敵と味方の明確な峻別であり、あいまいな他者理解や異論の提出は求められないからである（六〇―六四頁）。ポスト・トゥルースとも形容される今日の時代状況や、言論を統制しようとする国家的な動きがみられる状況と並行して、知識人の役割や分析的知の軽視の広がりを憂慮し、批判的知識人の役割を再考すること、これが本書のもうひとつの主題である。

この問題意識を具体的に示しているのが、パレスチナ問題について論ずることの難しさである（第七章）。論者は、しばしば党派的な議論、二者択一的な議論に巻き込まれてしまうのである（二三一―二三八頁）。だが、ハージは、イスラエルによるパレスチナへの入植活動が完全に間違った暴挙であるとはっきりと認めつつも、パレスチナのために闘争を展開する運動や立場に、無批判に自らを同一化させて、イスラエルを一方的に批判するという立場には立たない。反レイシズムがレイシストへの批判を先鋭化させることで他者の否定に反転してしまうのと同様の危険性があるとみるからである。

深刻な政治的問題に関わる議論は、党派性を伴った言論の戦時社会化をもたらしうる。そのような状況から距離をとるためにもハージは、特定の集団の利害を代表するような議論、支持者を増やすための議論を好まない。聴衆が聞きたいことだけを話す、自分の聞きたいことだけを聞くというコミュニケーションにも価値を見出していない。自分が是とする意見の再確認や、ある種の権威からの承認獲得の域を超えないコミュニケーションは、理解の深化や変革につながらない思考停止の状態に自他をとどまらせるだけでなく、自我の肥大と、その裏返しとしての他者の思考の軽視につながるものでしかないとみるからである。

同時に、ハージの思考と理論は、知識人の生きる世界とは無縁な生活環境にいる人々から学ぼうとする姿勢によっても基礎づけられている。序章にあるように、レバノン系オーストラリア人マルワーンからの「学者センセイ」たるハージへの批判を、ハージは無知な人の妄言として一笑に付して無視したりはしなかった（二五－三〇頁）。さらに、ハージは、学界での議論が社会から隔絶したものとならないように注意を払ってもいる。聴衆や学生との議論を大切にし続けているほか［Hage 2016］、第九章への補論で記されているように、フェイスブックなどのSNSを通じて自らのすべてを「さらけだし」（三〇九頁）、さまざまな人との交流を糧として自らの研究を推進させている。こうした点からも、ハージは批判的知識人たることを自らに課しつつも、市井の人々の感覚を基礎にして自らの思考を築き上げようとしている様が見て取れる。

社会の変革をもたらすためには、社会の問題を自分の外部にある問題ととらえるだけでは十分ではない。人々を教化しようとする行為が没反省的なものになるならば、運動が成功したとしても、新たな抑圧を生み出す温床となりうるからである。真の変革を希求するならば、自身の思考の変革自体が求められることになる。

本書は、ハージの「自伝的」な要素が多く含まれた内容となっているが、それは、単なる自分語りではもちろんない。社会変革をもたらすためには、自己と他者のとらえ方そのものを問いなおすことが重要となるからこそ、「オートエスノグラフィ」という観点から自らの（政治的）感情の多層性を丁寧に検証しただけでなく（第五章）、本書全体を通じて自身の経験や思想的遍歴を取り上げて精察を加え続けている。困難なことではあるが、批判的知識人として、感情や情動に入り込んで分析を進めることで、他者との関係を根源的なところから想像しなおそうとしている。それは、単なる理論的な関心によるものではなく、ハージ自身の切実な問題意識に由来する必然の帰結であったとみるべきである。

4　アンチ・ポリティクスの限界

ハージは、アントニオ・ネグリたちの『コモンウェルス』における「別な近代性」をめぐる議論や、彼らによるエドゥアルド・ヴィヴェイロス・デ・カストロに着目した議論に強く触発されている。だが、同時に、ネグリたちの議論への違和感と批判が本書執筆の原動力のひとつでもある。同じ「オルター」という語を用いつつも、ネグリたちとは異なるものをハージは志向しているからである。そのことが明確に示されているのが、彼らのフランツ・ファノン理解を批判した第六章である。

そもそもネグリたちは、アンチ・ポリティクスの限界に自覚的であり、その限界を乗り越えようとする議論の中で、ファノンによる反レイシズムの普遍主義的傾向と「新しい人間」論を積極的に評価している。だが、ハージは、そこにネグリたちの議論の限界を見て取っている。

ハージによれば、人種化された人間は、特殊性と普遍性というふたつの極の狭間で承認を求めて揺れ動くというアンビバレントな状況に置かれる。だが、ネグリたちはファノンのアンビバレントな感情的側面を見落としたまま、普遍主義を希求した側面だけに光を当てて、無批判に礼賛してしまっているという。

これに加えて、普遍主義、コスモポリタニズムだけを希求する反レイシズムと経済・文化的資本の関係にネグリたちが無自覚であることや、移民の階層性を等閑に付していることも批判されている。ハージはネグリたちの功績を十分に認めているのだが、その一方で、ネグリたちの議論は、自由に移動できない移民の存在を視野の外に置いた、エリート中心主義的視点に立脚したコスモポリタニズム礼讃であり、理想主義的なものということになる（二〇五－二〇七頁。第一章、五五－五九頁も参照）。

ハージによれば、経済・文化的資本を有した社会的・知的エリートによる普遍性の志向は、ハージが「誤った呼びかけ」（mis-interpellation）と呼ぶ特殊な感情的経験をもたらすレイシズムと無縁ではない（二二一－二二五頁）。それは、みなさんと呼びかけられることによって社会の中に自分のために用意された場があるのかと思い、呼びかけに応じるやいなや、自分はみなさんの中に含まれていなかったことを思い知らされるという心理的な衝撃、トラウマ経験をもたらす屈折したレイシズムである（二二三－二二四頁）。マジョリティの思考を受容し、内面化した後で排除されることで、内面化した普遍性を否定するのが困難な状態に置かれるのである。この議論からも窺えるように、ハージはレイシズムが人種化された個人の内面深くに浸潤していることに注目している。

これと重なるのが、人類学における研究成果を援用した自己と他者をめぐる三つの存在様態とレイシズムに関わる議論である（第九章）。それらは、(1)自己と他者の差異が強調されるのと同時に、両者の関係を支配と従属の関係に回収してしまう「飼いならしの存在様態」（domesticating mode of existence）、

⑵「間‐贈与性」(inter-giftness)が強調されるような、「道具的関係を超えた」「互酬的な存在様態」(reciprocal mode of existence)、⑶自己と他者が渾然一体となるような状況が生み出される「相互的な存在様態」(mutualist mode of existence)である(二九九‐三〇二頁)。

ハージは、三つの存在様態が近代社会や欧米社会に並存しているととらえたうえで、レイシズムについて論じている。支配と従属の関係をつくり出していく「飼いならしの様態」がレイシズムに関わることは、容易に想像がつく。そして、「互酬性」や「相互性」は、一見すると、レイシズムにおける他者排除の乗り越えを可能にする様態であるかのように思える。それらは、マルセル・モース、リュシアン・レヴィ゠ブリュルらの議論を下地にしており、「他者の思考」をめぐる人類学の研究成果を発展させたものだからである。実際、互酬的な存在様態と相互性の存在様態はそれぞれ、「自分には価値があるのだ」という生得的な感覚を人に与えたり、「他者の生きる力が私たち自身の生きる力を増幅するという、ポジティブ」な側面を有しているととらえられている(三〇五頁)。だが、ハージは、レイシズムを乗り越える可能性を秘めた互酬性、相互性という存在様態の只中にレイシズムが浸潤し、これらの存在様態を内側から毀損する根源的な暴力を発揮しうることに目を向けている。そして、このような見方に立つことで、ハージは、これらの存在様態を「闘争の空間」(spaces of struggle)ととらえなおすところにまで到達している(三〇六頁)。

レイシズムは、誤った呼びかけを通じても、あるいは存在の様態においても、人種化された主体の内奥に浸潤し、人種化された主体の尊厳を内側から毀損しうる。だからこそ、後述するように、個人の内面における「占領されざる」領域の確保が重要な議論の対象となってくる。

5　思考と社会空間の「外部」へ

ハージが人類学——ハージの表現では批判的人類学——に期待しているのは、人類学的思考が、「外部」や他者に向けて開かれている点である。この外部や他者への開かれをめぐって、本書におけるハージの議論は、少なくとも三つの水準で展開している。

第一に、グローバル化が進展するなかで、「既存の統治機構の外部」に位置する社会空間が開かれつつあるとハージはとらえている（第三章）。この新しい社会空間のことをハージは「統治されざる」（ungovernable）空間とも呼んでいる（一〇六頁）[Hage 2017]。それは、「いかなる既存の政治的編成によってもとらえられることができず、そうした編成の内部におけるまさに政治そのもののあり方」（一〇六頁）を根源的に問いなおすものである。

ハージが外部や他でもありうる場に目を向けるのは、これまでアンチ・ポリティクスを牽引してきた批判的社会学がもっぱら権力関係の暴露に関心を集中させてきたという理解が背景にある（第四章）。そして、従来の批判的社会学における議論で等閑に付されてきた支配を逃れる空間を外部に設けること、あるいは権力関係だけでは読み解けない現実の不可視の部分の探求、潜在的なものの探求へとハージは舵を切ろうとする。

第三章における議論からも明らかなように、新たな社会空間をめぐるハージの議論は、ヴィヴェイロス・デ・カストロとジル・ドゥルーズに大きな影響を与えたピエール・クラストルの「未開社会」論によって触発されたものでもある。クラストルのみならず、東南アジア大陸部丘陵地帯を対象としたジェームズ・スコットの『ゾミア』をはじめ、国家の支配を逃れた空間や生存のあり方は、これまでにも人類学者の関心を引き続けてきた(6)。国家の内部にあって周辺化された人々や場がもつ創造性に賭ける本書の議論は、そのような政治人類学的問題関心とも共振するものでもある。

第二に、他者に開かれていること、他者を受け入れることは、主体と客体の関係が溶解する水準にあるものとしてとらえられている。第三章などでも指摘されているように、「他者がつきまとう」「他者を待つ」「他者と共に書く」というハージの議論は、自己が主体的な立場に立って他者を客体として把握、管理、支配する立場にはないという理解を明確に指し示している。これは、第九章など、他の章でも繰り返し出てくる重要な論点である(7)。

第三に、第二点目と密接に関わることだが、他者を受け入れる者の思考・情動・身体のあり方をハージは見直している。本書は、アンチ・ポリティクスに新たな力を賦活するための可能性をもうひとつの思考や政治に見出し、その可能性を検討するという理論的な側面を強くもった一書であるが、そのため身体と感情／情動への関心が強く打ち出されていることも本書の大きな特徴である。

人類学のもつ潜勢力が、自らの身体を活用した長期間のフィールドワークに基づく間-身体的経験に基礎づけられたものであることは、これまでの研究においても指摘されてきた［西井 二〇一三：六-七］。さらに、ハージが本書において大きく依拠している「存在論の人類学」（Anthropology of Ontologies）とも連動して、近年、人類学における社会や文化という概念のもつ限界を超えた新たな知的理解をめざす動きが進んでいる。それらの研究においては、身体と情動を媒介とした間-身体的な関係や人と環境の関係を問いなおし、新たに「社会身体」「社会的身体」という視座が提示されている［箭内 二〇一八、深川 二〇二二］。このような身体と情動をめぐる議論に影響を与えているのが、バールーフ・デ・スピノザの再評価であるが［箭内・西井 二〇二〇］、ハージもまた、ピエール・ブルデュー、ヴィヴェイロス・デ・カストロを経由しつつ、スピノザの情動論、揺らぎ、喜びをめぐる議論を積極的に摂取し、ミクロな次元から自身の経験とフィールドで出会った人との関係を問いなおしている(8)。

6 存在論の人類学とヴィヴェイロス・デ・カストロ

存在論の人類学、「存在論的転回」(ontological turn) などの表現で称される人類学の潮流には、西洋における人間中心主義をひとつの批判対象とし、これを相対化しようとする多様な議論が包含されている。一九八〇年代から一九九〇年代に草の根で広がった研究潮流であることを受けて「静かな革命」と称されることもあるが、「存在論の人類学」は、気候変動をはじめとした環境問題への世界的な関心の広がりとも連動した問題関心を有していることもあり、人類学にとどまらず、他の学問分野や一般社会へと波及する大きな流れとなっている。

この存在論の人類学を提唱した研究者として、広く知られているのがマリリン・ストラザーン、アルフレッド・ジェル、ロイ・ワグナー、そしてハージが本書において着目するブリュノ・ラトゥールとヴィヴェイロス・デ・カストロである。彼らの中でもヴィヴェイロス・デ・カストロは、「人類学の存在論的転回の父」と称されたり［Holbraad and Pedersen 2017: 157］、「存在論の潮流を作った」［Kohn 2015: 312］とされる存在論の人類学の立役者である。

だが、ヴィヴェイロス・デ・カストロをひとつの淵源とし、「革命」と称されることもある存在論の人類学には、実際のところ、多様かつ根源的な批判や疑問が提示されてきている[9]［Holbraad and Pedersen 2017: ix］。存在論的転回には本質的に新しいものはないという見解［杉島二〇一九］、存在論は「文化」の言い換えにすぎないのかという問いかけ［Carrithers et al. 2010］が端的に示すように、「転回」とも称された存在論の人類学は、果たして既存の人類学に変わる新たな方向性を示しているのかという疑問は絶えず突きつけられてきた。

ハージは、このような存在論の人類学に対する具体的な批判を詳細に吟味してはいない。しかし、存在論の人類学が厳しい批判に晒されていることや、存在論の人類学を援用することがハージを論争へと巻き込んでしまう可能性については自覚的である［Hage 2016: 222］。その一方で、ハージは、存在論の人類学に賛成か反対かという二者択一的な立場には立たない。また、ハージは、理論を活用する際には、自分が有用だと思う部分を汲み取り、自分の流儀で換骨奪胎していくことが重要であると述べている[10]［Ibid.: 222］。これらの点を踏まえるならば、ハージは本書においてヴィヴェイロス・デ・カストロやラトゥールの議論に大きく依拠しているもの[11]（とくに第三、九、一〇章）、それは、あくまでもラディカルな政治の袋小路を乗り越えるための手がかりとしてであると推察される。

ヴィヴェイロス・デ・カストロの議論は多くの示唆をハージに与えているが、本書の中であまり明確には言及されていないものの重要と思われるのは、『食人の形而上学』が「アンチ・ナルシス」として構想されていたことである。これまでのところからも明らかなように、ハージは自己陶酔的なナショナリズム、他者を排除し、絶滅させようとする根絶のナショナリズム、そのような他者の否認へといたる敵意を批判していた。これらは、いずれも他者に対する無関心と、肥大したナルシスティックな感覚や英雄主義によって特徴づけられている。そうだとするならば、アンチ・ナルシスの思想を基調とするヴィヴェイロス・デ・カストロの議論、「思考の永続的な脱植民地化」をめざし、複数的・多声的な生や経験のあり方を認めようとするその議論が、他なる思考を追求するのと同時に、自己の中にある他者性に細やかな目を向けようとするハージに大きな影響を及ぼしたのは、想像に難くない。

だが、本書の書評を手掛けたビヤルネセンは、ハージによる存在論の人類学の読解がいかにしてオルター・ポリティカルな行為に接続されていくのか、その手がかりが与えられていないと疑問を提示している［Bjarnesen 2017: 116-117］。思考と行為、理論と実践を接続する手がかりは、しかし、ハージの「エスノグラフィ」の中にある。

7 ハージと「エスノグラフィ」

実のところ、ハージのエスノグラフィは、いわゆる「オーソドックス」な民族誌的記述で構成されていない。むしろ、日常生活における微細な一コマや印象的な会話を、発話がなされたコンテクストや背景について具体的に説明しないままに、読者に強烈な印象を残すようなかたちでピンポイントで提示して、議論が展開されている。

それは、理論と事例を往還しながら議論を展開していくハージのスタイルに適合的な事例の提示方法なのであろう。だが、同時にそれは、十分な情報提示がなされないままにエスノグラフィと銘打って事例を提示したものと評価され、批判される危険性を伴っている。そして、そのような批判は十分にありうる。しかし、筆者は、ハージの事例の扱い方を、断片的な現実の喚起力を重んじた、鋭敏な感性と観察眼に基づくものなのだとここでとらえてみたい[12]。

断片的であることは、必ずしも欠落を意味しはしない。むしろ、全体化し、超越的な高みに立って全体を俯瞰し、把握しようとする意志によって社会をみようとする視線こそが権力との関係からすると問題となりうることもある［田中 二〇一八］。ハージが、ヴィヴェイロス・デ・カストロのパースペクティヴィズム、すなわち視線の複数性に共鳴する理由の一端は、森の中に住まう生物種の視線に立ったその議論が、高みからすべてを見下ろす絶対者の視点に立たない、多様性と水平性を保ったものだからといえるかもしれない。

他方で、ハージによる断片的な民族誌的事例の提示は、もうひとつ別の特徴を有している。それは、その多くが身体的経験に深く結びつけられた出来事であるという点である。ハージの議論は、抽象度の高い理論を扱いながらも、現実から乖離しない。それは、一見すると取るに足らないと思えるような身振りやふるまい、身体感覚への鋭敏な感覚に基礎づけられているからである。

ともすると平凡なもの、学問的な議論に沿わないものと受け止められかねない行為をハージが取り上げるその着眼点の鋭さについては、これまでにハージの研究を評してきた研究者によって注目されてきた［保苅・塩原 二〇〇三、稲津 二〇一〇、モーリス＝スズキ 二〇〇三］。また、存在論のエスノグラフィを扱った論考において、「多現場民族誌」（muti-sited ethnography）に対してハージが疑義を表明する際に提起した問題点は、多現場民族誌が「時差ボケ」を考慮に入れていない点であった［ハージ 二〇〇七：

三〇]。

モビリティをめぐる議論においては、可動性、移動することが問題となるし、ハージ自身、前進に関わる動態的な語彙を理論化し、それらを議論の核に据えている。だが、ハージは移動するという動態性や自ら歩を進めるという主体性に眼を向けるだけでなく、疲労という受動的に感知されるものにも眼を向けていることを時差ボケの例は示してくれている。

8　「ドツボにはまること」の射程

この点に留意して本書を構成する語彙を振り返ってみると、「駆り立てる」(propelling)、「歩む」(walking)、「揺らぎ」(vacillation)など、「動きの世界」(the universe of motion)に関わる多様な語彙/概念が提示され、議論が展開されているのと並行して[Bardawil 2017: 138]、生き埋めや身動きが取れないという物理的・社会的経験に基づく「ドツボにはまること」(stuckedness)が、新たに議論の中核に据えられていることが、本書の一層大きな特色として浮かび上がってくる。

ハージは、本書第二章において、人が生きていくうえで「どこかに向かっているという感覚」(going-ness)を根源的に必要としているという理解のもと、移民もレイシストも等しく「実存的移動」(existential mobility)、「想像された移動性」(imaginary mobility)を希求しており、実存的な移動不可能性、すなわち「ドツボにはまること」を避けようとしていると論じている。

特徴的なのは、パレスチナ問題を扱うのであれ、オーストラリアにおける移民排斥と多文化主義の表面的対立を扱うのであれ、つねにハージは対立すると思われる人々双方の立場に立ちつつ、両者に通底する問題や特性を炙り出そうとしていることである。

だが、両者の共通点に着目する一方で、ハージは「ドツボにはまる」経験がもたらす対照的な帰結にも目を向けている。このことは、第二章「ドツボにはまること」をめぐる議論を、第一章における「異なる社会空間」の出現をめぐる議論と、パレスチナ問題を取り上げた第五章「民族誌と政治的な感情について」、シオニズムを扱った第七章「自己陶酔的な被害者意識について」、占領下にあるガザのパレスチナ人を扱った第八章「占領されざるもの」と関連づけてみることで一層明瞭になる。

第二章では、雪崩の発生で生き埋めになった男性へのオーストラリア市民の反応を手がかりとして、生き埋めになった人への共感と耐え忍んだことの称賛（「『行き詰まっている者』の英雄主義」）（七四頁）が、「『耐えて、しのぎ切る』人々のあいだの共同性」（七六頁）を生み出すことが論じられていた。同時に、近所に引っ越してきた移民の車の買い替えが近隣住民の憤りや妬みの対象となることを取り上げて、「ドツボにはまった」状態からの社会的脱出が、階級的差異とは無関係に、広範な妬みを惹起しうることも論じられていた（七二－七三頁）。

これに対して、ガザから脱出できないパレスチナ人の惨状を直視しつつ、彼らの生のあり方を「占領されざるもの」という視点から論じた第八章は、妬みや英雄主義、さらには統治性と関連づけて論じられた「ドツボにはまること」を、妬みとは異なる位相から検討したのだといえる。暴力的・支配的な政治的・社会的編成としての入植活動が進行下にあるガザについて記す中で、ハージは抵抗運動を展開し、殺された男性の英雄主義的な殉死と、夫を失った女性の、母としての子どもとの接し方を対置させて、印象的な議論を展開している（二七〇－二七一頁）。今まさに眠りにつこうとする子どもに対して、殉死した英雄として父親のことを語り聞かせることなく、安らかに眠れるよう子どもを抱擁し、接吻する母の姿を描いている。母の姿にハージが見ようとするのは、占領という逃れようのない過酷な現実の中で、人としての尊厳を失わない生のあり方である。

第一章において論じられた異なる社会空間をめぐる議論は、イスラエルによる暴力がパレスチナ人の社会・生活空間を覆っているなかで、その支配的空間とは別の位相の空間が新たに生起していることをとらえた占領されざるものをめぐる議論と、明らかに共鳴している。

さらに、第五章におけるハマースと同一化したハージの怒りの感情をめぐる省察と突き合わせるならば、占領されざるものをめぐる議論は、英雄主義、殉死、怒りとは異なる視点から、占領という現実を生きる人々のこと、「行き場のない状態」に置かれている人のことを想像することが、安易な共感で片づけられない問題として提示されていることも浮かび上がってくる。ハージはイスラエルによるレバノン侵攻と、パレスチナへのイスラエルの入植活動に対して感じる自身の感情の相違に注意深く目を向けるのと同時に、当事者の感情との落差に目を向けることで、怒りという感情をさらに詳細に分析する道へと分け入っている。

そこでは、パレスチナ問題を支配と抵抗という単一現実主義的な枠組みだけで理解するのではなく、多現実主義的に、また自分とは異なる視点から、占領を生きる人々の生をとらえようとするハージの姿勢が明確に浮かび上がってくる。単一現実主義については、主に第一〇章で取り上げられているが、それは第一章以降の議論に通底する大事な論点である。西洋近代の到達点は、多様でありうる現実を単純な相でとらえるようになったことにあるとハージはみている。そして、単一現実主義は、植民地支配やレイシスト、国家のあり方などに関わるものであるだけでなく、アンチ・ポリティクスにおいても、批判的社会学においてもみられるものであることを、ハージは繰り返し指摘し、注意を促している。いかにして単一現実主義から離れて、見えざる現実に目を向けることができるのかという本書の主題のひとつが、ここにも明瞭に表れている。

本書で描かれる「オルター」とは簡単に、かつ明瞭なかたちで指し示すことができるもうひとつの道ではない。むしろ描くことが困難な、明確に説明することが困難な、見えにくい、そのような道である。その道をめぐる議論が単なる空論ではないことを示しているのが、ハージ流の「エスノグラフィ」なのである。印象深いのは、パレスチナにおいて殉死した男性の妻と子どもの寝る前の接吻と抱擁や、第四章において示されたレバノンの村落における主人と使用人が友人のようにして茶を飲む情景などである。これらの事例は、きわめてコンパクトに提示されているが、しかし、私たちに具体的な想像を働かせるのを可能にしてくれるものであり、またハージの視線や理解が、困難を生きる人々の生を成り立たせている希望や愛情を丁寧に感受しようとする感覚で満ちていることを示している。

おわりに——もうひとつの世界と生の賦活

この解説を閉じるのにあたって、希望、待つことをめぐるハージの議論に触れておきたい。ハージは、レバノン移民の「待つこと」(waiting)と「希望」(hope)の複雑な絡み合いに大きな関心を寄せているが[Hage 2018, 2021b]、それは、本書で提示された、人間にとっての根源的な幸福感が「前に進んでいる」(going-ness)感覚と深く関わるものである[13]。

本書最終章にあたる第一一章では、この前に進んでいるという感覚や希望、待つこと、さらには喜びとも関連した、「根付くこと」(rootedness)をめぐる議論が提示されている。ハージは、自分が思いもよらず「住みたいという希望を伴ったものではなかった」オーストラリアへと渡った後、「故郷を失った」(displacement)だけでなく、『向かうべき方向を見失った(directionless-ness)』という深刻な感覚」(三四一頁)を経験したことなどについて触れている。

ハージは四半世紀を経てバサーストにある祖父母の家を再訪した時の印象深い出来事について記している。それは家の裏庭にあるオリーブの木などを目にしたことで、突如として、それらが祖父が植えたものであることや、思い出を語る母の表情などをめぐる記憶を鮮やかに蘇らせただけでなく、オーストラリアに自分が根付いていることをそのまま肯定するという予想もしなかった感覚をもたらしたのである。白人による植民の中心地であったバサーストが、支配と抵抗が繰り広げられた歴史的空間であることを十分に意識しつつも、その只中にあって、自らを襲ったまったく異なる位相の異なる経験の意味を問うている。それは、イスラエルによる暴力と支配に覆い尽くされたパレスチナにあって、子どもを安らかに眠らせようとする母が静かにつくり出した占領されざる空間をめぐる第八章の議論とも重なるものである。

ただし、第一一章における議論は、暴力と支配、抵抗が吹き荒れる社会空間をめぐって、白人と移民だけでなく、先住民たるアボリジナルにも思いを馳せつつ、暴力と支配、抵抗の関係の多面性や複雑性に留意する一方で、オーストラリアという場に根付くこと、関係づけられることのあり方を問いなおすなど、新たなことが論じられている。

根付くことが、占有や支配につながりうることに注意を払いつつも、ハージは、自分が体験したのは、そのような占有とは異質の、「開かれて排他的ではない根付きの感覚」(三四七頁)であったと述べている。同時に、ハージが世界中で出会った移民が感じる根付きとは、「一対の翼のようなもの」としての根付きであると述べている(三四七–三四八頁)。そして、ハージに静かな高揚感をもたらした「根付きの感覚」を「駆り立てる」と表現し、その力が自分たちと「共に在る」(with)ことが重要であるとも説いている。

あらためて振り返るならば、第二章において論じられていた「前に進むこと」が終章において「駆り立てる」という表現と、「共に在る」という語で表現されていることには、重要な意味がある。「前に進む」という語が、「私が」あるいは「私たちが」前に進むことを暗に想定しているのに対して、「駆り立てる」という語は、私が私だけの存在ではなく、他なる何ものかと共に在って初めて前に進めるという意味で、主体の権能という感覚からも人は解き放たれることを示唆しているからである。

他なる何ものかによって生かされ、生きる力を賦活してもらうこと、そのことに気づくこと、そのことを受け入れること、それがもうひとつの世界へと、生へと、喜びへといざなってくれるのだとハージは私たちに告げている。

本書冒頭において情熱を抱くことの大切さを説いたうえで、ハージは、正直であること、真剣であることの大切さについても随所で強調している。その溢れるばかりの情熱を込めた議論が行き着いたところに情熱という語がもたらす印象とは対照的な他なるものの静かな受容が、私たちの生を根源的な喜びで満たしてくれることについての省察はある。

アンチからオルターへと思考を開くこと、それは声高に主張することから、静かな囁き、聞こえぬ声、消えゆく声に静かに耳を傾けようとする自省的な試みに自らを開くことにほかならない。そして、その静かな営みこそが、新たな声をあげることにつながる。本書においてハージは、社会の現実に見出される困難を前にしてもシニカルな立場に籠ることなく、希望と情熱をもって自らの思考や世界との関わり方に変革をもたらす大切さを、身をもって示し、読者を別のあり方に開かれた世界へといざなっている。

注

（1）ガッサン・ハージの経歴やオーストラリアの社会的・政治的文脈におけるその研究の位置づけなどについては、本書訳者あとがきのほか、『ホワイト・ネイション』『希望の分配メカニズム』の訳者あとがき［保苅・塩原 二〇〇三、塩原 二〇〇八］、モーリス＝スズキによる『ホワイト・ネイション』への解説［モーリス＝スズキ 二〇〇三］などを参照されたい。

（2）批判的社会学との対比の中で批判的人類学は提示されているが、ハージが影響を受けている批判的人類学の流れのひとつとして、一九七〇年代のアメリカにおいて「批判人類学に不可欠な著作」であったスタンリー・ダイアモンド［太田 二〇一三：四二〇］と、ジェイムズ・クリフォードをつなぐ経路が本文では提示されている。だが、同時に、「ポストモダン人類学」の旗手であるクリフォードなどによって提起された民族誌家の権威をめぐる批判以降、「テクスト記述を過度に重視するエクリチュール至上主義の罠」［杉本 二〇〇三：二四三］に陥り、議論が内向化してしまった点についても、ハージは自覚的である。「他でもありうる」思考のあり方を模索し、かつ「オートエスノグラフィ」という手法を援用して、自省的な手法で情動や感情の揺らぎにも目を向けているため、本書の議論はポストモダン人類学に見られる自省と内向に酷似したものであるとみえるかもしれないが、つねにハージが現実の政治・経済・社会の構造的問題を批判対象としている点で、その議論は単なる「私語り」で終わるものではない。

この点は、クリフォードたちのポストモダン人類学とは異なるもうひとつの批判的人類学の経路をなすヴィヴェイロス・デ・カストロとハージの関係にもある程度重なるものといえるかもしれない。ヴィヴェイロス・デ・カストロに対しては、その議論が「概念世界」に重きを置いたものである点に批判が寄せられている［杉島 二〇一九］。これに対して、ハージは、ヴィヴェイロス・デ・カストロの議論に大きく依拠しながらも、つねにブルデューに立ち返りつつ、政治への関与を企図し続けている。異なる世界への関心は、内向的になるためではなく、現実の社会問題への関心を強く有しているからこそのことである。

（3）鈴木［二〇一六］による書評とあわせて、「飼いならし」、他者性の否定、多現実論に着目しながら、多文化主義批判と批判的人類学の協働をめざして、ハージの批判理論を丁寧かつ明瞭に再構成した鈴木［二〇一九］の論考や、バルダーウィルの的確な書評［Bardawil 2017］なども参照されたい。

（4）他者を動物化してとらえるレイシズムの他者表象をめぐる議論や「占領されざるもの」（「統治されざるもの」）をめぐる議論などは、*Is Racism an Environmental Threat?* に受け継がれている。最新の著作にあたる *The Diasporic Condition* は、レバノン移民を主題とした民族誌的記述に重点をおいた著作であるが、これまでの著作や論考においてさまざまなかたちで取り上げられてきたレバノン移民に関わる民族誌的記述を総合した集大成といってよい内容となっている［Hage 2021b］。

（5）「戦時社会」は実際に戦争下にある国家や社会を指しているわけではなく、戦時下に特徴的なメンタリティによって駆動されている国家や社会が念頭におかれている。

（6）たとえば、スコット［二〇一三］に加えて、近年の研究として下條［二〇二一］を参照。

（7）他者の思考への関心は、フランスの知的伝統に限定されることなく、人類学を貫いてきた最重要の問題関心であるが、ハージは、フランスの学的伝統の影響を濃厚に受けている一方で、英国社会人類学については、それほど積極的に評価しているわけではないようである。なお、本文では、マリノフスキーの功績を評価しつつも（一五四－一五五頁）、マリノフスキーが「政治的には保守的」（九七頁）で、「自らの築き上げた研究のすべてを可能にした植民地的状況という条件に気づかないほど無邪気ではあった」（一五四頁）と記されているが、マリノフスキーの植民地統治に対する批判や介入などに光を当てた論考として、たとえば清水［一九九九］を参照されたい。

（8）人類学におけるスピノザのアフェクトゥス論の援用については箭内・西井［二〇二〇］を参照。

（9）存在論の人類学をめぐっては、すでに膨大な文献が刊行されている。それらについて検討を進めていくうえでの手がかりとしては、Kohn [2015]、Holbraad and Pedersen [2017]、Henare et al. [2007] を参照。また、存在論の人類学やヴィヴェイロス・デ・カストロに対する批判としては杉島［二〇一九］、出口［二〇一三］、吉岡［二〇一八］を参照。

（10）ヴィヴェイロス・デ・カストロのみならずブルデュー、ラトゥール、ネグリ、マルクス、フロイト、ニーチェをはじめとした多様な研究者の理論や分析概念をハージは援用しているが、ハージの議論が読者を惹きつけてやまない魅力をもち、かつ喚起力がある理由の一端は、多様な理論を駆使しつつも、理論に盲従することなく、学問領域も自在に横断しながら、独自の議論を組み立てる姿勢にも求められるのであろう。ハージは、学問分野の垣根や専門性に囚われることなく、自由な発想で先行研究に学ぶべきであると繰り返し強調しているが［Hage 2016; Abdel-Fattah et al. 2018］、こうしたハージの見解も、この点を傍証しているように思われる。

（11）ハージとヴィヴェイロス・デ・カストロの関係については、まずハージがパリの書店で『食人の形而上学』を手に取って立ち読みをした段階でその議論の虜になってしまったことがきっかけであるという［Hage 2016: 222］。だが、両者のあいだには双方向的な知的交流がある。それは、たとえばヴィヴェイロス・デ・カストロが、ハージの文章を長文引用したうえで、独自の理解を丁寧に提示していることからも窺える［ヴィヴェイロス・デ・カストロ 二〇一七：四一–四二、Viveiros de Castro 2017: 256-257］。

本書原書の扉にもヴィヴェイロス・デ・カストロは、賛辞の言葉を寄せており、ヴィヴェイロス・デ・カストロの主張する「〈思考の永続的な脱植民地化〉はホームから起こるのだということ、そして思考が行為となる場所はどこであれホームなのだ」という言葉で締め括っている。

(12) ハージの民族誌的事例の取り上げ方と関連して、レバノンを対象として調査を進めた池田［二〇一八］および、池田の議論の意義を論じた拙稿［齋藤 二〇一九］を参照されたい。

(13) 本書において提示された人間にとっての根源的な幸福感が「前に進んでいる」と深く関わっているという議論につながる問題関心である。だとするならば、レバノン移民が直面する多様な待つことと希望を核とした挫折や困難も含めた多様な経験をめぐる民族誌は、「移民」として括り出された他者をめぐる話として読まれるべきではなく、我がこととして読まれるべきである。なお、希望や待つことと合わせて、ハージは近年、「衰え」(decay)にも関心を寄せている［Hage 2021a, 2021b］。衰えもまた、ペースやテンポといった時間性と、場を占めるという空間性を併せ持っており［Hage 2021a: 3］、希望や待つことと密接に関わりながら、先に進むことや人の生において不可避な、基層をなすものである。多面的な生をとらえようとするハージの姿勢はここにも明瞭に表れている。

参照文献

池田昭光 二〇一八『流れをよそおう——レバノンにおける相互行為の人類学』春風社
稲津秀樹 二〇一〇「移民＝他者性のあらわれを管理する権力——ガッサン・ハージ『空間の管理者（Spatial Managers）』」『社会学批評』二号、四〇–四二頁ヴィヴェイロス・デ・カストロ、エドゥアルド 二〇一五『食人の形而上学――ポスト構造主義的人類学への道』檜垣立哉・山崎吾郎訳、洛北出版
――二〇一七「人類学における『変形』、『人類学』の変形」『思想』一一二四号、三六‐五七頁
太田好信 二〇〇三「批判的人類学の系譜」ジェイムズ・クリフォード『文化の窮状――二十世紀の民族誌、文学、芸術』太田好信ほか訳、人文書院、五一五‐五五三頁
クラストル、ピエール 一九八七『国家に抗する社会――政治人類学研究』渡辺公三訳、水声社
齋藤 剛 二〇一九「池田昭光著『流れをよそおう――レバノンにおける相互行為の人類学』」『オリエント』六二巻一号、五六‐六一頁
塩原良和 二〇〇八「訳者あとがき」ガッサン・ハージ『希望分配のメカニズム』塩原良和訳、御茶の水書房、二六九‐二七四頁
清水昭俊 一九九九「忘却のかなたのマリノフスキー――一九三〇年代における文化接触研究」『国立民族学博物館研究報告』二三巻三号、五四三‐六三四頁
下條尚志 二〇二一『国家の「余白」――メコンデルタ 生き残りの社会史』京都大学学術出版会
杉島敬志 二〇一九「序論――参与観察を讃えて」杉島敬志編『コミュニケーション的存在論の人類学』臨川書店、五‐四七頁
杉本良男 二〇〇三「比較の不幸」『民族學研究』六八巻二号、二四二‐二六一頁
スコット、ジェームズ・C 二〇一三『ゾミア――脱国家の世界史』佐藤 仁監訳、池田一人ほか訳、みすず書房
鈴木赳生 二〇一六「〈書評論文〉オルタ・ポリティクス――批判的人類学とラディカルな想像力」『京都社会学年報』二四号、一二五‐一三三頁
――二〇一九「多文化主義思想における他者性の否認――批判的人類学の挑戦に学ぶ」『ソシオロジ』六三巻三号、四一‐五八頁
田中雅一 二〇一八『誘惑する文化人類学――コンタクト・ゾーンの世界へ』世界思想社

出口 顯 二〇一三『ほんとうの構造主義――言語・権力・主体』NHK出版
西井凉子 二〇一三『情動のエスノグラフィ――南タイの村で感じる*つながる*生きる』京都大学学術出版会
ハージ、ガッサン 二〇〇三『ホワイト・ネイション――ネオ・ナショナリズム批判』保苅 実・塩原良和訳、平凡社
――二〇〇七「存在論的移動のエスノグラフィ――想像（イマジンド）でもなく複数調査地的（マルチサイテッド）でもないディアスポラ研究について」塩原良和訳、伊豫谷登士翁編『移動から場所を問う――現代移民研究の課題』有信堂高文社、一一七―四九頁
――二〇〇八『希望の分配メカニズム――パラノイア・ナショナリズム批判』塩原良和訳、御茶の水書房
深川宏樹 二〇二一『社会的身体の民族誌――ニューギニア高地における人格論と社会性の人類学』風響社
保苅 実・塩原良和 二〇〇三「訳者あとがき」ガッサン・ハージ『ホワイト・ネイション』保苅 実・塩原良和訳、平凡社、三五一―三五八頁
モーリス＝スズキ、テッサ 二〇〇三「『ホワイト・ネイション』とそのオーストラリアにおける文脈」ガッサン・ハージ『ホワイト・ネイション』保苅 実・塩原良和訳、平凡社、三五九―三六九頁
箭内 匡 二〇一八『イメージの人類学』せりか書房
箭内 匡・西井凉子 二〇二〇「アフェクトゥスとは何か？」西井凉子・箭内 匡編『アフェクトゥス（情動）――生の外側に触れる』京都大学学術出版会、四〇五―四三四頁
吉岡政徳 二〇一八「フィールドからの声と人類学」『神戸文化人類学研究』特別号、三一―一六頁
Abdel-Fattah, Randa, Shakira Hussein, Steve Matthewman, and Ghassan Hage, 2018, "Book review symposium. Is Racism an Environmental Threat? With a response from Ghassan Hage," *Journal of Sociology* 54(2): 264-275.
Bardawil, Fadi A., 2017, "Book Review: Alter-Politics: Critical Anthropology and the Radical Imagination," *Anthropology of the Middle East* 12(1): 137-140.
Bjarnesen, Jesper, 2017, "Book Review: Ghassan Hage. 2015. Alter-Politics. Critical Anthropology and the Radical Imagination," *Social Anthropology* 25(1): 115-117.
Carrithers, Michael, Matei Candea, Karen Sykes, Martin Holbraad, and Soumhya Venkatesan, 2010, "Ontology is just another

word for culture: Motion tabled at the 2008 meeting of the group for debates in anthropological theory," *Critique of Anthropology* 30(2): 152-200.

Hage, Ghassan, 2016, "Towards an ethics of the theoretical encounter," *Anthropological Theory* 16(2-3): 221-226.

——, 2017, *Is Racism an Environmental Threat?* Polity.

——, 2018, "Afterword." in Manpreet K. Janeja and Andreas Bandak (eds.), *Ethnographies of Waiting: Doubt, Hope and Uncertainty*, Routledge, pp.203-208.

——, 2021a, "States of decay," in Ghassan Hage (ed.), *Decay*, Duke University Press, pp.1-16.

——, 2021b, *The Diasporic Condition: Ethnographic Explorations of the Lebanese in the World*, The University of Chicago Press.

Henare, Amiria, Martin Holbraad, and Sari Wastell, 2007, "Introduction: Thinking through things," in A. Henare, M. Holbraad and S. Wastell (eds.), *Thinking through Things: Theorising Artefacts Ethnographically*, Routledge, pp.1-31.

Holbraad, Martin, and Morten Axel Pedersen, 2017, *The Ontological Turn: An Anthropological Exposition*, Cambridge University Press.

Kohn, Eduardo, 2015, "Anthropology of ontologies," *Annual Review of Anthropology* 44: 311-327.

Viveiros de Castro, Eduardo, 2017, "Metaphysics as mythophysics: Or, why I have always been an anthropologist," in Pierre Charbonnier, Gildas Salmon and Peter Skafish (eds.), *Comparative Metaphysics: Ontology after Anthropology*, Rowman and Littlefield, pp.249-273.

訳者あとがき

夢見る知識人の複数的思考——ガッサン・ハージ

本書は、Ghassan Hage, *Alter-Politics: Critical Anthropology and the Radical Imagination*, Carlton, Victoria: Melbourne University Press, 2015 の邦訳である。オーストラリアを起点に世界的に活躍する人類学者である著者ガッサン・ハージの業績は、齋藤剛氏による解説で詳しく紹介されている。また齋藤氏も言及しているように、本書にはハージによる自伝的な語りが随所に挿入されている。それゆえ著者の経歴や業績について、ここで繰り返し紹介することはしない。むしろ、ハージやその著作と個々の訳者の関わりのあり方や、翻訳作業のなかで得られたインスピレーションを紹介したい。それにより、齋藤氏による人類学・中東研究の専門的見地からの重厚で詳細な解説とは異なったかたちで、さまざまな興味関心を抱く読者が本書を紐解く道案内ができたらと思う。このあとがきは、本書の翻訳を終えたのちに、翻訳チームのメンバーと齋藤氏、担当編集者によるオンラインでの座談会での議論をもとに執筆されたものである。

読んでいただくとお気づきになると思うが、本書には多くのルビが用いられている。同じ単語でも文脈に対応させて訳出することを試みている。その理由のひとつは、ハージの用いる用語やレトリックにはいくつもの意味が重ねられているようなところがあるからだ。ときに翻訳チームのメンバーたちは深読みしすぎてしまうことがあり、ハージ本人に問い合わせたところ、文字通り解釈すればよいということも多々あった。以下では、本書で登場した三つのハージ流の言葉や概念を中心に整理してみたい。

stuckedness: ドツボにはまる

本書の監訳者のひとりである塩原良和は、オーストラリアでポスドクとして研究をしていた頃、当時シドニー大学で教鞭をとっていたハージの自宅の屋根裏部屋を間借りして住んでいた。もうひとりの監訳者である川端浩平も当時オーストラリアに留学していて、塩原が住んでいたハージのお宅に泊めてもらうことがあった。とはいえ、川端はこのときに本人と会話した記憶はほとんどない。なぜか覚えているのは、外出する際に見かけた彼の背中だ。その後、彼と対面したのは、二〇一九年六月に慶應義塾大学で行われたカルチュラル・タイフーン（カルチュラル・スタディーズ学会大会）開催中に会場近くのカフェでお茶をしながら、シンポジウムの基調講演の内容に関する議論や翻訳することになった本書に関してのやりとりをした際のことだ。ハージとの対話を進めていく際に川端の頭から離れなかったのは、講演で語られた「ドツボにはまる」（stuckedness）という言葉だった。

「stuckedness という概念をご存知でしょうか」。ハージは会場にいた聴衆に問いかけた。「聞いたことなないですよね、これは私の造語ですから」。学会の壇上で英語で発音されると小難しい響きのする言葉なのだけれど、川端にはこの言葉で伝えようとしていることは感覚的にすごくよくわかる。第二章において詳細に論じられているこの概念は、グローバル化と新自由主義が台頭するという文脈において、先進資本主義諸国に蔓延したナショナリズムを批判的に考察した『ホワイト・ネイション』以来の問題意識を口語的に集約したものだ。産業構造の転換とポスト工業化の進展と新自由主義は、かつて人々に希望を分配した国民国家の制度を衰退させた。彼・彼女らの停滞感は異質な他者への嫌悪と結びつき、ナショナリズムやレイシズムとして路上やオンライン上に蔓延した。ハージは、そのような人々を『希望の分配メカニズム』(*Against Paranoid Nationalism*)で「内なる難民」(refugees of interior)と名づけた。これらの議論を踏まえての、ナショナリズムやレイシズムに対して「対抗」(anti)することから離れて「別のあり方」(alter)を模索していくことへ切り替えていくためのひとつの鍵概念がこのstuckednessではないだろうか。

レイシストやナショナリストに「対抗」することのみを志向することは、ともすれば同じような嫌悪に満ちた思考回路に陥ることになるのかもしれない。このstuckednessという言葉が感覚的に伝えてくるのは、ナショナリストやレイシストに対する怒りとともに、グローバルな荒波に飲み込まれていく彼・彼女らの感情に渦巻く喜怒哀楽の感覚である。この「内なる難民」の喜怒哀楽の感情をとらえるからこそ、ナショナリズムやレイシズムといった排外主義的なるものに対する批判を可能にするような「別のあり方」が見えてくるのではないだろうか。日常的に「ドツボにはまった」ことを表現するstuckedという口語表現をクソ真面目に接尾辞を補足して名詞化することから生まれてくるユーモアの感覚は、その状況にある多くの私たちの苦しさや悲しみの感覚をつなぎ、本当の「敵」は何なのかについて理解するいくつもの思考回路を開いていくような気がするのだ。

レバノン系移民としてオーストラリアで知識人となったハージの英語は、幼少期から馴染みのあるアラビア語やフランス語といった多言語を使い分け、さまざまな言語のあいだを翻訳を繰り返して行き来するなかで生成された思考と結びついた言語である。ハージには及びもしないが、長く英語圏で学んできた川端にも、彼の用いる概念の手触り感が伝わってくる。グローバル化のなかで排外主義やレイシズムが吹き荒れる日本社会の差別問題に向き合ってきた川端の感覚を代弁して言語化してくれているように感じるのだ。オートエスノグラフィを通じたナショナリズムやレイシズムをめぐる感情の分析が、異なる文脈で思考する私たちの思いを代弁してくれる。

訳者のひとりである稲津秀樹は、日本のアカデミズムの文化からすれば一見「無節操」なようにさまざまな知識をつなぎ、真剣なユーモアを交えつつ批判的思考を研ぎ澄ませる彼の知的佇まいは、私たちの姿をレペゼン（ラップ音楽などで「〜を代表する」という意味で使用される）する詩人／ラッパーのようでもあると見立てている。もっとも、七章への追記でハージ自身は「私は詩を書くことはない」と明言しているし、日本語版序文でフランク・ザッパにも言及しているので、ラップよりロックに親しんでいるのかもしれない。重要なのは、その直後に「どんなときも、詩は、詩ではない」と続けながら、「何年ものあいだ、あの人たちから私はあまりにもたくさんのことを教わった。侵略が、侵略ではないこと、占領が、占領ではないこと、植民地主義が、植民地主義ではないこと、アパルトヘイトが、アパルトヘイトではないこと……」と述べていることだろう。「ドツボにはまった」私たちは、暴力を否認するレトリックを日常的に駆使している「マジで」「クソ賢い」「あの人たち」でもある。彼ら（あの人たち）と私たちの分断線を生み出すレトリックを反転、解体、再編させるべく、ハージは言葉／概念を紡ぎだす。それは、息苦しい時代の息苦しさについて語りながら、微かな夢や希望を模索しようとする私たちの思考ともつながっている。こうした詩＝言葉への批判的思考を支えるのが、敵／味方の二分法を越えた「別のあり方」（alter）を求めるラディカルな想像力なのだろう。

radically: 根源的に／前衛的に

レバノン系移民オーストラリア人の詩人／ラッパー的な存在という、唐突な位置づけに読者の方は戸惑いを覚えるかもしれない。あらためて本書の源になった各章の生い立ちを概観してみると、お堅い学術誌に書かれているものもあるが、学会の基調講演からソーシャルメディアといった聴衆に語りかける口調のものが多いことに気づくだろう。カナダ、レバノン、オーストラリア、パレスチナ、南アフリカといった講演の旅の軌跡は、ハージの知的背景や影響力を読者に想起させるとともに、それぞれの場所で彼のユーモアに溢れた口語調の批評に触発され、批判的思考を深める聴衆の姿を思い浮かべることができるだろう。それは、現代の世界を覆うグローバルな植民地主義にいかに向き合い、「別のあり方」を模索することができるのかという思いを共有する、もうひとつの即興的な知のネットワークとも呼べるかもしれない。そのような知のネットワークは、学会というお堅い場とソーシャルメディアを自由自在に往還して名もなき苦しみや怒りに言葉と力を与えてくれるのだ。

ラップ音楽は移民の文化であり「持たざる者」の文化である。言語や古典的知識を踏まえた知的世界のなかで思考する私たちは、必ずしも教科書通りにそれらを学ぶ必要はないのかもしれない。これはいわゆる反知性主義ではない。科学的な正しさへと近づいていくうえで不可欠な、問いをもつということの原点に立ち返ることである。そしてまた、メリトクラシーを前提とした学校教育とは政治・経済・文化的に相性の悪い移民にとって、既存の知識を参照しつつも、それらを自分に必要なようにつなぎ合わせて新しい知識を発見していくことはきわめて実践的な生存戦略でもある。ハージが概観する、現代の植民地主義にしがみついても何ら得しないとわかっているのに耐え抜くことを英雄視するような自虐性をはらんだマジョリティとは異なり、移動する人々は植民地主義の流動的なダイナミズムのありのままの現実を冷静に分析して生きるすべを、備えざるをえないのである。

とはいえハージは紛れもない知識人であり大学教員である。本書でも多様な領域に及ぶ学術的な知見を駆使しているように、ブルデュー社会学やラカン派精神分析といったこれまでの彼の著作でお馴染みの理論に加えて、古典人類学やフランス民俗学、ラトゥールのアクターネットワーク理論、ヴィヴェイロス・デ・カストロによる存在論の人類学などを越境的に結びつけることにより、批判的理論を担ってきた社会学やそこから展開する社会運動において見落とされてきた、「別のあり方」を構想していくための知的回路を開くことに挑んでいる。それは、本書でも随時強調されているようにラディカルな試みなのである。第一にそれは、既存の批判的社会学理論に批評性を取り戻すために人類学の古典を参照しつつ、存在論的転回やアクターネットワーク理論と結びつけることによって、根源であるゼロベースに戻って考えてみようという態度において。第二に、ナショナリズムやレイシズムに対抗するためのフロンティアを既存の思考や態度とは異なる切り口で開いていくことにコミットしている点においてである。そしてそのようなハージの批評はある種の前衛的な輝きや魅力を伴っているように感じられるのだ。

本書の訳者のひとりである高橋進之介は、オーストラリアで学び現在はニュージーランドで教鞭をとっている。そのような彼の立ち位置から見えてくるのは、二〇〇〇年代前後のオーストラリアにおけるカルチュラル・スタディーズの展開との交流や結びつきである。高橋が注目するのは、大学院で政治学を専攻してシドニー大学に移って人類学者になっていったハージの知的背景だ。本書でも謝辞が述べられているスティーブン・ミュークらによって編集された*UTS Review*誌やその後継にあたる*Cultural Studies Review*誌を中心として、ミーガン・モリスやイエン・アンらによって担われたオーストラリアのカルチュラル・スタディーズ界隈の知的・文化シーンと密接につながっていたと考えられる。実際にハージの研究が塩原や保苅実によって日本に紹介された背景には、東アジアを中心としたカルチュラル・スタディーズやポストコロニアル研究の知的潮流が存在していた。テッサ・モーリス＝スズキや伊豫谷登士翁らが注目したハージの論文は、岩波書店が発刊する『思想』の別冊『トレイシーズ』にて紹介された。本書でハージがカルチュラル・スタディーズに直接言及することはないが、前述の慶應義塾大学で開催されたカルチュラル・タイフーンでの基調講演での冒頭、「カルチュラル・スタディーズの学会に久しぶりに参加した」と回顧を込めて述べていたことからもこのことが窺われるだろう。またシドニー工科大学を中心に盛り上がりを見せたオーストラリアン・カルチュラル・スタディーズへのハージの関与は、グローバル化と新自由主義が展開していたイギリスの大学から締め出されていったカルチュラル・スタディーズが、日本とともにオーストラリア、台湾、香港、シンガポールといった英語圏へと展開し、現在の *Inter-Asia Cultural Studies* 誌の活動に直接的につながる一九九〇年代の知的潮流のなかでシドニー郊外の移民集住地域であるパラマタで社会学者・人類学者としてのキャリアを開始したハージも連なっていたということであろう。

seriously: 本気(マジ)/真剣に

本書のもうひとりの訳者、前川真裕子はメルボルン大学に留学してハージのもとで学び、博士論文を書きあげた。学部時代にオーストラリア先住民アボリジナルに興味を抱きアデレードに留学した。オーストラリアでの留学生活を経て彼女の知的関心はホワイトネス研究へと向かった。大学院修士課程のとき、『ホワイト・ネイション』を読み、メルボルンへの留学を決意した。本書を構成している多くの論文の執筆や講演が行われていたときのことである。前川は、メルボルン大学で行われたあるセミナーで、自身の父親と植民地をめぐる権力を批判的に結びつけた、本書でも言及されたトピックについて語るハージの姿を鮮明に覚えている。講演に聞き入っていた前川は、真摯かつユーモアに溢れる語りで聴衆を惹きつけるハージの目が「ウルウルしていた」のを忘れることができない。

同じ時期に別の場所で行われた講演の原稿を加筆修正して執筆された第七章でハージは、パレスチナの問題を公共の場で語ることにつきまとう政治的な困難について述べている。すなわち、彼がこの問題について語ることによって、ほぼ同じような政治的なスタンスである知識人や社会運動による「対抗する」(anti) 姿勢が明確であるような知的枠組みに回収されてしまうことのジレンマである。とはいえ、彼は、シオニストの見解とそれに「対抗する」人々の考えが「どっちもどっち」だという中立的な立場から考えているのではない。ユーモアを交えて巧みに理論展開するハージの態度はシニカルなものでもない。本章でも繰り返し言及されているように、彼はこのテーマについての思考を一歩先へと進めて「別のあり方」を探っていくためのアイディアを聴衆と共有しようと、本気（マジ）で／真剣に（seriously）試行錯誤しているのだ。

本書の第五章および締め括りである第一一章においては、パレスチナ問題の中心にあるナショナリズムやレイシズムを考えていくうえで避けては通れない感情をめぐる考察が試みられている。パレスチナ問題を「別のあり方」で公的に語るための方法として、オートエスノグラフィを通じて帰属をめぐる複雑な感情のあり方が検討されている。青年期の思想や政治的スタンスの変遷、厳しい父親、故郷を懐かしむ母親、オーストラリアへの移住経験。本書では、これらの自己の帰属をめぐる感情が、パレスチナ問題をめぐる感情や「ドツボにはまる」レイシストの感情と結びつけられて考察が深められていく。それは、自分の「敵」へと対抗するスタンスからは距離を保ちつつも感情をコントロールしながら考えるという綱渡り的な試みだ。パレスチナ問題を考えることから湧き起こる怒りや憎しみの感情を自らの人生の回顧から得られる感情の起伏と結びつけることによって、自己／他者の思考の回路を開くアプローチであるともいえるだろう。涙目で知的ユーモア全開に社会の難問を批判的に語ろうとするハージを想像するとき、たしかに私たちは「別のあり方」もありうるのではないかという夢をみることに希望を見出すことができるのだ。

＊　＊　＊

塩原と稲津が本書の邦訳企画を真剣に考えはじめたのが、共編著『社会的分断を越境する――他者と出会いなおす想像力』(青弓社)を刊行した後の二〇一七年半ばだったと記憶している。翻訳チームのメンバーが決まり、前川が謝辞・序章と五・六・八章、稲津が一・二・七・九章、高橋が三・四・一〇・一一章を担当した。なお日本語版序文は塩原が翻訳した。こうして作業を開始したものの、肝心の出版助成を得ることができずに企画が「ドッボにはまった」ところに救いの手を差し伸べてくれたのが、明石書店編集部の遠藤隆郎さんだった。本書を邦訳する意義を理解し、助成金がなくても出版が実現できるよう尽力してくださった遠藤さんがいなければ、本書は世に出ることはなかった。

こうして二〇一八年半ばに再スタートした翻訳作業だが、ハージ自身が日本語版序文で述べているとおり、広範な学問領域と地域を縦横無尽に移動しつつ深い思考が展開されている本書の邦訳は容易ではなかった。監訳者の川端と塩原がすべての訳稿に目を通し、訳者に修正を依頼した。そして再提出された訳稿を、監訳者がさらに何度も繰り返し改稿していった。そうしていくうちに年月が過ぎ、ハージの思考と自身の思考が融即する錯覚すら覚えるようになったときも、遠藤さんの忍耐強く的確な仕事ぶりには本当に助けていただいた。そして齋藤剛先生には本書の解説の執筆をご快諾いただき、非常に充実した論稿を寄せていただいた。そればかりか、中東地域を専門とする人類学者の視座から訳稿を逐一確認していただき、重要なご助言をたくさんいただくことができた。この場を借りて、両氏に深く御礼を申し上げたい。ただし、文章の翻訳のあり方についての最終的な責任は訳者および監訳者にある。また英語版原書に引き続き、本邦訳のカバーデザインのもとになったアート作品を提供してくださったマイッサ・アラメッディン氏にも感謝したい。

原著者のガッサン・ハージ氏をあまりにも長く待たせてしまい、「あの翻訳企画、結局ボツになったの?」という問い合わせまでいただいてしまった。それでも訳者たちを信頼し続けて、訳文に関する質問や日本語版序文の執筆依頼にも快く応じてくださったことに深い感謝の気持ちを伝えたい。本書を邦訳しているあいだにも、ハージ氏はいくつもの重要な単著や編著を刊行している。ようやく読者にお届けできた本書が、彼の思考と業績が日本でますます広く知られていく端緒となることを願ってやまない。

二〇二二年六月

訳者一同

Viveiros de Castro, Eduardo, *From the Enemy's Point of View: Humanity and Divinity in an Amazonian Society*, University of Chicago Press, Chicago, 1992.

—— 'Perspectival anthropology and the method of controlled equivocation', *Tipití: Journal of the Society for the Lowland South America*, vol.2, 2004, pp.3-22.

—— *Métaphysiques Cannibales*, Presses Universitaires de France, Paris, 2009〔=2015, 檜垣立哉・山崎吾郎訳『食人の形而上学――ポスト構造主義的人類学への道』洛北出版〕.

—— 'Intensive filiation and demonic alliance', in C.B. Jensen & K. Rodje (eds.), *Deleuzian Intersections: Science, Technology, Anthropology*, Berghahn Books, Oxford, 2010, pp.219-54.

—— 'Introduction', in P. Clastres, *Archaeology of Violence*, MIT Press, Cambridge, MA, 2010.

Volkan, Vamik, *Bloodlines: From Ethnic Pride to Ethnic Terrorism*, Farrar, Straus & Giroux, New York, 1997.

Wacquant, Loïc, *Punishing the Poor: The Neo-liberal Government of Social Insecurity*, Duke University Press, Durham, NC, 2009.

Waltz with Bashir, directed by Ari Folman, Sony Pictures, 2008〔＝アリ・フォルマン監督『戦場でワルツを』【映画】〕.

Weber, Max, *Economy and Society: An Outline of Interpretive Sociology*, vol.1, University of California Press, Berkeley, CA, 1978〔=1988, 武藤一雄・薗田宗人・薗田坦訳『宗教社会学』創文社〕.

Williams, Raymond, 'Structures of feeling', in *Marxism and Literature*, Oxford University Press, Oxford, 1977.

Wilson, Lauren, 'People have a right to be bigots, says Brandis', *The Australian*, 25 March 2014, p.5.

Windschuttle, Keith, *The Fabrication of Aboriginal History*, vol.1, Macleay Press, Paddington, NSW, 2002.

Wolfe, Patrick, *Settler Colonialism and the Transformation of Anthropology: The Politics and Poetics of an Ethnographic Event*, Cassell, London, 1999.

World Trade Center, directed by Oliver Stone, Paramount Pictures, 2006〔＝オリバー・ストーン監督『ワールド・トレード・センター』【映画】〕.

Probyn, Elspeth, *Blush: Faces of Shame*, University of Minnesota Press, Minneapolis, 2005.

Reddy, William M., *The Navigation of Feeling: A Framework for the History of Emotions*, Cambridge University Press, Cambridge, 2001.

Rosaldo, Michelle Z., *Knowledge and Passion: Ilongot Notions of Self and Social Life*, Cambridge University Press, Cambridge, 1980.

Rosaldo, Renato, *Ilongot Headhunting: A Social History, 1883-1974*, Stanford University Press, Stanford, CA, 1980.

Roudinesco, Elisabeth, *Philosophy in Turbulent Times: Canguilhem, Sartre, Foucault, Althusser, Deleuze, Derrida*, Columbia University Press, New York, 2008.

Sahlins, Marshall, *What Kinship is—and is Not*, University of Chicago Press, Chicago, 2012.

Saint-Hilaire, *Geoffroy, Acclimatation et Domestication des Animaux Utiles*, La Maison Rustique, Paris, 1861.

Sartre, Jean-Paul, *Critique of Dialectical Reason, Theory of Practical Ensembles*, New Left Books, London, 1976〔=1962, 竹内芳郎・矢内原伊作訳『弁証法的理性批判Ｉ』〈サルトル全集第26巻〉人文書院〕.

Shohat, Ella, 'Black, Jew, Arab: Postscript to the Wretched of the Earth', in C. Wise & P. James (eds.), *Being Arab: Arabism and the Politics of Recognition*, Arena Publications, Melbourne, 2010.

Simondon, Gilbert, *Du Mode d'Existence des Objets Techniques*, Aubier, Paris, 1989.

Souriau, Etienne, *Les Différents Modes d'Existence: Suivi de, du Mode d'Existence de l'Oeuvre à Faire*, Presses Universitaires de France, Paris, 2009.

Spinoza, Benedictus de, *Ethics*, Oxford University Press, Oxford, 2000〔=1951, 畠中尚志訳『エチカ――倫理学（上・下）』岩波文庫〕.

Stengers, Isabelle, *Cosmopolitiques*, vol.2, La Découverte, Paris, 2003.

Svasek, Maruska, *Postsocialism: Politics and Emotions in Central and Eastern Europe*, Berghahn, New York, 2006.

Swancutt, Katherine, 'The ontological spiral: Virtuosity and transparency in Mongolian games', *Inner Asia*, vol.9, 2007, pp.237-59.

Trouillot, Michel-Rolph, 'Anthropology and the savage slot: The poetics and politics of otherness', in R.G. Fox (ed.), *Recapturing Anthropology: Working in the Present*, School of American Research Press, Santa Fe, NM, 1991, pp.17-44.

Tylor, Edward B., *Primitive Culture: Researches into the Development of Mythology, Philosophy, Religion, Language, Art, and Custom*, Gordon Press, New York, 1976〔=2019, 松村一男監訳／奥山倫明・奥山史亮・長谷川千代子・堀政彦訳『原始文化（上・下）』国書刊行会〕.

Lévy-Bruhl, Lucien, *How Natives Think*, Princeton University Press, Princeton, 1985〔=1953, 山田吉彦訳『未開社会の思惟（上・下）』岩波文庫〕.
Lingis, Alphonso, *Dangerous Emotions*, University of California Press, Berkeley, CA, 1999〔=2004, 中村裕子訳『汝の敵を愛せ――Dangerous Emotions』洛北出版〕.
Lutz, Catherine A., *Unnatural Emotions: Everyday Sentiments on a Micronesian Atoll and Their Challenge to Western Theory*, University of Chicago Press, Chicago, 1988.
Lutz, Catherine A. & Geoffrey White, 'The anthropology of emotions', *Annual Review of Anthropology*, vol.15, 1986, pp.405-36.
Malik, Kenan, *From Fatwa to Jihad: The Rushdie Affair and Its Legacy*, Atlantic Books, London, 2009.
Maniglier, Patrice, 'La Parenté des Autres (à Propos de Maurice Godelier, Métamorphoses de la Parenté)', *Critique*, vol.701, 2005, pp.758-74.
Marcus, George & Michael Fisher, *Anthropology as Cultural Critique*, 2nd edn., University of Chicago Press, Chicago, 1999〔=1989, 永渕康之訳『文化批判としての人類学――人間科学における実験的試み』紀伊國屋書店〕.
Mbembe, Achille, *De la Postcolonie: Essai sur l'Imagination Politique dans l'Afrique Contemporaine*, Karthala, Paris, 2000.
Miles, Robert, *Racism after 'Race Relations'*, Routledge, London, 1993.
Milton, Kay & Maruska Svasek (eds.), *Mixed Emotions: Anthropological Studies of Feeling*, Berg, Oxford, 2005.
Myers, Fred, *Pintupi Country, Pintupi Self: Sentiment, Place and Politics among Western Desert Aborigines*, University of California Press, Berkeley, CA, 1986.
Nietzsche, Friedrich, *The Will to Power*, Vintage Books, New York, 1968〔=1993, 原佑訳『権力への意志（上・下）』〈ニーチェ全集 12・13〉ちくま学芸文庫〕.
—— 'On the Genealogy of Morals', in W. Kaufman (ed.), *Basic Writings of Nietzsche*, Random House, New York, 1968, pp.437-601〔=1964, 木場深定訳『道徳の系譜』岩波文庫〕.
Obeyesekere, Gananath, *The Work of Culture: Symbolic Transformation in Psychoanalysis and Anthropology*, University of Chicago Press, Chicago, 1990.
Otto, Peter, *Multiplying Worlds: Romanticism, Modernity, and the Emergence of Virtual Reality*, Oxford University Press, Oxford, 2011.
Pignarre, Philippe & Isabelle Stengers, *La Sorcellerie Capitaliste: Pratiques de Désenvoûtement*, Paris, La Découverte, 2005.
Povinelli, Elizabeth A., 'Consuming geist: Popontology and the spirit of capital in Indigenous Australia', *Public Culture*, vol.12, 2000, pp.501-28.
—— 'Routes/worlds', *e-flux*, vol.27, no. 9, September 2011. <http://www.e-flux.com/journal/routesworlds> (viewed October 2014).

主義──その歴史的展開と現在』作品社〕.

Herzl, Theodor, *The Jewish State: An Attempt at a Modern Solution of the Jewish Question,* Pordes, London, 1972〔=2011, 佐藤康彦訳『ユダヤ人国家──ユダヤ人問題の現代的解決の試み〈新装版〉』法政大学出版局〕.

Jackson, Michael, *The Politics of Storytelling: Violence, Transgression and Intersubjectivity,* Museum Tusculanum Press, Copenhagen, 2002.

Kakar, Sudhir, *The Colors of Violence: Cultural Identities, Religion, and Conflict,* University of Chicago Press, Chicago, 1996.

Kapferer, Bruce, *The Feast of the Sorcerer: Practices of Consciousness and Power,* University of Chicago Press, Chicago, 1997.

Keck, Frédéric, 'Causalité mentale et perception de l'invisible: Le concept de participation chez Lucien Lévy-Bruhl', *Revue Philosophique de la France et de l'Étranger,* vol.195, 2005, pp.303-22.

—— *Lucien Lévy-Bruhl: Entre Philosophie et Anthropologie,* Editions CRNS, Paris, 2008.

Kimmerling, Baruch, *Politicide: Ariel Sharon's War against the Palestinians,* Verso, London, 2003〔=2004, 脇浜義明訳『ポリティサイド──アリエル・シャロンの対パレスチナ人戦争』柘植書房新社〕.

Kleinman, Arthur & Joan Kleinman, 'Suffering and its professional transformation: Toward an ethnography of experience', *Culture, Medicine and Psychiatry,* vol.15, 1991, pp.275-302.

Kristeva, Julia, *Strangers to Ourselves,* Columbia University Press, New York, 2005〔=2014, 池田和子訳『外国人──我らの内なるもの〈新装版〉』法政大学出版局〕.

Kulick, Don, 'Theory in Furs: Masochist Anthropology', *Current Anthropology,* vol.47, 2006, pp.933-52.

Lacan, Jacques, *Ecrits: A Selection,* Norton, New York, 1977〔=1972, 宮本忠雄ほか訳『エクリ（1〜3)』弘文堂〕.

Latour, Bruno, *Politics of Nature: How to Bring the Sciences into Democracy,* Harvard University Press, Cambridge, MA, 2004.

—— 'Whose cosmos, which cosmopolitics? Comments on the peace terms of Ulrich Beck', *Common Knowledge,* vol.10, 2004, pp.450-62.

—— 'The recall of modernity', *Cultural Studies Review,* vol.13, 2007, pp.11-30.

—— *An Inquiry into Modes of Existence: An Anthropology of the Moderns,* Harvard University Press, Cambridge, MA, 2013.

Lévi-Strauss, Claude, *L'Anthropologie Face aux Problèmes du Monde Moderne,* Seuil, Paris, 2011〔=2005, 川田順造・渡辺公三訳『レヴィ＝ストロース講義──現代世界と人類学』平凡社〕.

1987, pp.148-64.
Guex, Germaine, *La Névrose d'Abandon*, Presses Universitaires de France, Paris, 1950.
Hage, Ghassan, *White Nation: Fantasies of White Supremacy in a Multicultural Society*, Routledge, London, 2000〔=2003, 保苅実・塩原良和訳『ホワイト・ネイション――ネオ・ナショナリズム批判』平凡社〕.
―― *Against Paranoid Nationalism: Searching for Hope in a Shrinking Society*, Pluto Press, Annandale, NSW, 2003〔=2008, 塩原良和訳『希望の分配メカニズム――パラノイア・ナショナリズム批判』御茶の水書房〕.
―― 'A not so multi-sited ethnography of a not so imagined community', *Anthropological Theory*, vol.5, 2005, pp.463-75〔=2007, 塩原良和訳「存在論的移動のエスノグラフィ――想像(イマジンド)でもなく複数調査地的(マルチサイティッド)でもないディアスポラ研究について」伊豫谷登士翁編『移動から場所を問う――現代移民研究の課題』有信堂高文社、27-49頁〕.
―― 'Migration and the transformation of male sexuality', in J. Gagnon & S. Khalaf (eds.), *Arab Sexuality*, Al-Saqi Books, London, 2006, pp.107-29.
―― 'Analysing multiculturalism today', in T. Bennett & J. Frow (eds.), *The Sage Handbook of Cultural Analysis*, Sage, Los Angeles, 2008, pp.488-509.
―― 'Thesis Eleven: Negotiating the passion for the political', *Thesis Eleven*, vol.100, 2010, pp.37-40.
―― 'Dwelling in the reality of utopian thought', *Traditional Dwellings and Settlements Review*, vol.23, 2011, pp.7-13.
―― 'Multiculturalism and the ungovernable Muslim', in R. Gaita (ed.), *Essays on Muslims and Multiculturalism*, Text Publishing, Melbourne, 2011, pp.165-86.
―― 'Social gravity: Pierre Bourdieu's phenomenological social physics', in G. Hage & E. Kowal (eds.), *Force, Movement, Intensity: The Newtonian Imagination in the Humanities and Social Sciences*, Melbourne University Press, Melbourne, 2011, pp.80-92.
Hannerz, Ulf, *Transnational Connections: Culture, People, Places*, Routledge, New York, 1996.
Hardt, Michael & Antonio Negri, *Empire*, Harvard University Press, Cambridge, MA, 2000〔=2003, 水嶋一憲・酒井隆史・浜邦彦・吉田俊実訳『〈帝国〉――グローバル化の世界秩序とマルチチュードの可能性』以文社〕.
―― *Commonwealth*, Harvard University Press, Cambridge, MA, 2009〔=2012, 水嶋一憲監訳／幾島幸子・古賀祥子訳『コモンウェルス――〈帝国〉を超える革命論（上・下）』NHK出版〕.
Harvey, David, *A Brief History of Neoliberalism*, Oxford University Press, Oxford, 2005〔=2007, 渡辺治監訳／森田成也・木下ちがや・大屋定晴・中村好孝訳『新自由

New York, 1977〔=2006, 宇野邦一訳『アンチ・オイディプス――資本主義と分裂症（上・下）』河出文庫〕.

Derrida, Jacques, *Of Grammatology*, Johns Hopkins University Press, Baltimore, MD, 1976〔=1983, 足立和浩訳『根源の彼方に――グラマトロジーについて（上・下）』現代思潮社〕.

Descola, Philippe, *Beyond Nature and Culture*, University of Chicago Press, Chicago, 2013〔=2020, 小林徹訳『自然と文化を越えて』水声社〕.

Diamond, Stanley, 'The search for the primitive', in *In Search of the Primitive: A Critique of Civilization*, Transaction Publishers, New York, 1974, pp.116-75.

Dubois, Laurent & John Garrigus, *Slave Revolution in the Caribbean, 1789-1804: A Brief History with Documents*, Palgrave Macmillan, New York, 2006.

Eagleton, Terry, *After Theory*, Allen Lane, London, 2003〔=2005, 小林章夫訳『アフター・セオリー――ポスト・モダニズムを超えて』筑摩書房〕.

Fanon, Frantz, *The Wretched of the Earth*, Grove Press, New York, 2004〔=2015, 鈴木道彦訳『地に呪われたる者〈新装版〉』みすず書房〕.

—— *Black Skin, White Masks*, Pluto Press, London, 2008〔=2020, 海老坂武・加藤晴久訳『黒い皮膚・白い仮面〈新装版〉』みすず書房〕.

Foucault, Michel, 'Governmentality', in G. Burchell, C. Gordon & P. Miller (eds.), The *Foucault Effect: Studies in Governmentality*, University of Chicago Press, Chicago, 1991, pp.87-104.

Freud, Sigmund, 'A difficulty in the path of psychoanalysis', in *The Standard Edition of the Complete Psychological Works of Sigmund Freud*, Hogarth Press, London, 1953.

—— *The 'Wolfman' and Other Cases*, Penguin Classics, London, 2002.

Gaita, Raimond, *Gaza: Morality, Law and Politics*, UWA Publishing, Crawley, WA, 2010.

Gatens, Moira & Genevieve Lloyd, *Collective Imaginings: Spinoza, Past and Present*, Routledge, London, 1999.

Gilsenan, Michael, *Lords of the Lebanese Marches: Violence and Narrative in an Arab Society*, University of California Press, Berkeley, CA, 1996.

Good, Mary-Jo DelVechhio & Byron Good, 'Ritual, the state, and the transformation of emotional discourse in Iranian society', *Culture, Medicine, and Psychiatry*, vol.12, 1988, pp.43-63.

Graeber, David, *Debt: The First 5,000 Years*, Melville House, Brooklyn, 2011〔=2016, 酒井隆史・高祖岩三郎・佐々木夏子訳『負債論――貨幣と暴力の 5000 年』以文社〕.

Greimas, Algirdas J., 'On anger: A lexical semantic study', in P. Perron & F. Collins (eds.), *A.J. Greimas on Meaning: Selected Writings in Semiotic Theory*, Pinter, London,

Paris, 1982〔=1993, 稲賀繁美訳『話すということ――言語的交換のエコノミー』藤原書店〕.
―― 'The philosophical institution', in A. Montefiore (ed.), *Philosophy in France Today*, Cambridge University Press, Cambridge, 1983, pp.1-8.
―― *Distinction: A Social Critique of the Judgment of Taste*, Harvard University Press, Cambridge, MA, 1984〔=1990, 石井洋二郎訳『ディスタンクシオン――社会的判断力批判(Ⅰ・Ⅱ)』藤原書店〕.
―― *In Other Words: Essays Towards a Reflexive Sociology*, Stanford University Press, Stanford, CA, 1990.
―― *The Logic of Practice*, Polity Press, Cambridge, 1990〔=1989, 今村仁司・港道隆訳『実践感覚(1)』みすず書房〕.
―― *Pascalian Meditations*, Stanford University Press, Stanford, CA, 2000〔=2009, 加藤晴久訳『パスカル的省察』藤原書店〕.
―― *Sur l'État*, Seuil, Paris, 2012.
Brague, Rémi, *The Law of God: The Philosophical History of an Idea*, University of Chicago Press, Chicago, 2007.
Brown, Wendy, *Walled States, Waning Sovereignty*, Zone Books, Brooklyn, 2010.
Bryant, L.N. Srnicek & G. Harman (eds.), *The Speculative Turn: Continental Materialism and Realism*, re.press, Melbourne, 2011.
Butler, Judith, *The Psychic Life of Power*, Stanford University Press, Stanford, CA, 1997〔=2012, 佐藤嘉幸・清水知子訳『権力の心的な生――主体化=服従化に関する諸理論』月曜社〕.
Carrithers, Michael, Matei Candea, Karen Sykes, Martin Holbraad & Soumhya Venkatesan, 'Ontology is just another word for culture', *Critique of Anthropology*, vol.30, 2010, pp.152-200.
Chakrabarty, Dipesh, *Provincializing Europe: Postcolonial Thought and Historical Difference*, Princeton University Press, Princeton, 2008.
Chalandon, Sorj, 'Le visiteur', *Libération*, 28 October 2005.
Chodorow, Nancy J., *The Power of Feelings*, Yale University Press, New Haven, 1999.
Colletti, Lucio, 'Marxism: Science or revolution?', in R. Blackburn (ed.), *Ideology in Social Science*, Fontana, London, 1972, pp.369-77.
Comaroff, Jean, John L. Comaroff & Robert P. Weller (eds.), *Millennial Capitalism and the Culture of Neoliberalism*, Duke University Press, Durham, NC, 2001.
Curthoys, Ned, 'The refractory legacy of Algerian decolonisation', in R.H. King & D. Stone (eds.), *Hannah Arendt and the Uses of History: Imperialism, Nation, Race and Genocide*, Berghahn Books, New York, 2007.
Deleuze, Gilles & Felix Guattari, *Anti-Oedipus: Capitalism and Schizophrenia*, Viking,

文献一覧

Abu-Lughod, Lila, *Veiled Sentiments: Honour and Poetry in a Bedouin Society*, University of California Press, Berkeley, CA, 1986.

Actes de la Recherche en Sciences Sociales, 'L'insecurité comme condition de travail', vol.175, 2008.

Agamben, Giorgio, *State of Exception*, University of Chicago Press, Chicago, 2005〔=2007, 上村忠男・中村勝己訳『例外状態』未來社〕.

—— 'For a theory of destituent power', *Chronos*, vol.10, 2014. <http://www. chronosmag.eu> (viewed October 2014).

Ahmed, Sara, *The Cultural Politics of Emotions*, Routledge, New York, 2004.

Allan, Diana, *Refugees of the Revolution*, Stanford University Press, Stanford, CA, 2013.

Althusser, Louis, *Lenin and Philosophy, and Other Essays*, New Left Books, London, 1971〔=1970, 西川長夫訳『レーニンと哲学』人文書院〕.

Avatar, directed by James Cameron, 20th Century Fox, 2009〔＝ジェームズ・キャメロン監督『アバター』【映画】〕.

Badiou, Alain, *Being and Event*, Continuum, New York, 2005〔=2019, 藤本一勇訳『存在と出来事』藤原書店〕.

—— *Petit Panthéon Portatif*, Editions La Fabrique, Paris, 2008.

—— *Theory of the Subject*, Continuum, New York, 2009.

Balandier, Georges, George Steinmetz & Gisèle Sapiro, 'Tout parcours scientifique comporte des moments autobiographiques', *Actes de la Recherche en Sciences Sociales*, vol.185, 2010, pp.44-61.

Balibar, Etienne, 'Difference, otherness, exclusion', *Parallax*, vol.11, 2005, pp.32-3.

Bamyeh, Mohammed A., 'On humanizing abstractions: The path beyond Fanon', *Theory, Culture and Society*, vol.27, 2010, pp.52-65.

Bentham, Jeremy, *Bentham's Handbook of Political Fallacies*, Johns Hopkins Press, Baltimore, MD, 1952.

Berlant, Lauren, *Cruel Optimism*, Duke University Press, Durham, NC, 2011.

Besnier, Nico, 'The politics of emotion in Nukulaelae gossip', in J.A. Russell, J.M. Fernandez-Dols, A.S.R. Manstead & J.C. Wellenkamp (eds.), *Everyday Conceptions of Emotion*, Kluwer Academic Publishers, Dordrecht, 1995, pp.221-40.

Bhabha, Homi K., 'Foreword: Framing Fanon', in Fanon, *The Wretched of the Earth*, Grove Press, New York, 2004.

Bourdieu, Pierre, *Ce Que Parler Veut Dire: L'économie des Échanges Linguistiques*, Fayard,

ま行

や行

ら行

わ行

た行

な行

は行

あ行

か行

さ行

ら行

わ行

ま行

や行

な行

は行

た行

さ行

か行

索　引

◆事項索引

【監訳者紹介】

塩原良和（しおばら・よしかず）
慶應義塾大学法学部教授。専門：社会学、社会変動論、多文化主義／多文化共生研究。主な著作：『分断と対話の社会学――グローバル社会を生きるための想像力』（慶應義塾大学出版会、2017年）、『分断するコミュニティ――オーストラリアの移民・先住民族政策』（法政大学出版局、2017年）。

川端浩平（かわばた・こうへい）
津田塾大学学芸学部准教授。専門：社会学、カルチュラル・スタディーズ、日本研究（Japan Studies）。主な著作：『ジモトを歩く――身近な世界のエスノグラフィ』（御茶の水書房、2013年）、『排外主義と在日コリアン――互いを「バカ」と呼び合うまえに』（晃洋書房、2020年）。

【訳者紹介】（担当順）

前川真裕子（まえかわ・まゆこ）
京都産業大学現代社会学部准教授。専門：文化人類学、オーストラリア研究。主な著作：「人間と植物をめぐる複数の視点――オーストラリアにおけるネイティブ・プランツの養苗から呼び起こされるもの」『京都産業大学論集』（38号、2021年、35-61頁）、「土着の自然とかかわる中で形成されるもの――ネイティブ・プランツを育てるヨーロッパ系オーストラリア人」『Cultural Green』（1号、2020年、53-68頁）。

稲津秀樹（いなづ・ひでき）
鳥取大学地域学部准教授。専門：社会学、カルチュラル・スタディーズ。主な著作：『社会的分断を越境する――他者と出会いなおす想像力』（塩原良和との共編著、青弓社、2017年）、「『約束』の行方――空間論的転回以降の社会学的想像力の在処」『KG社会学批評』（6号、2017年、49-63頁）。

高橋進之介（たかはし・しんのすけ）
ウェリントン・ヴィクトリア大学人文社会科学部講師／神戸大学国際文化学研究推進センター連携フェロー。専門：沖縄・日本戦後史、ポストコロニアル冷戦史、地域研究。主な著作：*Transpacific Visions: Connected Histories Across North and South* (Lexington Books, 2021)、「記憶の抹消に抗する――アダム・グッズと『アボリジナル・ウォーダンス』」『現代スポーツ評論』（43号、2020年、31-48頁）。

【著者紹介】
ガッサン・ハージ（Ghassan Hage）
メルボルン大学教授（文化人類学・社会理論）。1957年にレバノン・ベイルートで生まれ、1976年にオーストラリアに移住。シドニー大学などを経て現職。ナショナリズム、レイシズム、多文化主義、ポストコロニアリズムに関する批判的著作や、トランスナショナルなレバノン人ディアスポラの民族誌的研究で広く知られる。主な著作に『ホワイト・ネイション――ネオ・ナショナリズム批判』（平凡社、2003年）、『希望の分配メカニズム――パラノイア・ナショナリズム批判』（御茶の水書房、2008年）、*Is Racism an Environmental Threat?* (Polity, 2017), *Decay* (Duke University Press, 2021, 編著), *Diasporic Condition: Ethnographic Explorations of the Lebanese in the World* (University of Chicago Press, 2021) などがある。

オルター・ポリティクス
――批判的人類学とラディカルな想像力

2022年7月31日　初版第1刷発行
2024年2月15日　初版第2刷発行

著　者　ガッサン・ハージ
監訳者　塩原良和／川端浩平
訳　者　前川真裕子／稲津秀樹／高橋進之介
発行者　大江　道雅
発行所　株式会社　明石書店
〒101-0021 東京都千代田区外神田6-9-5
電話 03（5818）1171
FAX 03（5818）1174
振替　00100-7-24505
https://www.akashi.co.jp/
装幀　北尾崇（HON DESIGN）
印刷／製本　モリモト印刷株式会社

（定価はカバーに表示してあります）　ISBN978-4-7503-5441-5

スピノザ〈触発の思考〉

浅野俊哉 著

■四六判／上製／384頁 ◎3000円

「哲学史上の〈異物〉」とも称されるスピノザ――その異例の思考を、シュトラウス、アドルノ、バーリン、ネグリ、シュミット、三木清らと対峙させ、思想史の読み替えとオルタナティヴな政治哲学の可能性を探ろうとする試み。

内容構成

ポピュリズムの理性

エルネスト・ラクラウ 著
澤里岳史、河村一郎 訳　山本圭 解説

■四六判／上製／416頁 ◎3600円

政治理論家ラクラウによるポピュリズム論の金字塔的著作。ポスト・マルクス主義の政治理論を深化させ、侮蔑的に論じられがちなポピュリズムを政治的なものの構築の在り方として精緻に理論化。根源的、複数主義的な民主主義のために、政治的主体構築の地平を拓く。

内容構成

〈価格は本体価格です〉

日常生活に埋め込まれたマイクロアグレッション

人種、ジェンダー、性的指向：マイノリティに向けられる無意識の差別

デラルド・ウィン・スー 著
マイクロアグレッション研究会 訳

■四六判／上製／496頁 ◎3500円

現代社会には今なお根深い差別が存在する。「あからさまな」差別と対比され、あいまいな、無意識で見えにくいが重大な結果をもたらす差別を「マイクロアグレッション」として明確に位置づけ、その内容・メカニズムや影響、対処法を明らかにした、いま必読の書。

●内容構成●

セクション1 マイクロアグレッションの心理的な表れ方とダイナミクス
セクション2 マイクロアグレッションの標的と加害者に対する影響
セクション3 集団固有のマイクロアグレッション——人種、ジェンダー、性的指向
セクション4 雇用、教育および心理支援におけるマイクロアグレッション

黒人と白人の世界史

「人種」はいかにつくられてきたか

オレリア・ミシェル 著
児玉しおり 訳 中村隆之 解説

■四六判／上製／376頁 ◎2700円

「ヨーロッパ人は、アフリカ人を奴隷にしたために人種主義者になった」。本書は、大西洋奴隷貿易、奴隷制、植民地主義とともに、「人種」がどのように生み出され、正当化されていったのかを歴史的に解明する。ル・モンド紙が「まるで小説のように読める」と評す、人種の歴史の新たな基本書。

●内容構成●

序文
イントロダクション——ニグロと白人、言葉の歴史
第I部 奴隷制と帝国 奴隷という制度／サハラ砂漠以南のアフリカにおける奴隷制／ヨーロッパのダイナミズム／アメリカの発見／結論 奇妙な帝国
第II部 ニグロの時代 ニグロのプランテーション（一六二〇～一七一〇年）／不可能な社会（一七一〇～一七五〇年）／危機に向かって（一七五〇～一七九四年）／結論 ニグロと暴力
第III部 白人の支配 ドミ・ネーション（一七九〇～一八三〇年）／奴隷制から人種へ（一八三〇～一八五〇年）／新たな支配（一八五〇～一八八五年）／人種の統治（一八八五～一九一五年）／妄想、悪魔、民主主義（一九二〇～一九五〇年）／結論 人種の策略
解説［中村隆之］

〈価格は本体価格です〉

マルクス 古き神々と新しき謎
失われた革命の理論を求めて

マイク・デイヴィス 著　佐復秀樹 訳　宇波彰 解説

■四六判／並製／392頁　◎3200円

感染症やスラムの問題など、グローバリズム下での社会矛盾を鋭く論じてきた著者が、マルクス、エンゲルスの思想に立ち戻って読み直し、彼らの時代の階級闘争とは異なる様相を呈し、また地球環境危機の進む現代における新たな変革の可能性を追究する。

●内容構成●

〈つながり〉の現代思想　社会的紐帯をめぐる哲学・政治・精神分析
松本卓也、山本圭編著　◎2800円

大学生がレイシズムに向き合って考えてみた
差別の「いま」を読み解くための入門書
一橋大学社会学部貴堂ゼミ生著　◎1600円

レヴィナスを理解するために　倫理・ケア・正義
コリーヌ・ペリュション著
渡名喜庸哲、樋口雄哉、犬飼智仁訳　◎3000円

オフショア化する世界　人・モノ・金が逃げ込む「闇の空間」とは何か？
ジョン・アーリ著　須藤廣、濱野健監訳　◎2800円

帝国のヴェール　人種・ジェンダー・ポストコロニアリズムから解く世界
荒木和華子、福本圭介編著　◎3000円

ホワイト・フラジリティ　私たちはなぜレイシズムに向き合えないのか？
ロビン・ディアンジェロ著
貴堂嘉之監訳　上田勢子訳　◎2500円

暴力のエスノグラフィー　産業化された屠殺と視界の政治
ティモシー・パチラット著
小坂恵理訳　羅芝賢解説　◎2800円

グローバル資本主義と〈放逐〉の論理
不可視化されゆく人々と空間
サスキア・サッセン著　伊藤茂訳　◎3800円

グローバル化する世界と「帰属の政治」　移民・シティズンシップ・国民国家
ロジャース・ブルーベイカー著
佐藤成基、髙橋誠一、岩城邦義、吉田公記編訳　◎4600円

社会喪失の時代　プレカリテの社会学
ロベール・カステル著　北垣徹訳　◎5500円

ストレンジャーの人類学　移動の中に生きる人々のライフストーリー
リーペレス ファビオ著　◎3800円

イスラエル vs. ユダヤ人
中東版「アパルトヘイト」とハイテク軍事産業
シルヴァン・シペル著　林昌宏訳　高橋和夫解説　◎2500円

残余の声を聴く　沖縄・韓国・パレスチナ
早尾貴紀、呉世宗、趙慶喜著　◎2600円

ジェンダーと政治理論　インターセクショナルなフェミニズムの地平
メアリー・ホークスワース著
新井美佐子、左髙慎也、島袋海理、見崎恵子訳　◎3200円

ダーク・エミュー　アボリジナル・オーストラリアの「真実」
先住民の土地管理と農耕の誕生
ブルース・パスコウ著　友永雄吾訳　◎2800円

希望　オーストラリアに来た難民と支援者の語り
多文化国家の難民受け入れと定住の歴史
アン＝マリー・ジョーデンス著　加藤めぐみ訳　◎3200円

〈価格は本体価格です〉